Steuererklärung 2017/2018

Arbeitnehmer, Beamte

Hans W. Fröhlich

Steuererklärung 2017/2018

Arbeitnehmer, Beamte

Stiftung Warentest

Liebe Leserin, lieber Leser!

Arbeitnehmer geben der Staatskasse jährlich einen zinslosen Kredit von mindestens zehn Milliarden Euro. Die meisten zahlen systembedingt Monat für Monat mehr Lohnsteuer, als dem Finanzamt zusteht. Geld zurück gibt es später nur per Steuererklärung – im Schnitt rund 900 Euro und unabhängig davon, ob jemand die Steuererklärung abgeben musste oder ob er das freiwillig tat.

Viele Arbeitnehmer, die gar keine Steuererklärung abgeben, machen dem Finanzamt damit sogar ein Dauergeschenk. Warum eigentlich? Klar: Niemand füllt gern eine Steuererklärung aus. Die Formulare, der Wust an kaum verständlichen Steuergesetzen, Gerichtsurteilen und Verwaltungsanweisungen – das alles empfinden viele Menschen völlig zu Recht als Zumutung. Aber sollte man sich den Frust darüber so viel Geld kosten lassen?

Wir meinen nein und bieten Ihnen eine „Frustbremse“ in Form dieses Ratgebers. Hierin werden die wichtigsten Zusammenhänge auch für Steuerlaien verständlich und ohne „Steuerchinesisch“ erklärt. Schritt für Schritt führt Sie das Buch nachvollziehbar durch die Formulare. Es enthält die Steuertipps, die Arbeitnehmer wirklich brauchen, und konzentriert sich auf das, womit sie sich am häufigsten herumschlagen müssen. So ist die Gefahr gebannt, sich zwischen Tausenden von Steuertipps zu verlaufen. Ferner erhalten Sie hier weitere Hinweise, etwa dazu, was sich geändert hat oder wie Sie künftig noch mehr Steuern sparen können. Tabellen, Musterrechnungen, Beispiele, eine Übersicht über die wichtigsten Änderungen und die ausgefüllten Originalformulare des Jahrgangs 2017 erleichtern die Orientierung zusätzlich.

Dieser Ratgeber wendet sich an alle, die landläufig als Arbeiter, Arbeitnehmer, Angestellte oder Beamte bezeichnet werden. Wir fassen sie unter dem Begriff Arbeitnehmer zusammen, denn das Finanzamt behandelt sie im Prinzip gleich. Auf Unterschiede verweisen wir an den Stellen, wo sie tatsächlich auftreten.

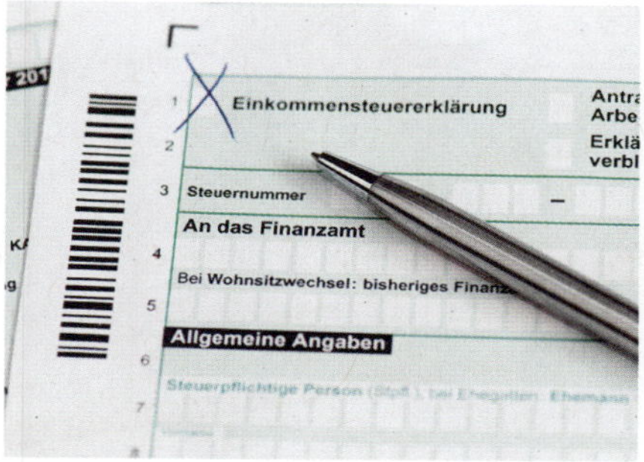

Inhaltsverzeichnis

Grundkurs Lohnsteuer

Mit diesem kleinen Grundkurs können Sie einschätzen, ob das Finanzamt Ihnen etwas zurückzahlen muss oder nicht. Er erleichtert das Ausfüllen der Steuererklärung und den Umgang mit dem Finanzamt. Wer sich danach mit Begriffen, Terminen, Fristen und den wichtigsten Anforderungen an seine Steuererklärung besser auskennt, vermeidet Fallstricke und hat in der Regel mehr Netto vom Brutto.

Haben Sie jemals versucht, ein Steuergesetz, eine Anweisung der Finanzverwaltung, ein Finanzgerichtsurteil oder einen Fachbeitrag zum Steuerrecht zu lesen? Wenn ja, kennen Sie das Problem: Steuerchinesisch, Juristendeutsch und dann diese abschreckende bürokratische Sprache. Versteht da nicht fast jeder Normalsteuerzahler nur noch Bahnhof? Selbst ganz einfache Zusammenhänge verschwinden hinter Wortungetümen. Wir versuchen, diese Knoten zu lösen und steuerliche Fachbegriffe so weit wie möglich zu vermeiden. Dort, wo sie unverzichtbar sind, werden sie so erklärt, dass auch Steuerlaien mitkommen. Die ersten wichtigen Begriffe erläutern wir gleich hier in diesem Kapitel und machen sie begreiflich. Sie erleichtern die Einsicht in viele Zusammenhänge, und sie tauchen an verschiedenen Stellen dieses Ratgebers wieder auf.

Grundbegriffe erklärt

Die gute Nachricht: Arbeitnehmer müssen sich mit nur wenigen Fachbegriffen plagen, und die sind noch dazu vergleichsweise übersichtlich. Die schlechte Nachricht: Manche Fachbegriffe sind in der Alltagssprache verwurzelt und stehen dort für allgemeine Sachverhalte. In der Steuerfachsprache bedeuten sie etwas ganz anderes. So werden beispielsweise Begriffe wie „Einkommen“ oder „Einkünfte“ in der Alltagssprache ziemlich gleich verwendet. In der Steuerfachsprache liegen dazwischen Welten, noch dazu ganz klar abgegrenzte. Darüber hinaus gibt es Spezialbegriffe, unter denen sich kein Mensch etwas vorstellen kann, es sei denn, er verfügt über steuerliches Fachwissen. Eine dieser Perlen der Sprachschöpfung heißt „Progressionsvorbehalt“ (→ Seite 13).

Für Arbeitnehmer ist es hilfreich, wenn sie mit den hier erläuterten Begriffen umgehen können. Wer sie im Hinterkopf behält oder hier wieder nachschlägt, findet sich besser durch Steuerprobleme aller Art. Auf der Einnahmenseite dreht sich im Steuerrecht alles um den Begriff der **Einkünfte**. Davon gibt es gleich sieben unterschiedliche, die sogenannten **Einkunftsarten**. Die unterliegen der Einkommensteuer, sind nach ihrer jeweiligen Quelle benannt und heißen deshalb einigermaßen nachvollziehbar Einkünfte aus

- Land- und Forstwirtschaft,
- Gewerbebetrieb,
- selbstständiger Arbeit,
- nichtselbstständiger Arbeit,
- Kapitalvermögen,
- Vermietung und Verpachtung.

Neben diesen sechs gibt es eine siebte Einkunftsart. Sie nennt sich „sonstige Einkünfte“ und darunter fällt, was bei den anderen Einkunftsarten nicht unterzubringen ist. Besonders wichtig sind hierbei die Renten.

Die zentrale Einkunftsart aller Arbeitnehmer, ob Angestellte, Arbeiter oder Beamte, heißt **Einkünfte aus nichtselbstständiger Arbeit**. Die ergeben sich vor allem aus Löhnen und Gehältern, die der Arbeitgeber zahlt. Aber Löhne und Gehälter sind nicht dem Begriff Einkünfte aus nichtselbstständiger Arbeit gleichzusetzen: Vereinfacht gesagt sind Einkünfte im steuerlichen Sinn nämlich immer die Einnahmen aus einer Quelle minus die Ausgaben, die erforderlich sind, um diese Einnahmen zu erzielen oder um die Quelle am Sprudeln zu halten. Für Arbeitnehmer und Beamte heißt das: Ihre Einkünfte sind vor allem Lohn oder Gehalt minus der Kosten, die sie für ihren Job aufbringen müssen. Die heißen **Werbungskosten** und stehen ihnen zunächst in Form des **Arbeitnehmerpauschbetrag**s zu. Der Pauschbetrag beläuft sich seit 2011 auf auf 1000 Euro im Jahr. Arbeitnehmer können ihn auch dann in vollem Umfang nutzen, wenn sie nur einen Tag im Jahr gearbeitet haben. Alle, die höhere Ausgaben für ihren Job haben, etwa für Fahrten zur Arbeit, ein häusliches Arbeitszimmer, die Anschaffung eines Computers, Fachbücher oder andere Arbeitsmittel, eine doppelte Haushaltsführung, können diese Ausgaben oberhalb der Pauschale als Werbungskosten in tatsächlicher Höhe geltend machen.

→ Zum Beispiel Ariane A.

Sie ist alleinstehend und in einem Verlag fest angestellt, Bruttolohn im Jahr 30 000 Euro. Die drei Kilometer zur Firma fährt sie arbeitstäglich je nach Wetter und Laune mit dem Rad oder mit ihrem Auto. Ausgaben für den Job hat sie sonst keine, andere Einkünfte auch nicht. Mit ihren Werbungskosten kommt sie nicht über den Arbeitnehmerpauschbetrag von 1 000 Euro, denn ihr Arbeitsweg schlägt gerade mal mit 198 Euro zu Buche (3 km mal 220 Tage mal 0,30 Euro, → Seite 91). Sie erzielt folglich 29 000 Euro Einkünfte aus nichtselbstständiger Tätigkeit (30 000 minus 1 000). Würde sich der tägliche Arbeitsweg, zum Beispiel nach einem Umzug, auf 30 Kilometer verlängern, kämen allein dadurch 1 980 Euro Werbungskosten zusammen (30 km mal 220 Tage mal 0,30 Euro). Das würde Arianes Einkünfte auf 28 020 Euro drücken (30 000 minus 1 980).

Das Finanzamt fasst alle positiven und negativen Einkünfte zusammen. Unter Berücksichtigung mehrerer Freibeträge sowie ziemlich unübersichtlicher Bestimmungen zur Verrechnung von Verlusten kommt es zu einem Zwischenergebnis, das **Gesamtbetrag der Einkünfte** heißt. Der spielt zum Beispiel bei der Berechnung von Steuervorteilen eine Rolle oder bei der Berechnung der zumutbaren Belastung (→ Seite 55). An dieser Stelle dient er uns vor allem als Ausgangspunkt für einen nächsten Rechenschritt.

Werden vom Gesamtbetrag der Einkünfte **Sonderausgaben** und **außergewöhnliche Belastungen** abgezogen, ergibt das in der Steuersprache das **Einkommen**. Sonderausgaben sind bestimmte private Kosten, die steuerlich abzugsfähig sind. Jedem steht zunächst ein Sonderausgabenpauschbetrag von jährlich 36 Euro zu. Die wichtigsten Sonderausgaben für Arbeitnehmer sind in der Regel die Beitragszahlungen an Renten-, Kranken-, Arbeitslosen- und Pflegeversicherungen (→ Seite 73). Aber auch Spenden oder Kirchensteuer zählen dazu. Unter außergewöhnlichen Belastungen versteht das Steuerrecht weitere private Ausgaben, die das Finanzamt ganz oder teilweise steuermindernd anerkennt. Darunter fallen etwa Krankheitskosten oder Aufwendungen behinderter Menschen (→ Seite 53).

Wie die weitaus meisten Arbeitnehmer kann Ariane A. aus dem Beispiel zuvor Versicherungskosten absetzen. Für 2017 wären das 4 710 Euro von ihr gezahlter Rentenversicherungs-, Kranken- und Pflegeversicherungsbeiträge (→ Seite 73). Wenn sie keine weiteren Sonderausgaben und keine außergewöhnlichen Belastungen geltend machen kann, käme sie damit auf ein Einkommen von 24 254 Euro (29 000 minus 4 710 minus 36 Euro Sonderausgabenpauschale).

Um aus dem Einkommen das **zu versteuernde Einkommen** zu berechnen, also den Betrag, der unter dem Strich tatsächlich zu versteuern ist, können weitere Freibeträge abgezogen werden. Vor allem geht es an dieser Stelle um den Kinderfreibetrag und den sogenannten Betreuungsfreibetrag. Das betrifft vor allem gut verdienende Eltern, bei denen die finanzielle Entlastung durch das Kindergeld geringer ausfällt als die Entlastung durch beide Freibeträge (→ Seite 127). Da Ariane A. ihren erwachsenen Sohn steuerlich nicht mehr als Kind geltend machen kann, ist die Höhe Ihres Einkommens also genauso hoch wie ihr zu versteuerndes Einkommen von 24 254 Euro. Nach geltendem Steuertarif müsste sie als Alleinstehende 3 698 Euro Einkommensteuer und rund 203 Euro Solidaritätszuschlag zahlen. Gegebenenfalls kämen noch bis zu rund 333 Euro Kirchensteuer hinzu. Wer herausfinden will, wie viel Einkommensteuer auf sein zu versteuerndes Einkommen fällig wird, findet das unter www.bmf-steuerrechner.de („Berechnung der Einkommensteuer").

Liegt das zu versteuernde Einkommen unter dem **Grundfreibetrag**, oft auch als **steuerfreies Existenzminimum** bezeichnet, wird keine Einkommensteuer fällig.

→ **NEU:** Der Grundfreibetrag erhöht sich 2017 von 8 652 auf 8 820 Euro pro Person und Jahr. Für Ehepaare und eingetragene Lebenspartner verdoppelt er sich auf 17 640 Euro.

Neben dem Arbeitslohn erhalten Angestellte manchmal **Lohnersatzleistungen**. Die heißen so, weil sie anstelle von Arbeitslohn gezahlt werden, zum Beispiel Arbeitslosengeld, Kurzarbeitergeld, Mutterschafts-, Eltern- oder Krankengeld (→ Seite 203). Solche Leistungen sind steuerfrei, können aber unter dem Strich trotzdem zu höheren Steuern führen. Das funktioniert über den sogenannten **Progressionsvorbehalt**. Hinter dem sperrigen Begriff verbirgt sich für Arbeitnehmer im Zusammenhang mit Lohnersatzleistungen folgender Vorgang: Zum zu versteuernden Einkommen wird eine im Jahresverlauf bezogene Lohnersatzleistung hinzugezählt und auf dieser Grundlage der durchschnittliche Steuersatz ermittelt. Danach zieht man die Lohnersatzleistung wieder ab und wendet den so ermittelten Steuersatz auf das ursprüngliche zu versteuernde Einkommen an. Das führt in der Regel zu einer höheren Steuerbelastung als vorher. Hätte beispielsweise Ariane A. zu ihrem zu versteuernden Einkommen von 24 254 Euro noch 2 000 Euro Kurzarbeitergeld erhalten, wäre ihr Durchschnittssteuersatz (→ Seite 244) von 15,2470 Prozent auf 16,3061 Prozent gestiegen. Sie müsste auf dasselbe zu versteuernde Einkommen von 24 254 Euro „dank Progressionsvorbehalt" rund 257 Euro mehr Einkommensteuern zahlen.

Den laufenden Steuerabzug von Lohn und Gehalt übernimmt der Arbeitgeber im Auftrag des Finanzamts. Das funktioniert über sechs unterschiedliche **Lohnsteuerklassen**. Vor allem die familiäre Situation entscheidet darüber, welcher Lohnsteuerklasse Arbeitnehmer angehören.

- **Alleinstehende.** Ohne Kinder sind sie in Klasse I. Haben sie mindestens ein Kind, gehören sie in Klasse II.
- **Ehepaare und eingetragene Lebenspartnerschaften**. Sie können wählen. Dabei ist die Kombination der Steuerklassen IV/IV in der Regel erste Wahl, wenn beide Partner etwa gleich viel verdienen. Liegen die Löhne weit auseinander, sorgt die Kombination III/V für den geringsten laufenden Steuerabzug (Klasse III für den Partner mit dem höheren Gehalt, → ab Seite 231). Seit 2010 gibt es für Paare unter dem Begriff „Faktorverfahren" eine weitere Kombinationsmöglichkeit. Ein Faktor verringert die hohe Steuerbelastung in der Klasse V etwas zulasten der besonders günstigen Klasse III. Die laufende Steuerbelastung wird zwischen den Partnern anders verteilt, die jährliche Gesamtbelastung, einschließlich Nachzahlungen und Erstattungen, ändert sich nicht. Der Faktor kann aber die Höhe von Lohnersatzleistungen, etwa von Elterngeld, beeinflussen (→ Seite 207).

Die **Lohnsteuerklasse VI** gilt für ein zweites und für jedes weitere Arbeitsverhältnis – unabhängig von familiären Verhältnissen. Die Zuordnung zu Lohnsteuerklassen beeinflusst die Abzüge vom Bruttolohn und damit die

Höhe des laufenden Nettolohns. So ist zum Beispiel ein Bruttomonatsgehalt von 3 000 Euro in den Klassen I und IV mit rund 431 Euro Lohnsteuer belastet (ohne Solidaritätszuschlag und ohne Kirchensteuer). In der Klasse III sind es nur rund 190 Euro und in der Klasse V rund 750 Euro Lohnsteuer. Die Unterschiede kommen daher, dass die einzelnen Steuerklassen unterschiedliche Freibeträge und Pauschalen enthalten. So drücken der in Klasse III eingearbeitete doppelte Grundfreibetrag und ein teilweise höherer Abzugsbetrag für Vorsorgeaufwendungen (das sind hier die Beiträge für die Renten- und Kranken- und Pflegeversicherung) die laufende Steuerlast erheblich (→ Seite 231).

Der Steuerabzug über die Lohnsteuerklasse erfolgt im Jahresverlauf pauschal nach einem ziemlich groben Raster. Dadurch kann der laufende Lohnsteuerabzug von der tatsächlichen Steuerschuld erheblich abweichen. Von über 20 Millionen Arbeitnehmern und Beamten holt sich der Fiskus auf diese Weise mehr oder weniger als ihm zusteht. In fast 90 Prozent aller Fälle ist es mehr: Im Bundesdurchschnitt zahlten die Finanzämter 2012 Arbeitnehmern pro Steuererklärung 901 Euro zurück.

Welche Steuerklassenkombination für Ehe- und Lebenspartner am günstigsten ist, finden Sie unter www.test.de/Steuerratgeber-Extra oder unter www.bundesfinanzministerium.de (Suchbegriff „Steuerklassenwahl").

Durch die Einführung von Ehen gleichgeschlechtlicher Partner ergeben sich ab 2017 an vielen Stellen Änderungen der Formulare. Ein Partner gleichgeschlechtlicher Ehen und gleichgeschlechtlicher eingetragener Lebenspartnerschaften wird nunmehr durchgängig in allen Formularen als „Person A" bezeichnet, der andere als „Person B".

→ **NEU:** Alle in diesem Ratgeber genannten Bestimmungen für Ehen zwischen Männern und Frauen gelten für Ehen gleichgeschlechtlicher Partner und für eingetragene Lebenspartnerschaften in gleicher Weise, auch wenn das nicht überall gesondert erwähnt wird. Weitere Hinweise finden Sie ab Seite 40.

Warum die meisten Arbeitnehmer zu viel Steuern zahlen

Für den Finanzminister ist die Lohnsteuer besonders wichtig. Sie gehört zu seinen mit Abstand größten Einnahmeposten. Rund 185 Milliarden Euro brachte sie 2016 in die Staatskasse. Der Fiskus kann sofort über diese sichere Einnahmequelle verfügen.

Was den Finanzminister freut, ist für Lohnsteuerzahler ein Nachteil, und der beginnt genau an dieser Stelle. Der Sofortabzug der Lohnsteuer funktioniert nämlich wie zuvor beschrieben zunächst pauschal und ohne die konkrete Lage des einzelnen Arbeitnehmers zu berücksichtigen. Das führt (sicher nicht zufällig) dazu, dass das Finanzamt in den weitaus meisten Fällen zunächst mehr Geld kassiert, als ihm zusteht.

So wird zum Beispiel der Arbeitnehmerpauschbetrag in den Lohnsteuerklassen I bis V in jedem Monat mit 83,33 Euro berücksichtigt (1000 durch 12, Ergebnis gerundet). Hat ein Arbeitnehmer beispielsweise aber nur sechs Monate eines Jahres gearbeitet, etwa weil er im Juli erstmals einen Job angetreten hat oder weil er in den anderen Monaten arbeitslos war, oder weil er am 1. Juli in Rente ging, konnte er nur für sechs Monate den Arbeitnehmerpauschbetrag nutzen, also 500 Euro. Die restlichen 500 Euro stehen ihm aber trotzdem zu, weil es ein Jahresbetrag ist. Ein Arbeitnehmer erhält ihn auch dann in voller Höhe, wenn er nur an einem einzigen Tag des Jahres gearbeitet hat. Die Berechnungen, nach denen der Arbeitgeber die Lohnsteuer einbehält, gehen aber davon aus, dass ein Angestellter volle zwölf Monate des Jahres beschäftigt ist. Wer kürzer gearbeitet hat, zahlt somit zwangsläufig im Jahresverlauf zu viel Lohnsteuer.

Solange sich die Werbungskosten im Rahmen des Arbeitnehmerpauschbetrags bewegen, bleibt der Nachteil für Arbeitnehmer meist überschaubar. Liegen sie höher, etwa durch eine größere Entfernung zwischen Wohnung und Betrieb, durch häufige Dienstreisen, ein Heimbüro, einen

zweiten Haushalt am Arbeitsort, Fortbildungsaufwand oder höhere Ausgaben für Arbeitsmittel, kann ein Angestellter übers Jahr ein paar Hunderter oder gar Tausender zu viel Steuern bezahlen. Grund: Werbungskosten oberhalb der Pauschale sind in den Steuerberechnungen des Arbeitgebers nicht vorgesehen, sie werden folglich beim Lohnsteuerabzug auch nicht berücksichtigt. Diese Ausgaben senken die laufende Steuerlast nur, wenn Arbeitnehmer und Beamte dafür Freibeträge beantragt haben (→ Seite 185). Ansonsten kommen sie erst mithilfe der Steuererklärung zurück, vorausgesetzt, man gibt eine ab. Wer keine abgibt, beschenkt die Staatskasse nicht nur zeitweise, sondern auf Dauer.

Gleiches gilt für die sogenannten Sonderausgaben oberhalb der eingearbeiteten und ziemlich mageren Pauschale von 36 Euro (3 Euro monatlich), beispielsweise für Kirchensteuer, Spenden oder Ausbildungskosten, sowie auch für die außergewöhnlichen Belastungen, etwa Krankheitskosten und Unterhaltszahlungen (→ Seite 44). Außergewöhnliche Belastungen werden beim regulären Lohnsteuerabzug im Jahresverlauf nicht einmal pauschal erfasst.

Anders sieht es beim Vorsorgeaufwand aus. Die Beiträge zur Rentenversicherung, Kranken- oder Pflegeversicherung drücken den laufenden Lohnsteuerabzug, seit 2010 sogar deutlich stärker als vorher.

Viele Steuervergünstigungen bleiben beim Lohnsteuerabzug unberücksichtigt. Auch hier hilft nur die Abgabe einer Steuererklärung, um an sein Geld zu kommen.

- So bleiben jährlich als sogenannter Härteausgleich bis zu 410 Euro Einkünfte steuerfrei, die Angestellte neben Lohn und Gehalt einnehmen. Arbeitnehmer, Beamte und Pensionäre können bis zu dieser

Höhe zum Beispiel Mieteinkünfte, Renteneinkünfte, freiberufliche oder gewerbliche Einkünfte steuerfrei einnehmen. Für Zinsen und andere Kapitaleinkünfte funktioniert das seit 2014 nicht mehr (→ Seite 199).

- Für Nebeneinkünfte von Angestellten bis 820 Euro gibt es einen „erweiterten Härteausgleich". Dabei unterliegen Einkünfte zwischen 410 und 820 Euro einer ermäßigten Besteuerung (→ Seite 197).
- Auch den Altersentlastungsbetrag für Menschen über 65 (→ Seite 174), die Steuererstattungen für Dienstleistungen rund um den Privathaushalt (→ Seite 61) oder für Parteispenden (→ Seite 51) können Arbeitnehmer und Beamte nur nutzen, wenn sie eine Steuererklärung abgeben.
- Nur die Eltern, die eine Steuererklärung samt Anlage(n) Kind abgeben, können Kinderbetreuungskosten und weitere steuerliche Kinderförderungen geltend machen (→ ab Seite 127). Für Unterhaltszahlungen an den erwachsenen Nachwuchs brauchen Eltern die Anlage Unterhalt (→ Seite 147).

Der Fiskus kassiert systembedingt mehr, als ihm zusteht. Die Zahlen des Statistischen Bundesamts sind in diesem Punkt eindeutig. Rund 1,5 Millionen Arbeitnehmer, die 2012 eine Steuererklärung abgaben und die ausschließlich Einkünfte aus nichtselbstständiger Tätigkeit (und gegebenenfalls Kapitaleinkünfte) hatten, mussten Steuern nachzahlen. Aber in 11,4 Millionen Fällen gab es Geld vom Finanzamt zurück. Bei dieser Rechnung werden Ehepaare, die eine gemeinsame Steuererklärung abgegeben haben, als ein „Steuerfall" gezählt.

Mit hoher Wahrscheinlichkeit können aber noch deutlich mehr Arbeitnehmer und Beamte von der Abgabe einer Steuererklärung profitieren. In den genannten Zahlen sind etwa 8 Millionen Steuererklärungen von Arbeitnehmern nämlich gar nicht drin. Grund: In diesen Steuererklärungen ging es neben Einkünften aus nichtselbstständiger Tätigkeit (und eventuell aus Kapitalvermögen) noch um weitere Einkünfte, beispielsweise solche aus Vermietung , aus Renten, aus einer gewerblichen oder aus einer freiberuflichen Tätigkeit, die diejenigen selbst oder ihre Partner hatten. In solchen Fällen werden Steuererstattungen und Steuernachzahlungen, die sich aus Einkünften aus nichtselbstständiger Tätigkeit ergeben, statistisch gar nicht einzeln erfasst. Die Steuererstattungen dürften sich schätzungsweise aber in der Größenordnung bewegen, die für Menschen zutrifft, die ausschließlich Einkünfte aus nichtselbstständiger Arbeit haben. Dort kam es in fast 90 Prozent aller Fälle zu einer Steuererstattung. Ganz und gar fehlen in dieser Statistik die rund 9 Millionen Arbeitnehmer und Beamte, die überhaupt keine Steuererklärung abgegeben haben. Auch sie dürften über erhebliches Steuersparpotenzial verfügen, das sich nur per Steuererklärung erschließen lässt, wenn, ja wenn sie denn eine abgeben würden.

Bei den Aussichten auf rund 900 Euro Steuererstattung erscheint auch die Plage mit den Formularen in einem günstigeren Licht: Wer zehn Stunden Arbeit in eine Steuererklärung steckt, kommt immerhin auf 90 Euro „Stundenlohn“. Das rechnet sich und auch der Zeitumfang dürfte passen. Und wer weniger Zeit braucht, zum Beispiel, weil er nur eine vereinfachte Steuererklärung abgibt, macht einen noch besseren Schnitt (→ Seite 30).

TIPP: Das Finanzamt kassiert im Jahresverlauf in der Regel mehr, als ihm zusteht. Daher sollten Arbeitnehmer und Beamte grundsätzlich immer prüfen, ob sich eine Steuererklärung für sie lohnt. Wenn ja, müssen sie nur noch den inneren Schweinehund überwinden, die Steuererklärung ausfüllen und abgeben.

Abgabepflicht und Abgabekür

Viele Arbeitnehmer und Beamte müssen nicht nachdenken, ob sie eine Steuererklärung abgeben. Sie sind dazu verpflichtet. Der Fiskus befürchtet in diesen Fällen, dass ihm ohne Steuererklärung etwas durch die Lappen gehen könnte. Also will das Finanzamt schwarz auf weiß und ganz genau sehen, was das Jahr über finanziell gelaufen ist. Unter dem Strich führen die weitaus meisten dieser „Pflichtveranlagungen" aber trotzdem dazu, dass der Fiskus Geld zurückgeben muss.

Abgabepflicht

Arbeitnehmer müssen eine Steuererklärung abgeben, wenn sie im Jahresverlauf neben ihrem Arbeitslohn **weitere steuerpflichtige Einkünfte oder Lohnersatzleistungen von mehr als 410 Euro** eingenommen haben. Bis 410 Euro Nebeneinkünfte bleiben für Arbeitnehmer steuerfrei (→ Seite 17 und → Seite 197). Wer beispielsweise angestellt ist und im Nebenjob Versicherungen verkauft, muss eine Steuererklärung abgeben, wenn die Einkünfte aus dem Versicherungsgeschäft 410 Euro übersteigen.

Die Abgabepflicht betrifft auch viele, die eine gemeinsame Steuererklärung abgeben. Ist etwa bei einem Ehepaar der eine Arbeitnehmer und der andere Freiberufler oder Rentner oder Vermieter, wird eine Steuererklärung fällig, wenn Einkünfte aus diesen Quellen in der entsprechenden Höhe vorliegen. Für Paare mit gemeinsamer Steuererklärung verdoppelt sich die 410-Euro-Grenze für steuerfreie Nebeneinkünfte nicht (Fachbegriff „Zusammenveranlagung", → Seite 205). Steuerpflichtige Nebeneinkünfte und Lohnersatzleistungen werden erfreulicherweise nicht zusammengerechnet. Ein Arbeitnehmer, der im Jahr zum Beispiel bis zu 410 Euro Einkünfte aus einer vermieteten Immobilie hat und dazu bis zu 410 Euro Kurzarbeitergeld erhält, ist nicht dazu verpflichtet, eine Steuererklärung abzugeben.

Eine Ausnahme von der Abgabeverpflichtung bilden Zinsen und andere Einkünfte aus Kapitalvermögen. Wurden private Kapitaleinkünfte pauschal mit 25 Prozent Abgeltungsteuer, Solidaritätszuschlag und gegebenenfalls Kirchensteuer belegt, lösen sie keine Steuererklärungspflicht mehr aus, egal wie hoch sie sind. Wenn aber kirchensteuerpflichtige Arbeitnehmer eine **Sperrvermerkserklärung** beim Bundeszentralamt für Steuern (BZSt) eingereicht haben, ist eine Steuererklärung in der Regel Pflicht. Wenn Arbeitnehmer die sogenannte **Günstigerprüfung** beantragen wollen, weil sie der Meinung sind, dass ihnen die Abgeltungsteuer Nachteile bringt, funktioniert das nur mithilfe einer Steuererklärung, einschließlich der Anlage KAP (→ ab Seite 153).

Arbeitnehmerpaare müssen auch dann eine Steuererklärung abgeben, wenn sie sich für die **Steuerklassenkombination III/V** oder für das **Faktorverfahren** (→ ab Seite 206) entschieden haben. Bei Kombination IV/IV besteht grundsätzlich keine Verpflichtung, eine Steuererklärung abzugeben. Dagegen löst die **Klasse VI**, die es für ein zweites und jedes weitere Arbeitsverhältnis gibt, bei Alleinstehenden wie bei Paaren Erklärungspflicht aus.

Wenn beim Lohnsteuerabzug im Jahresverlauf **Freibeträge** berücksichtigt wurden, führt das ebenfalls zur Pflichtabgabe einer Steuererklärung. So können Freibeträge, etwa für Werbungskosten oberhalb des Arbeitnehmerpauschbetrags, für Unterhaltszahlungen, Krankheitskosten oder für Vermietungsverluste den laufenden Lohnsteuerabzug drücken (→ Seite 185). Sie werden gewissermaßen „vorausschauend" beantragt und genehmigt. Anhand der Steuererklärung prüft das Amt dann nachträglich, ob die beantragte Erwartung eingetroffen ist. Ausnahmen sind hier Behinderten- und Hinterbliebenenpauschbeträge (→ Seite 53). Ihre Eintragung löst keine Abgabepflicht aus.

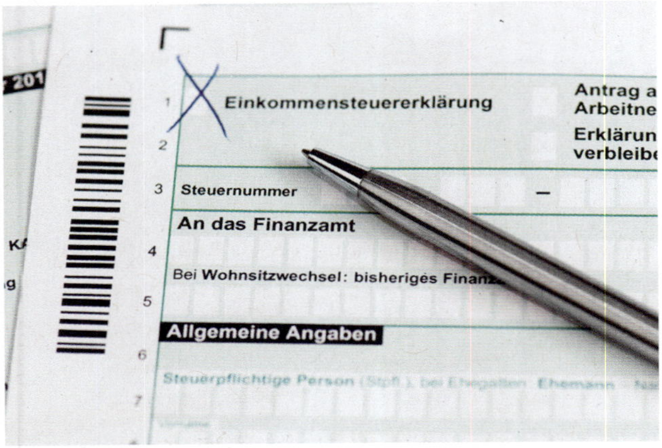

Gleiches gilt im Jahr 2017 auch für alle anderen eingetragenen Freibeträge, wenn Arbeitnehmer nur einen Bruttojahreslohn bis 11 200/ 21 250 Euro (Alleinstehende/Ehepaare oder Lebenspartner) haben.

Seit 2010 sind Angestellte grundsätzlich verpflichtet, eine Einkommensteuererklärung abzugeben, wenn die vom Arbeitgeber pauschal berücksichtigten **Beiträge zur Kranken- und Pflegeversicherung höher ausgefallen sind als die tatsächlich gezahlten Beiträge**. Das betrifft viele Beamte (→ Seite 211). Die Pflichtabgabe entfällt aber auch in diesem Fall bei Bruttoarbeitslöhnen bis 11 200 beziehungsweise 21 250 Euro (Alleinstehende/Paare).

Schließlich wird auch dann eine Steuererklärung fällig, wenn das **Finanzamt** eine sehen will und **zur Abgabe auffordert**. Dem sollte man besser nachkommen. Wenn nicht, darf das Amt Einnahmen und Ausgaben schätzen. Das tut es in der Regel stark zu seinen Gunsten und berechnet auf dieser Grundlage die Steuer, die dann entsprechend hoch ausfällt.

Abgabekür

Menschen in den Lohnsteuerklassen I, II und IV sowie Alleinverdiener in Klasse III sind grundsätzlich nicht verpflichtet, eine Einkommensteuererklärung abzugeben. Sie müssen abgeben, wenn einer der gerade genannten Pflichtgründe auf sie zutrifft. Es gibt aber gute Gründe, freiwillig eine Steuererklärung abzugeben. Das nennt sich „Antragsveranlagung“ und wenn mindestens einer der folgenden Umstände zutrifft, haben Sie Aussichten auf eine Steuererstattung:

- Die **Werbungskosten** liegen oberhalb des Arbeitnehmerpauschbetrags. Das ist oft schon der Fall, wenn der Betrieb weiter als 15 Kilometer von der Wohnung entfernt liegt. Auch bei häufigeren Dienstreisen, doppelter Haushaltsführung, Umzug, Fortbildung, einem Arbeitszimmer oder mehreren Arbeitsplätzen kann sich eine Steuererklärung lohnen. Was alles zu den abzugsfähigen Werbungskosten gehört, finden Sie ab Seite 90.

- Sie können höhere Versicherungsbeiträge geltend machen, daneben weitere **Sonderausgaben** oberhalb der mageren Pauschale von 36/72 Euro (Alleinstehende/Ehe- und Lebenspartner), zum Beispiel für die Kirchensteuer, für Spenden oder für eine erste Berufsausbildung (→ ab Seite 43).
- Sie können das Finanzamt an höheren Krankheitskosten, an Ausgaben für die Unterstützung bedürftiger Angehöriger oder an anderen **außergewöhnlichen Belastungen** beteiligen (→ Seite 53).
- **Sie waren nicht das gesamte Jahr über angestellt.** Dadurch werden Pauschalen, die Ihnen ganzjährig zustehen, beim laufenden Lohnsteuerabzug nur für einen Teil des Jahres berücksichtigt (→ Seite 16).
- **Private Lebensumstände** haben sich aus steuerlicher Sicht zum Besseren verändert, etwa durch Hochzeit oder eine Geburt.
- Sie können Ausgaben für Haushaltshilfen, für Handwerker- und andere **Dienstleistungen im Privathaushalt** geltend machen. Gefördert werden auch Kosten für Treppenreinigung und den Hauswart, die in sehr vielen Haushalten anfallen, oder auch für den Winterdienst und für Gartenarbeiten(→ Seite 61 bis 69).
- Sie haben **Verluste** aus verschiedenen Einkunftsarten zu verrechnen oder in andere Jahre zu übertragen, Abfindungen oder ausländische Einkünfte. Bei solchen Fällen sollte in der Regel ein Steuerprofi (→ Seite 216) helfen.
- Bei Zinsen und anderen **Kapitalerträgen** kann es sich lohnen, eine Steuererklärung abzugeben: beispielsweise, wenn der eigene Grenzsteuersatz unter 25 Prozent liegt (→ Seite 244) oder wenn der Altersentlastungsbetrag auch für Zinsen, Dividenden, Kursgewinne und andere Kapitalerträge nutzbar ist (→ Seite 239).

- Sie können **Kinderbetreuungskosten** für Ihr Kind bis zum 14. Geburtstag geltend machen. Diese Ausgaben sind als Sonderausgaben abzugsfähig (→ Seite 141).

→ Zum Beispiel das Ehepaar Bianka und Ben B.

Beide haben Lohnsteuerklasse IV, wohnen in Köln und arbeiten im selben Betrieb. Die 25 Kilometer dorthin fährt das kinderlose Ehepaar an 220 Tagen im Jahr mit Bens privatem Pkw. Bianka verdient monatlich 2 500 Euro brutto, Ben 3 000 Euro. Weitere steuerlich relevante Einnahmen, Ausgaben oder eingetragene Freibeträge haben sie nicht. Im Jahresverlauf zieht ihnen der Arbeitgeber zusammen rund 9 335 Euro Lohnsteuer und Solidaritätszuschlag ab und überweist das Geld an das Finanzamt. Wie die folgende vereinfachte Rechnung zeigt, bringt ihnen die freiwillige Abgabe einer Steuererklärung rund 431 Euro Steuererstattung, die allein von den Ausgaben für den Arbeitsweg verursacht wurde.

Bruttojahreslohn (3 000 plus 2 500 mal 12)	**66 000**
minus Fahrtkosten zur Arbeit (220 Tage mal 25 km mal 0,30 Euro mal 2 Personen, → Seite 91)	−3 300
Einkünfte	62 700
minus Rentenversicherungsbeiträge (66 000 mal 18,7 %, davon 84 % Höchstbetrag im Jahr 2017 minus 6 171 Euro Arbeitgeberanteil, → Seite 73 und 235)	−4 197
minus Krankenversicherungsbeiträge (66 000 mal 8,4 % minus 4 % für Krankengeld, → Seite 76)	−5 323
minus abzugsfähige Pflegeversicherungsbeiträge (66 000 mal 1,525 %, → Seite 74)	−1 007
minus Sonderausgabenpauschale (36 mal 2)	−72
zu versteuerndes Einkommen	52 101
Einkommensteuer plus Solidaritätszuschlag laut Einkommensteuertabelle (gerundet)	8 904
im Jahresverlauf bei Kombination IV/IV bereits abgeführt	9 335
Steuererstattung (9 335 minus 8 904, Angaben in Euro)	**431**

Termine, Fristen, Vorarbeiten

Abgabetermin für die Einkommensteuererklärung 2017 ist grundsätzlich der 31. Mai 2018. Fällt der auf ein Wochenende oder einen gesetzlichen Feiertag, gibt es eine Verlängerung auf den folgenden Werktag. In Baden-Württemberg, Bayern, Hessen und NRW verlängert sich für Steuererklärungen mit elektronischer Unterschrift die Abgabefrist bis Ende Juli (→ Seite 221).

Wer seine Steuererklärung mithilfe eines Steuerberaters oder eines Lohnsteuerhilfevereins anfertigt, hat in der Regel bis zum 31. Dezember Zeit. Das Finanzamt kann die Erklärung aber früher anfordern. Dann gibt es normalerweise Verhandlungsspielraum, zum Beispiel, wenn noch Unterlagen fehlen oder Terminprobleme bestehen. Bei steuerlicher Beratung ist eine Verlängerung bis zum 28. Februar des Folgejahres möglich.

Die bisher genannten Termine gelten grundsätzlich letztmalig für die Steuererklärung des Jahres 2017. Ab Steuererklärung 2018 verlängern sich die Abgabetermine um jeweils zwei Monate auf Ende Juli und in Beratungsfällen Ende Februar.

Zeitlicher Spielraum besteht auch für Arbeitnehmer und Beamte, die ihre Steuererklärung ohne professionelle Hilfe anfertigen. In der Regel genügt ein formloser schriftlicher Verlängerungsantrag an das Finanzamt mit Begründung und einem neuen Terminvorschlag.

Alle bisher genannten Termine betreffen Arbeitnehmer, die verpflichtet sind, eine Steuererklärung abzugeben. Wer freiwillig abgibt, hat dafür vier Jahre Zeit. Bis Ende 2017 nimmt das Finanzamt also noch die Steuererklärung für das Jahr 2013 entgegen. Die Steuererklärung für das Jahr 2017 hat noch bis Silvester 2021 Zeit.

Bevor es richtig losgeht, sind ein paar Vorarbeiten zweckmäßig.

- **Steuererklärungsformulare.** Sie besorgen sich die Vordrucke beim Finanzamt. Auch über das Internet können Sie die Formulare aufrufen, ausfüllen und ausdrucken. Sie finden sie zum Beispiel unter www.bundesfinanzministerium.de (Suchbegriff „Formulare/Vordrucke" eingeben, weiter zu „Formular-Management-System", weiter zu „Einkommensteuer 2017"); oder auf den Internetseiten von Länderfinanzverwaltungen. Verwenden Sie ausschließlich die Formulare des betreffenden Jahres. Die Jahreszahl befindet sich auf der ersten Seite jedes Formulars rechts oben. In diesem Ratgeber geht es immer um die Formulare des Jahres 2017. Wer eine elektronische Steuererklärung abgeben möchte, braucht die entsprechende aktuelle Software (→ Seite 220).

- Spätestens an dieser Stelle sollten sich Arbeitnehmer Gedanken machen, ob sie sich die gesamte Steuererklärung überhaupt antun müssen oder ob sie die „**Vereinfachte Steuererklärung für Arbeitnehmer**" abgeben und dadurch Aufwand sparen können (→ Seite 30). Der Vorteil des „Schnellformulars": Sie können sich den vierseitigen Mantelbogen, die vierseitige Anlage N und weitere Anlagen sparen. Ihnen genügen zwei Formularseiten plus die zweiseitige Anlage Vorsorgeaufwand. Dem Ehepaar B. aus dem Beispiel auf Seite 24 würde das reichen. Die „Vereinfachte Steuererklärung" gibt es nur als Papierformular, eine elektronische Abgabe ist nicht möglich. Viele Arbeitnehmer und Beamte kommen mit der „Vereinfachten Steuererklärung" (plus Anlage Vorsorgeaufwand) aus. Alle anderen brauchen mindestens den vierseitigen „Hauptbogen", die Anlage N und die „Anlage Vorsorgeaufwand". Arbeitnehmer mit zusätzlichen Einkünften, zum Beispiel aus Vermietung oder einem selbstständigen Nebenjob, müssen in der Regel weitere Anlagen ausfüllen. Das gilt auch für Eltern, Riester-Sparer und Unterhaltszahlende.
- **Belege und Co.** Suchen Sie alle Bescheide, Mitteilungen und andere Belege über eventuell steuerpflichtige Einnahmen heraus, zum Beispiel Lohnsteuerbescheinigungen, Rentenbescheide, Steuerbescheinigungen von Banken. Weiterhin brauchen Sie Kontoauszüge, Quittungen, Rechnungen oder andere Belege für Ausgaben, die steuerlich relevant sein können. Sollten Sie Rechnungen nicht finden, haben Sie

drei Möglichkeiten: Weitersuchen, Ersatzbelege beschaffen oder Eigenbelege ausstellen. Nachvollziehbare Eigenbelege akzeptiert das Amt beispielsweise für Ausgaben wie Fahrtkosten zum Arzt mit dem Pkw oder die berufliche Nutzung des privaten Telefonanschlusses oder für Reinigungskosten von Berufskleidung. Bestimmte Belege will das Finanzamt in der Regel immer sehen, zum Beispiel die Nachweise von Ausbildungskosten. Andere Belege müssen nicht mehr eingereicht werden, aber vorzeigbar sein, wenn das Amt sie sehen will, zum Beispiel die Nachweise über haushaltsnahe Dienstleistungen. Das gilt 2017 erstmals auch für Spenden.

- **Übersichten anfertigen.** Es empfiehlt sich manchmal, bestimmte Ausgaben zunächst in Listen- oder Tabellenform zu erfassen, zum Beispiel Fahrt- und Übernachtungskosten oder Kfz-Kosten. Das erhöht die eigene Übersicht, erleichtert die spätere Eintragung in die Formularzeilen und kann eventuell als Zusatzbeleg dienen.

In der Regel werden nur volle Euro-Beträge in die Formulare eingetragen. Cent-Beträge können Sie zu Ihren Gunsten auf den nächsten vollen Euro aufrunden (bei Ausgaben etwa von 320,35 Euro auf 321 Euro) oder abrunden (bei Einnahmen). Cent-Beträge gehören nur an die Stellen, wo sie laut Vordruck vorgesehen sind. Füllen Sie ausschließlich die weißen Formularfelder aus. Wenn der Platz für Eintragungen nicht reicht, fügen Sie gesonderte Blätter bei.

Vergessen Sie nicht, von allem, was Sie ans Finanzamt schicken, eine Kopie zu machen. Kommt es zu Rückfragen, können Sie mithilfe Ihrer Kopien besser reagieren. Außerdem wissen Sie dann immer, was Sie dem Amt mitgeteilt haben und was nicht. Und Sie haben für das nächste Jahr mit den dann „alten" Formularen und anderen Unterlagen eine arbeitssparende Ausfüllvorlage. Achten Sie besonders auf die Veränderungen, die die neuen Steuerformulare enthalten. Es gibt sie in diesem Jahr wieder reichlich. Auf die wichtigsten Neuerungen weisen wir bei Abhandlung der entsprechenden Formularteile hin. Wir haben die Formularänderungen außerdem ab Seite 246 in einer Übersicht zusammengefasst.

Thank
OPEN SUNDAY

Durch die Formulare

Jetzt klappern wir Zeile für Zeile die Steuerformulare ab. Sie brauchen dazu die aktuellen Vordrucke, Ihre entsprechenden Belege und die Hinweise dieses Ratgebers. Wir bewegen uns durch die Formulare immer entlang der Zeilennummern. Das sorgt für gute Orientierung. Auf geht's!

Durch den ersten Schwung Formulare gehen wir Schritt für Schritt:

- Vereinfachte Steuererklärung für Arbeitnehmer: in einfachen Fällen,
- Hauptbogen: den brauchen die meisten Arbeitnehmer und Beamten,
- Anlage Vorsorgeaufwand: wenn man Sozialversicherungs- und andere Versicherungsbeiträge zahlt,
- Anlage N: für fast alle Arbeitnehmer, Beamte und Pensionäre,
- Anlage Kind: die brauchen Eltern mit kindbedingten Abzugsbeträgen,
- Anlage AV: für Arbeitnehmer und Beamte mit Riester-Verträgen,
- Anlage Unterhalt: für Unterstützer von Angehörigen,
- Anlage KAP: für Sparer, die nicht per Abgeltungsteuer abrechnen.

Den zweiten Schwung Formulare behandeln wir flotter und zeigen wo sie wichtig sein können: Anlage SO, Anlage G, Anlage S, Anlage R, Anlage V und die neue Anlage WA-Est.

Vereinfachte Steuererklärung

Das zweiseitige Formular „Vereinfachte Steuererklärung für Arbeitnehmer" gibt es ausschließlich für Arbeitnehmer, Beamte und Pensionäre. Es ist für relativ einfache Steuerfälle gedacht und kann Zeit und bürokratischen Aufwand sparen. Es gibt aber Einschränkungen: Das Formular kann nicht elektronisch verschickt werden (→ Seite 220), und es ist an ein paar Bedingungen geknüpft.

Wer ausschließlich Lohn, Gehalt, eine Pension oder bestimmte Lohnersatzleistungen, etwa Arbeitslosengeld oder Mutterschaftsgeld, bezieht (→ Seite 203), darf diese „Steuererklärung light" nutzen. Kommen weitere Einkünfte hinzu, etwa aus Renten, Mieten, aus gewerblicher oder selbstständiger Tätigkeit, ist das Formular nicht nutzbar. Kein Problem sind in der Regel Zinsen und andere Kapitaleinkünfte, von denen die Bank Abgeltungsteuer einbehalten hat. Wer aber Zinsen oberhalb des Sparerpauschbetrags von 801/1602 Euro (Alleinstehende/Ehepaare und eingetragene Lebenspartner) ohne Abzug von Abgeltungsteuer kassiert hat, oder Zinsen aus Kapitalanlagen im Ausland oder Zinsen aus einem privaten Kredit, muss eine „normale" Steuererklärung abgeben. Das gilt auch, wenn jemand Kapitalerträge nicht mit 25 Prozent Abgeltungsteuer versteuern lassen möchte, sondern mit seinem (niedrigeren) persönlichen Steuersatz. Wer sich mit solchen Problemen herumschlagen muss, findet die Einzelheiten ab → Seite 153.

Bei der vereinfachten Steuererklärung gibt es eine weitere Einschränkung: Bestimmte Werbungskosten, Sonderausgaben und außergewöhnliche Belastungen lassen sich auf diesem Formular überhaupt nicht geltend machen. Das betrifft etwa die Kosten für ein häusliches Arbeitszimmer, für doppelte Haushaltsführung oder Unterhaltszahlungen. Arbeitnehmer, die solche Ausgaben haben, brauchen eine vollständige Steuererklärung.

Fazit: Für die meisten, die ausschließlich Lohn und Gehalt beziehen, nur in Deutschland tätig waren, keine ausländischen Einkünfte oder besonderen Abzugsbeträge haben, ist eine vereinfachte Steuererklärung eine Überlegung wert. Übrigens kann sie auch für Ehe- und Lebenspartner funktionieren, wenn beide die Voraussetzungen erfüllen. Generell gilt natürlich der Grundsatz, sich jeden Cent vom Finanzamt zurückzuholen. In Ausnahmefällen kann die vereinfachte Steuererklärung aber Anlass sein, über das Verhältnis von Aufwand und Nutzen neu nachzudenken (→ das ausgefüllte Musterformular auf Seite 248).

→ Zum Beispiel das Ehepaar C.

Cornelia und Christian C. sind Beamte. Außer den Fahrten zur Arbeit können sie keine Werbungskosten geltend machen; und außer ihren Kranken- und Pflegeversicherungsbeiträgen haben sie keine Sonderausgaben. Der Vermieter weist ihnen 300 Euro im Jahr aus, die sie für Treppenreinigung, Gartenpflege und andere haushaltsnahe Dienstleistungen geltend machen können (→ Seite 37). Ferner spenden sie dem SPD-Ortsverein jedes Jahr 30 Euro. Beide sind Steuererklärungsmuffel, obwohl ihnen allein die 20 Kilometer, die sie mit dem Auto zur selben Behörde fahren, etwas Steuererleichterung bringen könnten. Der Nachbar, der ebenfalls dort arbeitet, hat ihnen vorgerechnet, dass er nur durch den Arbeitsweg 320 Euro Werbungskosten oberhalb des Arbeitnehmerpauschbetrags geltend machen kann. Er gibt jedes Jahr eine vereinfachte Steuererklärung ab und ist steuerlich auch sonst ganz gut beschlagen. Er hat dem Ehepaar C. (zutreffend) erzählt, dass sie keine vereinfachte Steuererklärung abgeben dürfen, weil das Absetzen von Parteispenden immer eine komplette Erklärung erforderlich macht. Das war natürlich Wasser auf die Mühle der Erklärungsmuffel. Aber der Gedanke, dass sie doppelt so viel Werbungskosten für den Arbeitsweg absetzen könnten wie der Nachbar, ließ Cornelia keine Ruhe. Das Ergebnis: Ehepaar C. gab eine vereinfachte Steuererklärung ab. Die war schnell erledigt, brachte ihnen bei einem Grenzsteuersatz von 35 Prozent (→ Seite 244) für den Arbeitsweg 224 Euro weniger Steuern plus 60 Euro Steuererstattung für die haushaltsnahen Dienstleistungen. Die Parteispende hätte nur rund 16 Euro Erstattung gebracht. Die gewonnene Zeit nutzten sie für einen Ausflug.

TIPP: Die vereinfachte Steuererklärung kann Zeit und Mühe sparen – sie ist immer eine Überlegung wert. Arbeitnehmer und Beamte, die aber jetzt schon wissen, dass sie eine „normale" Steuererklärung brauchen, lesen ab Seite 39 weiter.

Zeile 1 bis 4: Anträge und Zuständigkeiten

In **Zeile 1** finden Sie zwei Kästchen. In das linke Kästchen gehört ein Kreuz, wenn es um die Abgabe der vereinfachten Steuererklärung geht. Das rechte Kästchen erhält ein Kreuz, wenn gleichzeitig (oder ausschließlich) die Arbeitnehmersparzulage beantragt wird. **Zeile 2** fragt nach der Steuernummer. Wer noch keine hat, schreibt gar nichts oder „NEU" hinein. In **Zeile 3** gehört das Amt, in dessen Amtsbezirk Sie wohnen. **Zeile 4** müssen Sie nur dann ausfüllen, wenn Sie seit Ihrer letzten Steuererklärung umgezogen sind.

Zeile 5 bis 20: Allgemeine Angaben

Zeile 6 fragt nach der Identifikationsnummer. Bei Ehen von Mann und Frau ist es die Nummer des Ehemanns. Sie findet sich auf der Lohnsteuerbescheinigung. Bei gleichgeschlechtlichen Ehe- und Lebenspartnern kommt in **Zeile 6** die „Person A", deren Nachname im Alphabet vor dem Nachnamen des anderen steht (Einzelheiten → Seite 40). **Zeile 13** füllen nur bestehende oder gewesene Ehe-/Lebenspartner aus (→ ab Seite 41 und 206). Ein Wahlrecht, ob sie eine gemeinsame oder zwei einzelne Erklärungen abgeben wollen, haben Paare bei der vereinfachten Steuererklärung nicht. Es ist nur die Abgabe einer gemeinsamen Erklärung möglich. Ist ein Partner 2017 verstorben, kann der andere 2017 und 2018 noch Steuervorteile nutzen (→ ab Seite 210). **Zeile 14 bis 20** sind für die Ehefrau oder die

Person „B“ vorgesehen, sie werden wie **Zeile 6 bis 12** ausgefüllt. Eine Religionszugehörigkeit wird rechts in den **Zeilen 9 und 17** mit den dort abgedruckten Abkürzungen markiert. Weitere Abkürzungen sind in der „Anleitung zur Einkommensteuererklärung“ des Finanzamts vermerkt.

TIPP: Arbeitnehmer brauchen zusätzlich zur „Vereinfachten Steuererklärung“ die Anlage Vorsorgeaufwand, um Beiträge zu Renten-, Kranken-, Pflege- und sonstigen Versicherungen geltend zu machen (→ Seite 73). Riester-Sparer benötigen die Anlage AV (→ Seite 144). Eltern füllen für jedes Kind erforderlichenfalls eine Anlage Kind aus (→ Seite 127).

Zeile 21 bis 23: Bankverbindungen

Zeile 21 fragt nach der internationalen Bankkontonummer IBAN (International Bank Account Number). Die Bankenkennung BIC (Bank Identifier Code) gehört in **Zeile 22**. Die Daten finden Sie in der Regel auf Kontoauszügen oder anderen Bankunterlagen. Der Name des Geldinstituts und der Ort werden in diesem Jahr nicht mehr abgefragt. Hat sich die Bankverbindung nach der Abgabe der Steuererklärung verändert, sollten Sie das dem Finanzamt zügig schriftlich mitteilen. In **Zeile 23** wird das rechte Buchstabenfeld nur ausgefüllt, wenn das Finanzamt eine Steuererstattung nicht auf Ihr Konto oder das Ihres Partners überweisen soll, sondern wenn die Erstattung jemand anderes erhalten soll (→ auch Seite 42).

Zeile 24: Arbeitnehmer-Sparzulage

In dieser neuen Zeile beantragen Arbeitnehmer die Zulage durch Eintragung der Ziffer „1“ in eines oder in beide der vorgegebenen Kästchen (Kreuz in Zeile 1 nicht vergessen! → auch Seite 70).

Zeile 25 bis 27: Einkünfte und Ersatzleistungen

Weil es hier ausschließlich um Einkünfte aus nichtselbstständiger Tätigkeit geht, genügt es, die eTIN-Nummer in **Zeile 25** (eTIN = electronic Taxpayer Identification Number) einzutragen. Sie finden sie auf der Lohnsteuerbescheinigung des Arbeitgebers. In **Zeile 26** geht es um Lohnersatzleistungen, etwa Arbeitslosengeld oder Mutterschaftsgeld. Hierher gehören seit 2015 alle die Lohnersatzleistungen, die nicht in Zeile 15 der Lohnsteuerbescheinigung des Arbeitgebers aufgeführt sind (→ auch Seite 71).

Weiteres zu Lohnersatzleistungen finden Sie ab Seite 89 und Seite 203. Nach Zeiten der Nichtbeschäftigung und Gründen dafür fragt **Zeile 27**. Das können etwa Ausbildung, Arbeitslosigkeit oder ein Minijob sein.

Zeile 31 bis 38: Werbungskosten

Sie können hier Daten zum Arbeitsweg eintragen (**Zeile 31 bis 33**) und zu weiteren Werbungskosten, die in **Zeile 34** genannt werden. Es gibt dabei aber zwei Einschränkungen: Wer beispielsweise Kosten für ein häusliches Arbeitszimmer und/oder für eine doppelte Haushaltsführung geltend machen möchte, kann die vereinfachte Steuererklärung nicht nutzen. In solchen Fällen will das Finanzamt eine reguläre Steuererklärung, also samt Mantelbogen, sehen.

Werbungskosten stpfl. Person / Ehemann / Person A 87

Angaben zur Ermittlung der Entfernungspauschale:
Erste Tätigkeitsstätte / Sammelpunkt / weiträumiges Tätigkeitsgebiet (PLZ, Ort und Straße) | Arbeitstage je Woche | Urlaubs- und Krankheitstage

31 EXPRESSLOGISTIK GMBH, TEMPORING 99 16540 H. NEUENDORF | 5 | 25

	aufgesucht an	einfache Entfernung von der Wohnung (auf volle Kilometer abgerundet)	davon mit eigenem oder zur Nutzung überlassenem Pkw zurückgelegt	davon mit Sammelbeförderung des Arbeitgebers zurückgelegt	davon mit öffentl. Verkehrsmitteln, Motorrad, Fahrrad o. Ä., als Fußgänger, als Mitfahrer einer Fahrgemeinschaft zurückgelegt	Behinderungsgrad mind. 70 oder mind. 50 und Merkzeichen „G“
32	110 220 Tagen	111 35 km	112 35 km	113 km	km	115 1 = Ja

			EUR
33	Aufwendungen für Fahrten mit öffentlichen Verkehrsmitteln – ohne Flug- und Fährkosten – (Bitte stets die Zeile 32 ausfüllen.)	114	,—
34	Aufwendungen für Arbeitsmittel, Bewerbungskosten, Fortbildungskosten, Kontoführungsgebühren, Reisekosten bei Auswärtstätigkeiten, Flug- und Fährkosten, Beiträge zu Berufsverbänden – soweit nicht steuerfrei ersetzt –	380	750,—

Die Entfernungspauschale bringt 30 Cent Werbungskosten für jeden Kilometer der einfachen Entfernung zwischen Wohnung und Betrieb, und zwar unabhängig davon, wie der Arbeitsweg zurückgelegt wurde, ob zu

Fuß, mit Auto, Zug, dem Fahrrad oder welchem Verkehrsmittel auch immer. Wer beispielsweise an 220 Tagen im Jahr mit dem Auto in den 20 Kilometer entfernten Betrieb fährt, kommt auf 1320 Euro Werbungskosten (220 Tage mal 0,30 Euro mal 20 km) und liegt allein damit über dem Arbeitnehmerpauschbetrag (→ Seite 11). In **Zeile 31** geht es um die Adresse der Firma, die Zahl der wöchentlichen Arbeitstage und die Ausfalltage durch Urlaub und Krankheit. Der Begriff „erste Tätigkeitsstätte" ersetzt seit 2014 den Begriff „regelmäßige Arbeitsstätte" (→ ab Seite 116). Jeder Werktag, an dem nicht zur Arbeit gefahren wurde, zählt. **Zeile 32** fragt nach der Zahl der Arbeitstage, an denen die Firma tatsächlich aufgesucht wurde, und nach der Kilometerzahl der kürzesten einfachen Straßenentfernung. Die kennt das Finanzamt in der Regel ziemlich genau, rundet Stellen hinter dem Komma strikt ab und wird bei Umwegfahrten hellhörig.

TIPP: Das Finanzamt akzeptierte Umwege früher nur bei mindestens 20 Minuten Zeitersparnis. Das sieht der Bundesfinanzhof (BFH) anders: Wer eine „offensichtlich verkehrsgünstigere" längere Straßenverbindung nutzt, muss nicht unbedingt Zeit einsparen (Az. VI R 19/11).

Hinter den weiteren Fragen in **Zeile 32 und 33** stehen Unterschiede bei der Behandlung verschiedener Verkehrsmittel und die besonderen Vorteile für Menschen mit Behinderung. Wichtige Einzelheiten dazu und weitere Informationen zur Entfernungspauschale finden Sie → ab Seite 91. Gleiches gilt für die in **Zeile 34** ausdrücklich genannten weiteren Werbungskosten, etwa die Ausgaben für Arbeitsmittel (zum Beispiel Computer), für Bewerbungen, Fortbildung oder Dienstreisen. Angaben zu den Werbungskosten für Ehefrau und Person B gehören gesondert in die **Zeilen 35 bis 38**.

TIPP: Ausführliches zur Entfernungspauschale und zu anderen abzugsfähigen Werbungskosten finden Sie ab Seite 90. Wenn Sie in Zeile 31 bis 38 der vereinfachten Erklärung etwas einzutragen haben, lesen Sie vorher bitte dort nach.

Zeilen 39 bis 43: Besonderes und Außergewöhnliches

Hier geht es um private Ausgaben, die als Sonderausgaben oder außergewöhnliche Belastungen steuerlich geltend gemacht werden dürfen (Begriffe → Seite 12). Mit der vereinfachten Erklärung lassen sich viele davon absetzen, zum Beispiel die Kirchensteuer, bestimmte Spenden oder Krankheitskosten. Für andere Ausgaben dieser Art, etwa für sämtliche Unterhaltszahlungen, ob als Sonderausgaben oder außergewöhnliche Belastungen, ist die Abgabe der „normalen" Steuererklärung samt den entsprechenden Anlagen erforderlich (→ ab Seite 39). In **Zeile 39** gehört die tatsächlich gezahlte (auch nachgezahlte) und im Jahresverlauf erstattete Kirchensteuer. Die im Rahmen der Abgeltungsteuer von der Bank einbehaltene Kirchensteuer hat hier nichts zu suchen. In **Zeile 40** ist unter „Spenden und Mitgliedsbeiträge zur Förderung steuerbegünstigter Zwecke" vom Mitgliedsbeitrag im Deutschen Roten Kreuz bis zur Unterstützung des örtlichen Karnevalsvereins so ziemlich alles absetzbar. Dafür ist in der Regel eine Spendenbescheinigung erforderlich (→ auch ab Seite 49). Die nennt sich amtlich „Zuwendungsbescheinigung". Bei Spenden bis 200 Euro und in bestimmten anderen Fällen genügt der Kontoauszug (→ Seite 50). Hat der Empfänger Spenden elektronisch an das Finanzamt gemeldet, gehören die nicht hierher, sondern in die **Zeile 41**. Für Spenden an Parteien, Wählervereinigungen und in das Vermögen von Stiftungen brauchen Sie die ausführliche Steuererklärung. Die vereinfachte Erklärung ist ebenfalls nicht nutzbar für Sonderausgaben wie Berufsausbildungskosten, Unterhaltszahlungen an den Ehe- oder Lebenspartner und für die Zahlung von Renten und dauernden Lasten. Wen Letzteres betrifft, der braucht nicht nur eine ausführliche Steuererklärung, sondern in der

Regel auch einen Lohnsteuerhilfeverein oder Steuerberater (→ Seite 216). Der für viele Angestellte wichtigste Abzugsposten bei den Sonderausgaben – das sind die Beiträge zur Sozialversicherung – gehört nicht hierher, sondern in die Anlage Vorsorgeaufwand. Die muss jeder zusätzlich zur vereinfachten Steuererklärung ausfüllen (→ Seite 73).

Mehr zu den Sonderausgaben lesen Sie ab → Seite 43. Wer dazu hier etwas einzutragen hat, sollte unbedingt vorher dort nachlesen.

Im Bereich der außergewöhnlichen Belastungen wird in **Zeile 42** der Behindertenpauschbetrag beantragt. Er beträgt je nach dem Grad der Behinderung zwischen 310 und 3700 Euro (→ Tabelle Seite 233). Der Grad der Behinderung (linkes Kästchen) steht im Ausweis des Versorgungsamts, die Ziffer 1 kommt in das zweite Kästchen von links, wenn das Merkzeichen Bl oder H im Behindertenausweis steht. Die beiden rechten Kästchen gelten für den Behindertenpauschbetrag der Ehefrau oder Person B. Neben dem Pauschbetrag können behinderte Menschen weitere Ausgaben geltend machen, etwa behinderungsbedingte Fahrtkosten, Umzugs- oder Umbaukosten. Die kommen dann in **Zeile 43**, in der es um sogenannte allgemeine außergewöhnliche Belastungen geht. Dazu gehören unter anderem Krankheits- und Kurkosten. Die sind aber nur steuerlich abzugsfähig, soweit sie einen Eigenanteil überschreiten. Der nennt sich „zumutbare Belastung" und richtet sich nach Einkommen und familiärer Situation (→ Seite 55 und 234). Bestimmte außergewöhnliche Belastungen, zum Beispiel Unterhaltszahlungen an Bedürftige bis 8 820 Euro oder der Pflegepauschbetrag von 924 Euro, sind nur mittels der vollständigen Steuererklärung absetzbar. Ausführliches zu den außergewöhnlichen Belastungen finden Sie ab Seite 52. Wenn Sie dazu in der vereinfachten Steuererklärung etwas einzutragen haben, sollten Sie vorher dort nachlesen.

Zeile 44 bis 48: Rund um den Haushalt

Wenn Arbeitnehmer und Beamte für einfache Dienstleistungen im privaten Haushalt eine Firma engagieren, können sie von den Personalkosten bis zu 20 000 Euro im Jahr geltend machen. Dazu gehören Tätigkeiten wie Kochen, Putzen oder die Betreuung und Pflege von Angehörigen. Von den Ausgaben verringern 20 Prozent, also bis zu 4000 Euro, unmittelbar die Steuerschuld (20000 mal 20 Prozent). Begünstigt sind übrigens auch private Umzugskosten, zum Beispiel die Speditionsrechnung. In **Zeile 44** tragen Sie Aufwendungen für Hilfen im Haushalt ein, etwa für einen Fensterputzdienst, für Pflege- und Betreuungsaufwendungen oder Gartenpflege, seit 2016 auch für eine sozialversicherungspflichtig angestellte Haushaltshilfe, Tierbetreuungskosten zu Hause und einen Hausnotrufdienst. Eine Haushaltshilfe mit Minijob erfordert weiterhin eine ausführliche Steuererklärung.

Zusätzlich können Sie für Handwerkerleistungen und Reparaturen im Haushalt 20 Prozent von maximal 6000 Euro geltend machen (**Zeile 45**) und dafür eine Steuererstattung von bis zu 1200 Euro erreichen (6000 mal 20 Prozent). In **Zeile 46** will das Finanzamt wissen, ob Alleinstehende auch wirklich allein leben. Hintergrund: Haushaltsnahe Dienst- und Handwerkerleistungen fördert das Finanzamt nur einmal pro Haushalt und nicht pro Person. Alleinstehende mit Eintragungen in **Zeile 44 bis 45** dürfen den Prozentanteil der Höchstbeträge, der bei ihnen berücksichtigt werden soll, hier nicht mehr eintragen. Diese Möglichkeit wurde in diesem Jahr aus Platzmangel gestrichen. Eine Aufteilung ist nur via Mantelbogen möglich (→ Seite 67).

Zeile 47: Ergänzende Angaben

Wer in dieser neuen Zeile die Ziffer „1“ einträgt, verhindert die vollautomatische Bearbeitung seiner Steuererklärung und erreicht eine personelle Bearbeitung. Das kann erforderlich sein, wenn jemand zusätzliche Sachverhalte oder abweichende Rechtsauffassungen mitteilen möchte. Erforderlich wird dann eine zusätzliche Anlage auf Papier (→ Seite 72).

→ **TIPP:** Mehr zu den haushaltsnahen Dienst- und Handwerkerleistungen finden Sie ab → Seite 62. Wer in der vereinfachten Erklärung dazu etwas einzutragen hat, sollte dort nachlesen.

Hauptbogen: Mantel für alles

Wer keine „Vereinfachte Steuererklärung für Arbeitnehmer" (→ ab Seite 29) abgeben kann oder darf, braucht das vierseitige Formular mit der Amtsbezeichnung „ESt 1 A". Es heißt auch Hauptbogen oder Mantelbogen, weil es die beigefügten Anlagen wie ein Mantel umschließen kann (→ das ausgefüllte Musterformular Seite 250).

Zeile 1 bis 5: Anträge und Zuständigkeiten

In **Zeile 1** machen Sie in das linke Kästchen ein Kreuz, wenn es um die Abgabe der Einkommensteuererklärung geht. Das rechte Kästchen wird markiert, wenn (auch oder nur) eine Arbeitnehmersparzulage beantragt wird.

Zeile 2 kreuzen kirchensteuerpflichtige Menschen links an, wenn die Bank von ihren Zinsen oder anderen Kapitalerträgen im Jahresverlauf keine Kirchensteuer einbehalten hat. Die muss auf diesem Weg nachträglich berechnet werden. Hat die Bank laut ihren Abrechnungen Kirchensteuer einbehalten, bleibt dieses Kästchen frei. Mit der Einführung des automatischen Kirchensteuerabzugs 2015 wird das noch häufiger der Fall sein (→ Seite 157). Verluste aus nichtselbstständiger Tätigkeit sind zwar selten, wenn Angestellte trotzdem welche hatten, etwa wegen vorweggenommener Werbungskosten (→ Seite 70), kreuzen sie das rechte Kästchen an. Sie sollten sich bei Einzelheiten der Verlustverrechnung oder -verteilung möglichst von einem Steuerprofi helfen lassen (→ Seite 216).

Zeile 3 fragt nach der Steuernummer. Wer noch keine hat, schreibt gar nichts oder „NEU" hinein. Die persönliche Identifikationsnummer taucht an dieser Stelle nicht mehr auf. Sie wird in **Zeile 7 und 16** abgefragt. In **Zeile 4** tragen sie das Amt ein, in dessen Amtsbezirk Sie zum Zeitpunkt der Abgabe der Steuererklärung wohnen. **Zeile 5** müssen Sie nur ausfüllen, wenn Sie seit Ihrer letzten Steuererklärung umgezogen sind.

1	× Einkommensteuererklärung	× Antrag auf Festsetzung der Arbeitnehmer-Sparzulage	Eingangsstempel
2	Erklärung zur Festsetzung der Kirchensteuer auf Kapitalerträge	Erklärung zur Feststellung des verbleibenden Verlustvortrags	
3	Steuernummer	12/345/678910	
	An das Finanzamt		
4	BERLIN-MITTE/TIERGARTEN		
	Bei Wohnsitzwechsel: bisheriges Finanzamt		
5			

Zeile 6 bis 23: Allgemeine Angaben

Die Angabe der Telefonnummer in **Zeile 6** ist freiwillig, kann aber die Bearbeitung beschleunigen. In **Zeile 7** wird nach der elfstelligen persönlichen Identifikationsnummer gefragt. Die Steueridentifikationsnummer befindet sich in der Regel auf der Lohnabrechnung des Arbeitgebers. Wer sie noch nicht kennt, erfährt beim zuständigen Finanzamt mehr. Ehepaare sollten darauf achten, dass dem Ehemann die **Zeilen 7 bis 14** zustehen. Auch wenn die Ehefrau die einzige Steuerquelle der Familie ist, kommt sie erst danach. Bei gleichgeschlechtlichen Ehepaaren und eingetragenen Lebenspartnern gehört in **Zeile 7** derjenige als „Person A", dessen Nachname im Alphabet vor dem Nachnamen des anderen steht. Der andere Partner wird ab **Zeile 16** eingetragen. Handelt es sich um dieselben Nachnamen, entscheidet die alphabetische Reihenfolge der Vornamen. Gibt es auch dort Gleichheit, entscheidet das Geburtsdatum nach dem Motto: „Alter geht vor Schönheit", der ältere bekommt **Zeile 7**, der jüngere als „Person B" **Zeile 16**. Die Fragen zu den persönlichen Angaben bleiben insgesamt trotzdem nachvollziehbar. Eine Zugehörigkeit zu Religionen wird rechts in **Zeile 11 und 20** mit den dort abgedruckten Abkürzungen markiert. Weitere Abkürzungen stehen in der „Anleitung zur Einkommensteuererklärung" des Finanzamts, die den Formularen in der Regel beigefügt ist.

Zeile 15 betrifft nur bestehende oder gewesene Ehe- und Lebenspartner. Wer ganz rechts (dauernd getrennt) ein Datum vor Neujahr 2017 einträgt, wird wie ein Lediger besteuert und büßt die Steuervorteile von Paaren ein (→ Seite 205).

Allgemeine Angaben

6	Telefonische Rückfragen tagsüber unter Nr.	030/11223344
	Steuerpflichtige Person (**stpfl. Person**), nur bei Zusammenveranlagung: **Ehemann** oder **Person A** *) (Ehegatte A / Lebenspartner[in] A nach dem LPartG)	
7	Identifikationsnummer (IdNr.)	13 579 111 315
	*) Bitte Anleitung beachten.	
8	Name	FLEISSBERG
	Geburtsdatum	11111961
9	Vorname	FELIX
10	Titel, akademischer Grad	
11	Straße (derzeitige Adresse)	BRUNNENALLEE
	Religion	VD
12	Hausnummer	7
	Hausnummerzusatz	
	Adressergänzung	SEITENFLÜGEL
13	Postleitzahl	10117
	Wohnort	BERLIN
14	Ausgeübter Beruf	ANGESTELLTER

Religionsschlüssel:
Evangelisch = EV
Römisch-Katholisch = RK
nicht kirchensteuerpflichtig = VD
Weitere siehe Anleitung

TIPP: Haben sich Ehe- oder Lebenspartner 2017 getrennt, aber dann doch noch mindestens einen Tag zusammengelebt oder 2017 einen Versöhnungsversuch unternommen, tragen sie das Trennungsdatum von 2017 ein und können für 2017 eine gemeinsame Steuererklärung abgeben.

Zeile 24: Für Ehepaare und eingetragene Lebenspartner

Paare entscheiden selbst, ob sie eine gemeinsame Steuererklärung („Zusammenveranlagung") oder zwei getrennte abgeben. Wer getrennt abgeben will, kann seit 2013 nur noch eine sogenannte Einzelveranlagung wählen. Die erlaubt es nicht, dass bestimmte Kosten, etwa Sonderausgaben, außergewöhnliche Belastungen oder auch Steuerermäßigungen nach freier Entscheidung des Paars einem der Partner zugeordnet werden. Die Kosten darf grundsätzlich nur noch derjenige absetzen, der sie auch tatsächlich getragen hat. Ehe- und Lebenspartner können aber beantragen, dass sie bei jedem zur Hälfte abgezogen werden. Die Möglichkeit der „besonderen Veranlagung" im Hochzeitsjahr gibt es seit 2013 nicht mehr.

Ehe- und Lebenspartner können nach einer Änderung ihres Steuerbescheids erneut wählen, ob sie eine gemeinsame oder zwei getrennte Steuererklärungen abgeben. Das funktioniert aber nur, wenn eine neue Wahlentscheidung zu einer geringeren Steuer führen würde. In der Regel ist eine gemeinsame Erklärung vorteilhaft. Nur in bestimmten Fällen können Paare per Einzelveranlagung besser fahren, etwa wenn einer der Partner höheres Arbeitslosengeld I, steuerfreie Auslandseinkünfte oder eine Abfindung erhalten hat. Ist ein Partner Arbeitnehmer und der andere Beamter, kann sich das auch lohnen, da getrennt mehr Versicherungsbeiträge abzugsfähig sein können (→ Seite 211).

Auch Nebeneinkünfte bis 410 Euro oder steuerliche Verluste können für eine getrennte Veranlagung sprechen. Ist ein Partner 2017 verstorben, kann der andere für die Jahre 2017 und 2018 noch bestimmte Steuervorteile nutzen, zum Beispiel den „Splittingtarif". Von ihm profitieren Paare besonders, wenn die Einkünfte der Partner weit auseinanderliegen. Hat etwa einer der beiden gar keine Einkünfte, der andere aber 100 000 Euro zu versteuerndes Einkommen, beläuft sich der Splittingvorteil auf fast 9 000 Euro. Ab Seite 205 lesen Sie mehr zur Besteuerung von Ehepaaren und eingetragenen Lebenspartnerschaften.

Zeile 25 bis 28: Bankverbindungen

Die **Zeilen 25 bis 27** wurden neu gestaltet. In **Zeile 25** schreiben Sie die IBAN (International Bank Account Number) Ihrer inländischen Bank. BIC (Bank Identifier Code), Name und Ort der Bank werden in diesem Fall nicht mehr abgefragt. Handelt es sich um ein ausländisches Kreditinstitut, das innerhalb des „Europäischen Zahlungsverkehrsraums" (SEPA) agiert, schreiben Sie die IBAN in **Zeile 26** und die BIC in **Zeile 27**. An SEPA nehmen die EU- und EWR-Staaten teil sowie die Schweiz, Lichtenstein und Monaco. Bankverbindungen außerhalb des SEPA-Raums gehören nicht in die **Zeilen 26 bis 27**, sondern müssen dem Finanzamt formlos schriftlich mitgeteilt werden.

In **Zeile 28** wird das rechte Buchstabenfeld nur ausgefüllt, wenn das Finanzamt eine Steuererstattung nicht auf Ihr Konto oder auf das Konto Ihres Partners überweisen soll, sondern wenn Sie die Erstattung an jemand anderen abgetreten haben.

Zeile 31 bis 35: Abweichende Adresse

Füllen Sie **Zeile 31 bis 35** nur aus, wenn der Steuerbescheid nicht an Sie, sondern an jemand anderen geschickt werden soll, zum Beispiel an den von Ihnen beauftragten Steuerberater oder Lohnsteuerhilfeverein. Auch wenn der Bescheid nicht an die oben angegebene Wohnadresse gehen soll, zum Beispiel weil Sie sich für eine längere Zeit woanders aufhalten, können Sie hier die entsprechende Adresse eingeben.

Seit 2013 verzichtet das Formular an dieser Stelle auf die jahrzehntelang üblichen Fragen zu Art und Anzahl der einzelnen Anlagen, die dem Mantelbogen beizufügen sind. Das sorgt für etwas weniger Bürokratie und Aufwand.

Zeile 36 bis 56: Sonderausgaben

Die für die meisten Arbeitnehmer wichtigsten Sonderausgaben sind in der Regel die Beiträge zur Renten-, Kranken-, Pflege- und Arbeitslosenversicherung. Die gehören aber nicht hierher, sondern in die Anlage Vorsorgeaufwand (→ ab Seite 73). Es gibt darüber hinaus aber eine ganze Reihe von Sonderausgaben, die die magere Pauschale von 36 Euro pro Person und Jahr übersteigen. Für Ehe- und Lebenspartner sind es pauschal 72 Euro. Dazu gehören etwa Unterhaltszahlungen an den Expartner, Ausgaben für eine erste Berufsausbildung oder ein Erststudium, weitere Versicherungsbeiträge, Spenden an gemeinnützige Organisationen oder die Kirchensteuer, die von den großen christlichen Kirchen erhoben wird. Kinderbetreuungskosten sind ebenfalls Sonderausgaben. Sie werden aber nicht hier eingetragen, sondern in die Anlage Kind (→ Seite 141).

Zeile 36 bis 37: Zahlungen an andere

Hier geht es um Versorgungsleistungen, die in Form einer gleich bleibenden Rente (**Zeile 36**) oder einer veränderbaren sogenannten dauernden Last (**Zeile 37**) gezahlt werden. Solche Leistungen sind beim Zahler teilweise oder ganz als Sonderausgaben abzugsfähig. Oft stehen sie im Zusammenhang mit Vermögensübertragungen innerhalb der Familie. Immer geht es dabei aber um Konstruktionen und Verträge, bei denen verzwickte steuerliche Bestimmungen eine Rolle spielen. Wer sich damit plagen muss, sollte unbedingt einen Steuerprofi konsultieren, bevor solche Leistungen vereinbart und hier erstmals eingetragen werden. Das Finanzamt will in der Regel auch die entsprechenden Verträge als Nachweise sehen.

Zeile 38 bis 41: Unterhalt für den Expartner

Hier dreht sich alles nur um den Expartner und nicht um die gemeinsamen Kinder. Wer vom Gericht zum Versorgungsausgleich mit dem geschiedenen Partner verpflichtet wurde, kann in **Zeile 38** die gerichtlich festgelegten Ausgleichszahlungen eintragen. Dieser Sonderausgabenabzug ist in der Höhe unbegrenzt. Das gilt auch für Leistungen zur Vermeidung des Versorgungsausgleichs, wofür 2015 die **Zeile 39** eingeführt wurde. Unabhängig davon dürfen weiterhin jährlich bis zu 13 805 Euro Unterhaltszahlungen an den geschiedenen oder getrennt lebenden Ehe-/Lebenspartner abgesetzt werden (**Zeile 40**). Dem muss der Unterstützte zustimmen, denn für ihn ist der Unterhalt (wie auch die Ausgleichszahlung) steuerpflichtig, und er muss die erforderliche Anlage U mit unterschreiben.

Zeile 41 fragt nach den vom Unterstützer übernommenen Beiträgen zur Basiskranken- und Pflegeversicherung des Expartners. Die sind seit 2010 zusätzlich zum Unterhalt absetzbar, und zwar in unbegrenzter Höhe. Die Beiträge zur Kranken- und Pflegeversicherung des Ex sind Teil des Gesamtbetrags in **Zeile 40**, sollen aber im linken Kästchenfeld der **Zeile 41** noch einmal separat erscheinen. Weil von diesen Beiträgen ein kleiner Teil nicht als Sonderausgaben abzugsfähig ist, fragt das rechte Kästchenfeld ausdrücklich nach den links bereits enthaltenen Krankenversicherungsbeiträgen, die einen „Anspruch auf Krankengeld" auslösen. Das wäre beispielsweise der Fall, wenn die Exgattin Arbeitnehmerin ist. Handelt es sich beim Exgatten aber zum Beispiel um einen Rentner, hat der in der Regel keinen Krankengeldanspruch, und das rechte Feld bleibt frei (→ ab Seite 74).

→ **TIPP:** Es gibt eine weitere Möglichkeit, den Expartner steuerbegünstigt zu unterstützen: Sie können dabei 2017 bis zu 8820 Euro im Jahr geltend machen, allerdings nicht als Sonderausgaben an dieser Stelle, sondern als außergewöhnliche Belastung. Diese Unterstützung bleibt beim Exgatten steuerfrei und Sie können sich und ihm die Anlage U sparen, müssen aber die Anlage Unterhalt ausfüllen (→ Seite 147).

Zeile 42: Kirchensteuer

In das linke Zahlenfeld gehört die tatsächlich gezahlte Kirchensteuer, einschließlich aller im Jahresverlauf geleisteter Vorauszahlungen oder Nachzahlungen. Das rechte Zahlenfeld gilt für möglicherweise erhaltene Erstattungen. Freiwillige Beiträge oder Zahlungen an Kirchen sind nicht hier, sondern unter Spenden (**Zeile 45**) einzutragen (→ Seite 49). Kirchensteuer auf Zinsen sowie andere Kapitaleinkünfte, die die Banken im Rahmen der Abgeltungsteuer bereits an das Finanzamt abgeführt haben, gehören nicht hierher (→ Seite 157).

→ **TIPP:** Die Verwaltung teilt Banken und anderen Finanzinstituten die Religionszugehörigkeit ihrer kirchensteuerpflichtigen Kunden seit 2014 mit. Seit 2015 erfolgt der Kirchensteuerabzug auf Kapitaleinkünfte auf dieser Grundlage automatisch. Weitere Einzelheiten und was sie in diesem Zusammenhang unternehmen können, lesen Sie ab Seite 157.

Auf Antrag kappen viele Kirchenbehörden bei hohen Einkünften die Kirchensteuer bei 3 bis 4 Prozent des zu versteuernden Einkommens. Einmalige Abfindungen führen manchmal zur Erstattung von Kirchensteuern. Eine Nachfrage bei Ihrer Kirche bringt Klarheit und eventuell weniger Steuerbelastung.

			2017 gezahlt EUR		2017 erstattet EUR
42	**Kirchensteuer** (soweit diese nicht als Zuschlag zur Abgeltungsteuer einbehalten oder gezahlt wurde)	103	267,–	104	12,–
43	Aufwendungen für die eigene **Berufsausbildung: stpfl. Person / Ehemann / Person A** Bezeichnung der Ausbildung, Art und Höhe der Aufwendungen ABITURKURS (SIEHE ANLAGE)			200	EUR 734,–

Zeile 43 bis 44: Berufsausbildung

Im richtigen Leben liegen die Begriffe Ausbildung und Fortbildung eng beieinander. Das Steuerrecht errichtet dazwischen eine Mauer. Die Verwaltung versteht an dieser Stelle unter „Berufsausbildung" eine erste Ausbildung, etwa den Besuch einer allgemeinbildenden Schule oder ein Erststudium. Fortbildung heißt hingegen Weiterlernen nach einer Erstausbildung, etwa ein Studium nach abgeschlossener Berufsausbildung, ein Zweitstudium, Umschulungen oder Weiterbildungen (→ ab Seite 103).

Die lebensfremde Grenze lässt sich in der Praxis nicht immer genau bestimmen. Denn was gilt überhaupt als Ausbildung, wann und wie wurde sie abgeschlossen, unterbrochen oder wieder aufgenommen, dient ihr Zweck der Erwerbstätigkeit oder dem Privatvergnügen? Das sind nur einige der Fragen, um die Bürger und Verwaltung ständig streiten.

Letztlich geht es darum, wie und vor allem in welcher Höhe Bildungsausgaben steuerlich geltend gemacht werden dürfen. Ausbildungskosten sind für den Fiskus grundsätzlich Privatsache. Sie dürfen seit 2012 bis zu 6 000 Euro pro Person und Jahr als Sonderausgaben abgesetzt werden. Dagegen können Arbeitnehmer und Beamte Fortbildungsausgaben in unbegrenzter Höhe als Werbungskosten in der Anlage N eintragen.

Ausbildungskosten haben einen weiteren Nachteil: Sie wirken sich nur in dem Jahr steuerlich aus, in dem sie entstanden sind. In Ausbildungsphasen sind aber oftmals keine oder nur geringe steuerpflichtige Einkünfte vorhanden. Somit führen Ausbildungskosten in vielen Fällen nur zu einer geringen oder zu gar keiner Steuerentlastung.

Fortbildungskosten funktionieren grundsätzlich anders: Sie können als „vorweggenommene Werbungskosten" zu steuerlich anerkannten Verlusten führen. Solche Verluste müssen nicht zwingend mit Einkünften desselben Jahres ausgeglichen werden. Sie lassen sich mit positiven Einkünften anderer Jahre steuersparend verrechnen.

Wegen der unterschiedlichen steuerlichen Behandlung von Ausbildungs- und Fortbildungskosten gab es in den letzten Jahren zwischen Bürgern und Verwaltung immer wieder Streit. Die Finanzgerichte entschieden dabei zunehmend bürgerfreundlich. Ob die Ausgaben für eine Erstausbildung oder für ein Erststudium als Sonderausgaben oder als Werbungskosten geltend gemacht werden dürfen, muss nun das Bundesverfassungsgericht in mehreren Verfahren entscheiden (zum Beispiel Az. 2 BvL 22/14).

TIPP: Machen Sie Ihre Ausgaben für ein Erststudium oder für eine andere Erstausbildung als Werbungskosten in der Anlage N geltend. Steuerbescheide erlässt das Finanzamt in diesem Punkt vorläufig, Einspruch ist nicht erforderlich (→ Seite 227).

Es kann zweckmäßig sein, zunächst eine einfache Berufsausbildung vorzuschalten, und danach eine kostenintensive anzuschließen. Beispielsweise hat der Bundesfinanzhof bei einer Stewardess, die sich zur Pilotin ausbilden ließ, die Kosten des teuren Pilotenkurses als vorweggenommene Werbungskosten akzeptiert (Az. VI R 6/12). Hier gelten allerdings seit 2015 neue Regeln. Die sollen verhindern, dass jede beliebige Ausbildung als Erstausbildung anerkannt wird.

Zu diesem Zweck wurde der Begriff Erstausbildung gesetzlich definiert als mindestens 12-monatige Vollzeitausbildung mit mindestens 20 Wochenstunden. Die Ausbildung muss mit einem Prüfungsabschluss oder einem anderen für die jeweilige Ausbildung üblichen Abschluss enden. Übrigens gilt diese Begriffsbestimmung ausschließlich für die Abgrenzung von Werbungskosten und Sonderausgaben. Für die Unterscheidung von Erst- und Folgeausbildung bei der Kinderförderung ist sie ohne Bedeutung (→ ab Seite 132).

Wenn Angestellte Ausgaben für teure und langwierige Bildungsmaßnahmen als Werbungskosten absetzen können, ist das in der Regel steuerlich vorteilhafter als ein Sonderausgabenabzug. Geht es aber um „geringere“ Beträge, kann es manchmal sinnvoller sein, den Sonderausgabenabzug zu nutzen, denn der wirkt sich vom ersten Euro an bis 6 000 Euro im Jahr steuersenkend aus. Dagegen können relativ geringe Fortbildungsausgaben als Werbungskosten ohne Entlastungswirkung teilweise oder ganz im Arbeitnehmerpauschbetrag von 1 000 Euro im Jahr „verschwinden“. Den erhalten Arbeitnehmer unabhängig davon, ob sie Ausgaben hatten.

Ausbildungskosten sind ein weit gefasster Begriff. Dazu gehören etwa Fahrtkosten, Gebühren für Kurse und Prüfungen, Ausgaben für Fachbü-

cher, Computer oder Laptop, Kopien und Schreibwaren. Auch Kosten für ein häusliches Arbeitszimmer können in bestimmten Fällen bis zu 6 000 Euro pro Jahr abzugsfähig sein (→ ab Seite 106).

Bei Ehepaaren und Lebenspartnern macht jeder Partner seine eigenen Ausbildungskosten geltend. Der Ehemann füllt **Zeile 43** aus, die Ehefrau **Zeile 44**, gleichgeschlechtliche Ehe- und Lebenspartner unterscheiden nach „Person A und B" (→ Seite 40). Unter dem Strich kann damit ein Paar bis zu 12 000 Euro Ausbildungskosten absetzen. Es gibt aber keine Zusammenrechnung. Hatte etwa ein Partner 8 000 Euro Ausbildungskosten und der andere keine, berücksichtigt das Finanzamt nur den Höchstbetrag von 6 000 Euro pro Jahr für den, der die Kosten tatsächlich hatte.

Ausbildungskosten sind nur absetzbar, wenn eine Ausbildung auf beruflich verwendbare Kenntnisse und Fertigkeiten gerichtet ist. Andere Bildungsmaßnahmen bleiben ungefördert.

Zeile 45 bis 56: Spenden

Absetzbar sind zunächst Spenden „zur Förderung steuerbegünstigter Zwecke" (**Zeile 45**). Hinter dieser Formulierung verbirgt sich so ziemlich alles von Kultur und Bildung über Jugend und Sport bis hin zu Denkmalschutz, Heimatpflege oder Karneval.

Arbeitnehmer und Beamte dürfen Spenden grundsätzlich bis zu einer Höhe von 20 Prozent des Gesamtbetrags der Einkünfte (→ Seite 12) absetzen. Wenn spendable Menschen dem guten Zweck mehr gegeben haben, berücksichtigt das Finanzamt den übersteigenden Betrag in späteren Jahren. Dieser „Spendenvortrag" war früher Großspendern vorbehalten, jetzt dürfen ihn alle nutzen.

→ Zum Beispiel das Ehepaar D.

Dorothea und Daniel D. sind beide Beamte und haben zusammen 40 000 Euro Jahreseinkünfte. Sie dürfen 20 Prozent davon, also 8 000 Euro, als Sonderausgaben geltend machen. Dieses Jahr waren Not und Spendenbereitschaft besonders groß. Das Ehepaar D. spendete 5 000 Euro an das Deutsche Rote Kreuz und 3 000 Euro an den örtlichen Sportverein. Im Dezember stand der Pfarrer auf der Matte und bat um eine Spende für die einsturzgefährdete Dorfkirche. Dorothea und Daniel gaben ihm einen Scheck über 2 000 Euro. Sie schreiben 10 000 Euro in ihre Steuererklärung, davon akzeptiert das Finanzamt in diesem Jahr 8 000 Euro als abzugsfähige Sonderausgaben (20 Prozent von 40 000). Die verbleibenden 2 000 Euro trägt das Amt von sich aus vor: Sie können im nächsten oder in den folgenden Jahren geltend gemacht werden.

Für die steuerliche Anerkennung der Spende ist grundsätzlich die Bestätigung des Empfängers nach amtlichem Muster im Original erforderlich, eine sogenannte Zuwendungsbescheinigung. Für Spenden bis 200 Euro reicht der Kontoauszug mit dem vorgedruckten Überweisungsbeleg. Der Kontoauszug genügt auch für höhere Beträge in Katastrophenfällen, wenn auf bestimmte Sonderkonten gespendet wurde.

NEU: Spendenbescheinigungen müssen der Steuererklärung 2017 nicht mehr beigefügt werden. Sie sind aber für den Fall aufzubewahren, dass das Finanzamt sie sehen will, und zwar bis zu einem Jahr nach Erhalt des Steuerbescheids.

	Spenden und Mitgliedsbeiträge (ohne Beträge in den Zeilen 49 bis 56)		lt. Bestätigungen EUR		lt. Betriebsfinanzamt EUR
45	– zur Förderung steuerbegünstigter Zwecke	123	10 000,–	124	,–
46	in Zeile 45 enthaltene Zuwendungen an Empfänger im EU- / EWR-Ausland	125	,–	126	,–
47	– an politische Parteien (§§ 34g, 10b EStG)	127	,–	128	,–

Auch gespendete Sachen wie Kleider, Möbel oder Bücher sind absetzbar, wenn sich der Wert der Gegenstände plausibel ermitteln lässt (da reicht meist schon eine nachvollziehbare Schätzung). Gleiches gilt für erbrachte Leistungen, zum Beispiel, wenn unter Verzicht auf rechtlich zustehenden Kostenersatz Pkw-Fahrten für den Verein unternommen oder Kinder aus Katastrophengebieten beherbergt und versorgt wurden. Als Beleg für den Pkw-Einsatz können Listen über die Fahrten dienen, die dann wie bei Dienstfahrten abgerechnet werden (→ Seite 117). Für Katastropheneinsätze stellt die entsprechende Organisation eine Bescheinigung aus.

→ **TIPP:** Mitgliedsbeiträge für manche gemeinnützige Organisationen, etwa für das Deutsche Rote Kreuz oder für Kulturfördervereine, sind als Spenden absetzbar. Erkundigen Sie sich bei Ihrer Organisation, ob das auch für Sie zutrifft! In Zweifelsfällen kann das Finanzamt Auskunft geben.

Steuerbegünstigte Spenden schreiben Sie in **Zeile 45** in das linke Zahlenfeld. Spenden an Empfänger in der EU und im Europäischen Wirtschaftsraum (EWR) werden in **Zeile 46** nochmals gesondert abgefragt.

Mitgliedsbeiträge und Spenden an politische Parteien und unabhängige Wählervereinigungen dürfen zusätzlich zu den bisher behandelten Spenden abgesetzt werden, aber sie folgen anderen Regeln. Bei Ledigen drücken bis zu 1650 Euro, bei Ehepaaren und eingetragenen Lebenspartnern bis zu 3300 Euro zur Hälfte direkt die Steuerschuld. Es kommt also zu Steuererstattungen bis 825/1650 Euro. Höhere Parteispenden können wiederum bis zu 1650 beziehungsweise 3300 Euro zusätzlich als Sonderausgaben abgesetzt werden. Spendet zum Beispiel ein Lediger 2000 Euro an eine Partei, bekommt er dafür zunächst eine Steuererstattung und zahlt 825 Euro weniger Steuern (50 Prozent von maximal 1650). Zusätzlich darf er den noch nicht berücksichtigten Teil seiner Parteispende, das sind 350 Euro, als Sonderausgaben geltend machen (2000 minus 1650).

Bei einem Grenzsteuersatz von einem Drittel (→ Seite 244) bringt die Parteispende rund 950 Euro Steuerersparnis. Das ist deutlich mehr als Spenden für andere Zwecke. Parteispenden und Spenden an unabhängige Wählervereinigungen gehören in **Zeile 47** beziehungsweise in **Zeile 48**.

Zeile 49 bis 51 fragt nach Spenden und Mitgliedsbeiträgen, die vom Spendenempfänger bereits elektronisch an die Finanzverwaltung gemeldet worden sind. Für solche Beträge ist die Vorlage einer schriftlichen Spendenbescheinigung auch weiterhin nicht erforderlich.

In **Zeile 52 bis 56** geht es um Zuwendungen an bestimmte Stiftungen. Hier ist es ratsam, einen Steuerberater oder Lohnsteuerhilfeverein zu konsultieren. Das gilt auch für Großspenden, die deutlich oberhalb der 20-Prozent-Grenze liegen.

Bei der Berechnung des abzugsfähigen Spendenvolumens von 20 Prozent der Einkünfte berücksichtigt das Finanzamt seit 2012 die Einkünfte aus Kapitalvermögen, die der Abgeltungsteuer unterliegen, nicht mehr. Kapitaleinkünfte, die auf der Anlage KAP stehen, können den Gesamtbetrag der Einkünfte und damit das abzugsfähige Spendenvolumen aber auch weiterhin erhöhen. Das gilt dann, wenn anstelle der Abgeltungsteuer von 25 Prozent per Günstigerprüfung der persönliche Steuersatz angewendet wird. Wie das funktioniert, steht ab Seite 154.

Sogenannte private Steuerberatungskosten sind seit 2006 nicht mehr als Sonderausgaben absetzbar (→ ab Seite 217).

Zeile 61 bis 70: Außergewöhnliche Belastungen

Hinter dem Begriff der außergewöhnlichen Belastungen verbirgt sich eine Sammlung privater Ausgaben, die steuerlich ganz oder teilweise absetzbar sind. Doch so außergewöhnlich ist das nicht, geht es doch zum Beispiel um Krankheitskosten, die Unterstützung Bedürftiger, Ausgaben für Behinderung oder Pflege.

Zeile 61 bis 64: Behinderung

Hier beantragen Sie den sogenannten Behindertenpauschbetrag. Je nach Grad der Behinderung gewährt das Finanzamt einen pauschalen Freibetrag zwischen 310 und 3700 Euro jährlich (→ Tabelle Seite 233). Ehe- und Lebenspartner füllen diese Zeilen getrennt aus. In die **Zeilen 61 und 63** gehören die Gültigkeitsdaten der entsprechenden Dokumente (zum Beispiel Ausweis des Versorgungsamts) sowie der Grad der Behinderung. Die Frage nach dem Ausstellungsdatum ist erstmals entfallen. Legen Sie bei einer erstmaligen Beantragung eines Behindertenpauschbetrags eine Kopie des Dokuments bei. In die kleinen Kästchen in **Zeile 62 und 64** gehört die Ziffer „1", wenn die entsprechenden Merkzeichen vorliegen. Merkzeichen Bl oder H auf dem Ausweis steht für blind oder hilflos, Merkzeichen G und aG (außergewöhnliche Gehbehinderung) bedeuten geh- und stehbehindert. Neben dem Behindertenpauschbetrag kann hier auch ein Pauschbetrag für Hinterbliebene beantragt werden (linkes Kästchen in **Zeile 62 und 64**). Er beträgt 370 Euro und steht Menschen zu, denen aufgrund ganz bestimmter gesetzlicher Regelungen Hinterbliebenenbezüge gewährt werden, zum Beispiel nach einem Dienstunfall eines Beamten.

Außergewöhnliche Belastungen 53

Behinderte Menschen und Hinterbliebene

		Ausweis / Rentenbescheid / Bescheinigung gültig von	bis	unbefristet gültig	Grad der Behinderung	Erstmalige Beantragung / Änderung (Nachweis ist einzureichen)
61	stpfl. Person / Ehemann / Person A	100 0 3 1 5	101 M M J J	102 1 1 = Ja	105 1 0 0	×
62		hinterblieben 380 ☐ 1 = Ja		blind / ständig hilflos 103 ☐ 1 = Ja	geh- und stehbehindert 104 1 1 = Ja	

Pauschbeträge gewährt das Finanzamt grundsätzlich erst ab 50 Grad Behinderung. Es gibt aber Ausnahmen, zum Beispiel bei einer Behinderung wegen einer typischen Berufskrankheit oder wenn wegen der Behinderung ein gesetzlicher Anspruch auf Rente besteht. Ob Ausnahmen zutreffen, kann eine Nachfrage beim Finanzamt klären (→ auch Seite 233).

→ **TIPP:** Viele Arbeitnehmer und Beamte mit erheblichen Gesundheitsproblemen wissen nicht, dass ihnen eigentlich ein Behindertenpauschbetrag zusteht. Fragen Sie Ihren behandelnden Arzt, ob und wie ein Antrag Erfolgsaussichten hat.

Neben dem Behindertenpauschbetrag können Sie weitere Ausgaben geltend machen, zum Beispiel für andere Krankheitskosten und für Kfz-Kosten: ohne Nachweis 900 Euro (ab 80 Grad oder 70 Grad und Merkzeichen G), mit Nachweis bis 4 500 Euro (Merkzeichen aG, Bl, H) sowie für die behindertengerechten Umrüstungen eines Kfz oder der Wohnung. Das gilt auch für bestimmte Kosten einer Begleitperson im Urlaub. Diese Aufwendungen gehören in **Zeile 67**. Anstelle des Behindertenpauschbetrags können dort auch die tatsächlich nachgewiesenen Kosten der Behinderung geltend gemacht werden (weitere Einzelheiten → ab Seite 56). Um die Steuervorteile für Menschen mit Behinderungen auszuschöpfen, Alternativen abzuwägen und Fehler zu vermeiden, kann es zweckmäßig sein, beim ersten Ausfüllen einer Steuererklärung professionelle steuerliche Hilfe zu nutzen.

→ **TIPP:** Der Behindertenpauschbetrag eines Kindes kann auf die Eltern übertragen werden. Das geschieht aber nicht hier, sondern auf der Anlage Kind (→ Seite 140).

Zeile 65 bis 66: Pflegepauschbetrag

Wer eine andere Person in seiner Wohnung oder in deren Wohnung kostenlos pflegt, kann einen Pflegepauschbetrag von 924 Euro im Jahr erhalten. Dafür gibt es aber eine Reihe von Voraussetzungen: Die Pflege muss persönlich geleistet werden (Unterstützung durch einen Pflegedienst schadet aber nichts). Der Gepflegte muss hilflos sein (Merkmal H) oder einen der neuen Pflegegrade 4 oder 5 haben (vorher Pflegestufe III).

Den Freibetrag erhalten nicht nur Menschen, die unterhaltsberechtigte Angehörige pflegen. Es gibt ihn auch, wenn andere Verwandte, Lebenspartner, Freunde oder Nachbarn gepflegt werden. In solchen Fällen muss der Pflegende begründen, dass er die Pflege aus tatsächlichen oder sittlichen Gründen übernehmen musste.

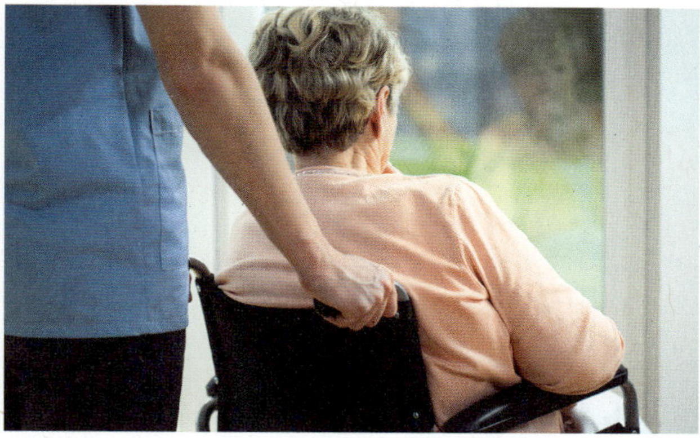

Zeile 65 fragt, wer der Pflegende ist und bietet mit den Ziffern „1", „2" oder „3" drei Varianten an. In **Zeile 66** gehören persönliche Angaben zur gepflegten Person und dem Verwandtschaftsverhältnis. In das neue rechte Kästchen schreiben Sie die Anzahl eventueller „Mitpfleger". Sind mehrere Menschen an der Pflege einer Person beteiligt, zum Beispiel wenn Geschwister die Mutter gemeinsam pflegen, wird der Freibetrag nach der Anzahl der Personen aufgeteilt. Den Pflegepauschbetrag gibt es übrigens auch, wenn die zu pflegende Person in einem Heim untergebracht ist und nur an Wochenenden zu Hause gepflegt wird. Genügt der Platz nicht, weil mehrere Personen gepflegt werden oder an der Pflege beteiligt sind, sollten Sie weitere Angaben formlos auf ein Extrablatt schreiben.

Zeile 67 bis 70: Außergewöhnliches aller Art

In **Zeile 67** gehört, was das Steuerrecht unter außergewöhnlichen Belastungen „allgemeiner Art" versteht. Der Begriff entzieht sich einer klaren Bestimmung und soll es wohl auch, denn hier findet sich ein bunter Mix von Krankheit bis Naturkatastrophe. Absetzbar ist nur der Teil der Kosten, der eine bestimmte Grenze übersteigt. Den Teil unterhalb dieser Grenze müssen die Betroffenen selbst schultern. Der nennt sich „zumutbare Belastung" und die kann, je nach Familienstand, Verdiensthöhe und Kinderzahl, bei 1 bis 7 Prozent der Einkünfte liegen (→ Seite 234 und das Beispiel der Familie F. auf → Seite 57). Ob das Finanzamt die zumutbare Belastung bei der steuerlichen Berücksichtigung von Krankheits- und Pflegekosten überhaupt anwenden darf, ist umstritten. Steuerbescheide bleiben diesbezüglich offen (→ Seite 226). Der Bundesfinanzhof hat außerdem entschieden, dass die Verwaltung die zumutbare Belastung ab sofort bürgerfreundlicher berechnen muss (Az. VI R 75/14, → Seite 234).

Krankheitskosten sind die wohl häufigste außergewöhnliche Belastung. Dazu gehören die Kosten für alle vom Arzt oder Heilpraktiker verordneten Medikamente, Heilbehandlungen und Hilfsmittel, aber natürlich nur der Anteil, der selbst bezahlt wurde. Zum Beispiel geht es um Zuzahlungen bei Arzt, Zahnarzt, Heilpraktiker und Apotheke, Zahlungen für Heilbehandlungen und Medikamente, die zwar verordnet, aber von der Kasse nicht getragen wurden, etwa homöopathische Mittel. Ausgaben für Brillen, Einlagen oder Rollstühle gehören dazu ebenso wie Fahrtkosten zum Arzt oder zur Selbsthilfegruppe, bestimmte Kurkosten und Ausgaben für einen krankheits- oder pflegebedingten Heimaufenthalt. Heimkosten waren früher nur absetzbar, wenn mindestens die Pflegestufe I oder die Merkzeichen H und Bl vorgelegen haben. Jetzt gilt das auch für Pflegesätze des Heims, wenn keiner der neuen Pflegegrade vorliegt (→ Infokasten zu den Krankheitskosten → Seite 59).

TIPP: Pflegekosten im Heim sind nach Berücksichtigung der zumutbaren Belastung ohne Obergrenze absetzbar. Das gilt für Kosten, die für Sie selbst, Ihren Ehe- oder Lebenspartner oder für einen unterhaltsberechtigten Angehörigen entstanden sind.

Manche Krankheitskosten, etwa für den Zahnarzt, lassen sich planen und innerhalb eines Kalenderjahrs bündeln. Wenn das gelingt, haben Sie bessere Chancen, die Hürde der zumutbaren Belastung zu überwinden (→ Seite 183 und das folgende Beispiel). Sammeln Sie auf jeden Fall ab Jahresbeginn konsequent die Belege von Krankheitskosten. Ob Sie die Grenze der zumutbaren Belastung überwinden oder nicht, können Sie erst am Jahresende wissen.

Seit 2012 gehen Zinsen und andere Kapitalerträge, die mit der Abgeltungsteuer besteuert werden, nicht mehr in die Berechnung der zumutbaren Belastung ein. Das ist für Betroffene gut, denn es verringert ihre zumutbare Belastung. Kapitalerträge, die nicht der Abgeltungsteuer unter-

liegen, zum Beispiel, weil per Anlage KAP die Günstigerprüfung genutzt wird, zählen bei der Berechnung der zumutbaren Belastung aber weiter mit (→ ab Seite 153).

	Andere außergewöhnliche Belastungen (z. B. Fahrtkosten behinderter Menschen, Krankheitskosten, Kurkosten, Pflegekosten) Art der Belastungen	Summe der Aufwendungen EUR	Erhaltene / Anspruch auf zu erwartende Versicherungsleistungen, Beihilfen, Unterstützungen; Wert des Nachlasses usw. EUR
67	KRANKHEITSKOSTEN (S. ANLAGE)	300 2 800,–	301 0,–
	Für folgende Aufwendungen wird die Steuerermäßigung für haushaltsnahe Beschäftigungsverhältnisse / Dienstleistungen / Handwerkerleistungen beantragt, soweit sie wegen Abzugs der zumutbaren Belastung nicht als außergewöhnliche Belastungen berücksichtigt werden (die Beträge sind nicht zusätzlich in den Zeilen 71 bis 73 einzutragen):		Aufwendungen (abzüglich Erstattungen) EUR

→ Zum Beispiel Familie F.

Franziska und Frank F. sind beide Arbeitnehmer, ihre Kinder Fanny und Falk gehen noch zur Schule. Zusammen kommen sie auf Einkünfte von 50 000 Euro. Krankheitskosten fielen reichlich an. Frank musste beim Zahnarzt 1 300 Euro zuzahlen und Franziska bei ihrer Kur 500 Euro. Hinzu kam „Kleinkram“, der sich aber auf 1 000 Euro summierte: Zuzahlungen für Medikamente, eine Rechnung vom Heilpraktiker, eine neue Gleitsichtsonnenbrille für die blendempfindliche Franziska, ärztliche Atteste und Fahrtkosten zum Arzt. Insgesamt zahlte Familie F. somit 2 800 Euro Krankheitskosten aus eigener Tasche. Die zumutbare Belastung berechnet das Finanzamt mit 1 347 Euro (→ auch neue Berechnung Seite 234). Damit kann Familie F. 1 453 Euro Krankheitskosten als außergewöhnliche Belastung geltend machen (2 800 minus 1 347). Hätte Frank seine teure Zahnreparatur auf nächstes Jahr verschoben, hätte Familie F. in diesem Jahr gar keine Krankheitskosten absetzen können, denn sie wäre innerhalb der zumutbaren Belastung von 1 347 Euro geblieben. Ob und wie sich die Zahnarztkosten im Folgejahr auswirken, ist ungewiss. Fest steht nur: Ohne ein Vorverlegen der Zahnbehandlung wären 1 453 Euro Abzugsbetrag unter den Tisch gefallen (→ auch Seite 183).

Wenn **Hausrat oder Kleidung** durch Feuer, Unwetter, Hochwasser oder Diebstahl verloren gegangen sind, können Ausgaben für die Wiederbeschaffung eine außergewöhnliche Belastung sein. Da prüft das Finanzamt aber genau. Fehlt die Hausratversicherung, hält der Fiskus seine Taschen zu.

Das Finanzamt akzeptiert auch **Beerdigungskosten** in angemessener Höhe (Höchstbetrag 7 500 Euro), die ein Verwandter des Toten oder eine ihm nahestehende Person übernommen hat und die nicht aus dem Nachlass bezahlt werden konnten.

Schadstoffe in Haus oder Wohnung können zu einer außergewöhnlichen Belastung führen, wenn zum Beispiel Asbest, Formaldehyd oder giftige Holzschutzmittel zu beseitigen sind. Aber die Anforderungen sind hoch: Ein Arzt muss in der Regel den Zusammenhang zwischen der Schadstoffbelastung und den gesundheitlichen Folgen attestieren, außerdem ist ein amtliches technisches Gutachten über die konkrete Gesundheitsgefährdung einzuholen.

Was eine außergewöhnliche Belastung ist und was nicht, lässt sich nicht immer genau bestimmen. So kann nach Urteilen des Bundesfinanzhofs die Beseitigung von Gebäudeschäden (durch Hausschwamm, Brand, Hochwasser) eine außergewöhnliche Belastung sein (VI R 70/10). **Scheidungskosten** waren lange ein Zankapfel. Die Finanzverwaltung erkennt Gerichts- und Anwaltskosten des Scheidungsprozesses seit 2013 nicht mehr als außergewöhnliche Belastung an. Dem hat sich der Bundesfinanzhof nun angeschlossen (Az. VI R 9/16, veröffentlicht am 16. August 2017). Danach sind Prozesskosten nur noch absetzbar, wenn sie eine existenzbedrohende Situation abwenden sollen. Nach Auffassung der Richter ist das bei Scheidungskosten regelmäßig nicht der Fall.

INFO: Krankheitskosten von A bis Z

Als außergewöhnliche Belastung gelten Krankheitskosten aller Art, wenn sie auf der Grundlage von Verordnungen des Arztes oder Heilpraktikers entstanden sind. Für das Finanzamt zählen nur Ausgaben, die Sie selbst getragen haben.

- **Arzneimittel**, inklusive Zuzahlungen und Rezeptgebühren.
- **Behandlungskosten** bei Ärzten, Zahnärzten, Heilpraktikern, Physiotherapeuten, medizinischen Fußpflegern oder Logopäden. Ausgaben für bestimmte alternative Therapien, etwa für eine Ayurveda-Behandlung, sind nur bei nachgewiesener medizinischer Notwendigkeit absetzbar.
- **Fahrtkosten** zum Arzt, ins Krankenhaus, zu Heilbehandlungen oder Selbsthilfegruppen sind wie Reisekosten absetzbar (→ Seite 116). Pkw-Fahrten akzeptiert das Amt in der Regel nur, wenn die Nutzung öffentlicher Verkehrsmittel nicht möglich oder nicht zumutbar war. Besuchsfahrten zum Ehegatten oder zu Kindern ins Krankenhaus (oder in die Reha-Klinik) können Sie geltend machen, wenn der Besuch laut ärztlicher Bescheinigung notwendig war, also „den Heilungsprozess gefördert" hat.
- **Heil- und Hilfsmittel** sind u. a. Brillen, Kontaktlinsen, Hörgeräte, Schuheinlagen, orthopädische Schuhe oder Rollstühle.
- **Kurkosten** sind absetzbar, wenn die Kur notwendig war. Der Nachweis der Kurbedürftigkeit erfolgt durch ein amtsärztliches Zeugnis oder durch den Bewilligungsbescheid der Krankenkasse. Abzugsfähig sind zum Beispiel selbst gezahlte Fahrt-, Übernachtungs- und Behandlungskosten sowie 80 Prozent der Verpflegungskosten.
- **Zahnersatz**, etwa Kronen, Brücken, Zahnimplantate.
- **Zuzahlungen** von zum Beispiel 10 Euro pro Tag bei stationärem Aufenthalt in Krankenhäusern und Reha-Kliniken.

NEU: Die Finanzverwaltung muss die zumutbare Belastung laut Bundesfinanzhof (BFH) bürgerfreundlicher berechnen (Az. VI R 75/14, → auch Seite 55). Bisher wurde ein einheitlicher Prozentsatz auf den Gesamtbetrag der Einkünfte angewandt. Jetzt kann die Berechnung je nach Höhe der Einkünfte über mehrere Schritte erfolgen (→ Beispiel auf Seite 234).

Bisher war umstritten, ob für Jahre bis 2012 **Zivilprozesskosten** generell absetzbar sind. Nunmehr hat der Bundesfinanzhof entschieden, dass solche Kosten „im Allgemeinen keine außergewöhnlichen Belastungen" sind. Ausnahmen lassen die Richter (wie die Verwaltung) nur gelten, wenn es um „existenziell wichtige Bereiche" geht (Az. VI R 17/14).

Die **Zeile 68** und die **Zeilen 69 bis 70** füllen Sie nur aus, wenn Sie in **Zeile 67** Aufwendungen eingetragen haben, die wegen der zumutbaren Belastung nicht als außergewöhnliche Belastung absetzbar sind. Das betrifft zum Beispiel in **Zeile 67** enthaltene Pflegeleistungen, die im Rahmen eines Minijobs erbracht wurden (**Zeile 68**), alle anderen haushaltsnahen Pflegeleistungen ohne Aufwendungen für einen Minijob (**Zeile 69**) und Arbeitskosten für Handwerkerleistungen (**Zeile 70**). Haben Sie beispielsweise Kosten für einen Pflegedienst von 4 000 Euro in **Zeile 67** eingetragen und konnten wegen der zumutbaren Belastung 1 500 Euro davon nicht absetzen, schreiben Sie die 4 000 Euro nochmals in **Zeile 69**.

Dann können 300 Euro (20 Prozent von 1500) wie eine haushaltsnahe Dienstleistung Ihre Steuerschuld senken (→ Seite 64).

Zeile 71 bis 79: Rund um den Haushalt

Wer eine Haushaltshilfe einstellt, zahlt weniger Steuern. Die Hilfskraft muss aber typische Hausarbeiten erledigen, zum Beispiel einkaufen, putzen, waschen, kochen, Familienangehörige betreuen oder den Garten pflegen. Fahrer, Sekretärinnen oder Hauslehrer bleiben ungefördert. Es gibt verschiedene Möglichkeiten, mit Hilfskräften im Haushalt Steuern zu sparen: die Anstellung einer Haushaltshilfe mit Minijob oder mit einem sozialversicherungspflichtigen Arbeitsverhältnis oder das Anheuern einer Firma, die die Hilfsarbeiten ausführt. Wer es braucht und bezahlen kann, darf sogar mehrere Möglichkeiten nebeneinander nutzen.

Zeile 71: Minijob

Arbeitet die Haushaltshilfe in einem Minijob, gehören die Angaben in **Zeile 71**. Das Arbeitsverhältnis muss aber über die Minijobzentrale abgewickelt worden sein, sonst spielt das Finanzamt nicht mit. Die Formulare erhalten Sie bei der Minijobzentrale, telefonisch unter 0355/290 270799 oder sie können unter www.minijob-zentrale.de heruntergeladen werden. Die Zahlen können Sie der Bescheinigung der Minijobzentrale entnehmen. Hier tragen Sie auch eine kurze Tätigkeitsbeschreibung ein, etwa „Reinigungsarbeiten". Das Finanzamt berücksichtigt Lohnkosten von maximal 2550 Euro, 20 Prozent davon, also bis zu 510 Euro, kommen als Steuererstattung zurück. Die Verdienstgrenze wurde 2013 von 400 auf 450 Euro im Monat erhöht (→ Seite 200).

→ Zum Beispiel Familie G.

Gesine und Gregor G. sind beide Arbeitnehmer. Tochter Gesa geht noch nicht zur Schule. Sie haben Hanka H. als Haushaltshilfe in einem Minijob eingestellt und rechnen als Arbeitgeber mit der Minijobzentrale ab, 510 Euro verringern direkt ihre Steuerschuld.

Lohn für Hanka H. (12 mal 450)	**5 400**
plus Pauschalabgabe (14,8 Prozent, → Seite 200)	+ 799
Lohnkosten der Familie G.	6 199
Steuererstattung (20 Prozent von 6 199 Euro, maximal 510, alle Angaben in Euro)	**510**

Zeile 72: Haushaltsnahe Dienstleistungen

Private Haushalte von Wohnungsmietern oder -eigentümern, die für Arbeiten im Haushalt eine Firma nutzen, werden steuerlich gefördert. Es geht dabei um einfache Arbeiten, die jeder mit durchschnittlichen Fähigkeiten selbst erledigen kann. Die Helfer können zum Beispiel Fensterputzer, Gärtner oder Betreuungs- und Pflegedienste sein. Wird zum Beispiel ein Putzdienst damit beauftragt, die Fenster zu reinigen, und berechnet der 1 000 Euro Arbeitskosten im Jahr, kann das dem Haushalt 200 Euro Steuererstattung bringen (20 Prozent von 1 000). Kosten eines privaten Umzugs gelten übrigens auch als förderfähige haushaltsnahe Dienstleistungen.

TIPP: Nach Urteilen des Bundesfinanzhofs akzeptiert das Finanzamt auch die häusliche Betreuung von Haustieren (Az. VI R 13/15) und Hausnotrufdienste als haushaltsnahe Dienstleistungen (Az. VI R 18/14).

Die Ausgaben gehören in **Zeile 72**. Das Finanzamt akzeptiert Personalkosten solcher Dienstleister bis maximal 20 000 Euro im Jahr, 20 Prozent davon, also bis zu 4 000 Euro, können auf diese Weise unmittelbar die Steuerschuld verringern. Materialkosten bleiben aber ungefördert (→ auch Seite 65).

Diese Förderung gilt in gleicher Höhe für die versicherungspflichtige Beschäftigung einer Haushaltshilfe mit mehr als 450 Euro Monatslohn. Das Arbeitsverhältnis muss aber wie jeder andere versicherungspflichtige

Job angemeldet und abgerechnet werden. Wer das alles richtig machen will, sollte besser einen Steuerprofi zurate ziehen, wenigstens im ersten Jahr der Beschäftigung. Die Angaben kommen ebenfalls in **Zeile 72**, und alle Lohnunterlagen sollten beigefügt werden. Wird der Ehepartner als Haushaltshilfe beschäftigt, akzeptiert das Finanzamt dies nicht.

Ein sozialversicherungspflichtiges Arbeitsverhältnis und ein Minijob können übrigens nebeneinander gefördert werden. In diesem Fall ist für den Haushalt eine Steuererstattung von bis zu 4 510 Euro drin (4 000 plus 510).

TIPP: Die steuerliche Förderung kann es auch für Verwandte und Bekannte geben, die mit Minijob oder sozialversicherungspflichtig angestellt wurden. Die Helfer dürfen aber nicht zum eigenen Haushalt gehören.

Wird eine Fremdfirma engagiert und gleichzeitig eine Haushaltshilfe sozialversicherungspflichtig angestellt, gilt für beides zusammen die höchstmögliche Steuererstattung von 4 000 Euro. Wer zusätzlich eine Hilfe mit Minijob beschäftigt, kann mit den Lohnkosten eine zusätzliche Steuererstattung erhalten, zusammen also bis 4 510 Euro.

Auch ohne einen speziell beauftragten Dienstleister ergibt sich hier für Mieter und Eigentümer von selbstgenutzten Wohnungen Steuersparpotenzial. In den Wohnnebenkosten verstecken sich nämlich regelmäßig förderfähige Ausgaben, etwa für den Hauswart, für Treppenreinigung oder für den Winterdienst. Sie sind als haushaltsnahe Dienstleistungen steuerlich nutzbar, wenn sie vom Vermieter oder Verwalter ausgewiesen wurden, und zwar in der Regel in dem Jahr, in dem die Jahresabrechnung zugegangen ist. Das gilt übrigens auch für Senioren mit eigenem Haushalt in einem Alten(wohn)heim, einem Pflegeheim oder einem Wohnstift.

TIPP: Zu einem geförderten Haushalt gehören auch Zweit-, Wochenend- oder Ferienwohnungen, die sich in und außerhalb Deutschlands in der Europäischen Union oder im Europäischen Wirtschaftsraum befinden.

Ausgaben für die Betreuung pflegebedürftiger Personen im Haushalt und in einem Heim können auf sehr unterschiedliche Weise geltend gemacht werden: als Pflegepauschbetrag (**Zeile 65 bis 66**), als außergewöhnliche Belastung (**Zeile 67**), über die Beschäftigung einer Hausangestellten mit Minijob (**Zeile 68 und 71**) als Pflegeleistung im Haushalt, etwa über eine sozialversicherungspflichtige Hilfskraft oder einen Pflegedienst (**Zeile 69**) und über den Behindertenpauschbetrag (**Zeile 61 bis 64**). Die Voraussetzungen unterscheiden sich jeweils erheblich. So kann ein Verwandter, der einen anderen Verwandten zu Hause oder in einem Heim pflegen lässt, seine Ausgaben in der Regel als allgemeine außergewöhnliche Belastung nur geltend machen, wenn er gegenüber der zu pflegenden Person unterhaltsverpflichtet ist und der Gepflegte die Kosten nicht allein tragen kann. Das wäre beispielsweise der Fall, wenn ein Kind Pflegeheimkosten für die bedürftigen Eltern übernimmt. Demgegenüber ist die Nutzung des Pflegepauschbetrags oder einer Pflegeleistung im Haushalt nicht an eine Unterhaltspflicht gebunden. Auch Kombinationsmöglichkeiten sind denkbar. So lässt sich der Teil der Pflegekosten, der wegen der „zumutbaren Belastung“ (→ Seite 234) nicht als außergewöhnliche Belastung absetzbar ist (**Zeile 67**), im Rahmen haushaltsnaher Dienstleistungen in **Zeile 68 bis 70** geltend machen. Umgekehrt kann jemand, der Pflegeleistungen als haushaltsnahe Dienstleistung absetzt, neben dem Höchstbetrag von 20 000 Euro weitere Pflegekosten als außergewöhnliche Belastungen geltend machen.

TIPP: Bei Pflege- und Betreuungsleistungen liegt jeder Fall anders. Was steuerlich günstiger ist, sollte mit einem Steuerprofi besprochen und geklärt werden. Grundsätzlich ist ein Abzug als außergewöhnliche Belastung günstiger, wenn der Grenzsteuersatz höher als 20 Prozent ist (→ Seite 244).

Zeile 73: Handwerker im Haushalt

Wenn Eigentümer und Mieter Haus oder Wohnung durch Handwerker modernisieren, renovieren oder instand halten lassen, können sie damit ebenfalls ihre Steuerschuld senken. Gefördert werden Reparaturen und Modernisierungsarbeiten. Es geht um Personalkosten von bis zu 6 000 Euro im Jahr, 20 Prozent davon, also bis zu 1 200 Euro, können zu einer Steuererstattung führen.

TIPP: Auch ein Dachausbau, der Anbau eines Wintergartens oder ein anderer Erweiterungsbau können förderfähig sein.

Die Aufwendungen gehören in **Zeile 73**. Der Steuerrabatt gilt nicht für das Material, sondern nur für Personalkosten. Alles, was nicht unter Material fällt, ist förderfähig, auch die Anfahrtskosten. Begünstigt sind ebenfalls Wartung und Reparatur technischer Geräte im Haushalt, etwa Waschmaschinen oder Computer (→ Infokasten Seite 68). Die Schneeräumung von Straße und Gehweg kann auch außerhalb der Grundstücksgrenze begünstigt sein, entschied der Bundesfinanzhof (Az. VI R 55/12). Gleiches gilt für Hausanschlüsse außerhalb der Grundstücksgrenzen (Az. VI R 56/12).

	– sozialversicherungspflichtige Beschäftigungen im Privathaushalt – haushaltsnahe Dienstleistungen, Hilfe im eigenen Haushalt – Pflege- und Betreuungsleistungen im Haushalt, in Heimunterbringungskosten enthaltene Aufwendungen für Dienstleistungen, die denen einer Haushaltshilfe vergleichbar sind; das in Zeile 67 als Erstattung für häusliche Pflege- und Betreuungskosten berücksichtigte Pflegegeld (§ 37 SGB XI) / Pflegetagegeld Art der Tätigkeit / Aufwendungen		
72	FENSTERREINIGUNG, HAUSWART, TREPPENREINIGUNG	212	750,–
	– Handwerkerleistungen für Renovierungs-, Erhaltungs- und Modernisierungsmaßnahmen im eigenen Haushalt (ohne öffentlich geförderte Maßnahmen, für die zinsverbilligte Darlehen oder steuerfreie Zuschüsse in Anspruch genommen werden, z. B. KfW-Bank, landeseigener Förderbanken oder Gemeinden) Art der Aufwendungen		
73	MALER, WASCHMASCHINENREPARATUR (s. ANLAGE)	214	2300,–

Material- und Lohnkosten müssen getrennt nachgewiesen werden. Das betrifft Handwerkerleistungen in **Zeile 73** genauso wie haushaltsnahe Dienstleistungen in **Zeile 72**. Sie brauchen in der Regel zwei Belege: die Rechnung des Dienstleisters und Ihren Überweisungsbeleg (eine Kopie des Kontoauszugs). Barzahlungen oder einfache Quittungen erkennt das Finanzamt nicht an. Die Belege müssen der Steuererklärung nicht mehr beigefügt werden.

→ **TIPP:** Wer Handwerkerleistungen geschickt plant, kann den Höchstbetrag von 1 200 Euro mehrfach ausschöpfen, etwa durch Anzahlungen, Zahlungsverschiebungen oder durch die Verteilung von Arbeiten auf mehrere Jahre (→ auch Seite 184).

→ Zum Beispiel das Ehepaar I.

Ina und Ingo I. sind beide Beamte und wohnen in einer Mietwohnung. Ina hat in diesem Jahr für 550 Euro Personalkosten einen Fensterputzer engagiert. Der Vermieter stellte den beiden für Treppenreinigung, Gartenpflege und Hauswart in seiner Betriebskostenabrechnung 200 Euro Personalkosten in Rechnung. Der Maler bekam für seine durchgeführten Renovierungsarbeiten 3 000 Euro und die Waschmaschinenreparatur kostete 400 Euro. Das brachte 610 Euro Steuererstattung vom Finanzamt.

Fensterputzer	**550**
Anteil an Personalkosten für Treppenreinigung, Gartenpflege und Hauswart (laut Betriebskostenabrechnung)	+ 200
haushaltsnahe Dienstleistungen insgesamt	750
Steuererstattung (20 Prozent von 750)	**150**
Maler (3 000 minus 1 000 Materialkosten)	2 000
Waschmaschinenreparatur (400 minus 100 Materialkosten)	+ 300
Handwerkerleistungen insgesamt	2 300
Steuererstattung (20 Prozent von 2 300)	460
Steuererstattung insgesamt (150 plus 460, alle Angaben in Euro)	**610**

Zeile 74 füllen nur Alleinstehende aus, die das gesamte Jahr mit einem oder mehreren Alleinstehenden im gemeinsamen Haushalt lebten (Anzahl dieser Personen in das Kästchen eintragen). **Zeile 75** fragt nach Angaben zu einer Person, bei mehreren Personen fügen Sie ein Extrablatt bei.

Zusammenlebende Alleinstehende sowie Ehe- und Lebenspartner, die keine gemeinsame Steuererklärung abgeben, können die Höchstbeträge für haushaltsnahe Dienst- und Handwerkerleistungen, die sie in den **Zeilen 68 bis 73** eingetragen haben, nach Belieben unter sich aufteilen. Das war bisher nur insgesamt für alle in diesen Zeilen abgehandelten Teilbereiche möglich. Die neuen **Zeilen 76 bis 78** ermöglichen eine genaue Zuordnung. Der Höchstbetrag für Minijobs aus den **Zeilen 68 und 71** ist in **Zeile 76** aufteilbar. Der Höchstbetrag für haushaltsnahe Dienstleistungen laut **Zeile 69 und 72** gehört in **Zeile 77** und den für Handwerkerleistungen laut **Zeile 70 und 73** können sich die Partner in **Zeile 78** zuordnen.

Die Aufteilung geschieht per gemeinsamen Antrag, den Sie der Steuererklärung beifügen müssen. Wenn Sie in die neuen **Zeilen 76 bis 78** nichts eintragen, teilt das Finanzamt hälftig auf. **Zeile 79** betrifft nur Ehepaare und Lebenspartner, die 2017 einen gemeinsamen Haushalt gründeten oder diesen auflösten.

INFO: Geförderte haushaltsnahe Leistungen

Mit dem Schreiben vom 9. November 2016 hat das Bundesfinanzministerium Dienstleistungen rund um den Haushalt geregelt (IVC8 – S 2296-b/07/10003 :008). Dort bietet eine Liste mit Beispielen (Anlage 1) Orientierung (www.bundesfinanzministerium.de, im Suchfeld „Anwendungsschreiben zu § 35a EStG" eintippen). Es ist aber keine abschließende Aufzählung.

Haushaltsnahe Dienst- und Pflegeleistungen

- Kochen, waschen, Wohnung reinigen, Fenster putzen, bügeln, nähen (auch im Heim oder Wohnstift)
- Wohnungs-, Fenster-, Teppichboden-, Treppen- und Hausreinigung
- Straßen- und Hofreinigung auf privatem Grundstück
- Friseur, Kosmetik, Hand- und Fußpflege, wenn sie pflegebedingt erfolgen und zum Leistungsumfang der Pflegeversicherung gehören
- Betreuung von Kindern im Haushalt der Eltern, etwa durch Tagesmutter, Babysitter, Au-Pair, wenn ein Abzug als Kinderbetreuungskosten (→ Seite 142) nicht möglich ist
- Schneeschieben und Laub entfernen
- Leistungen von Hausmeister, Hauswart, Schornsteinfeger
- Einkaufen, kleine Botengänge
- Briefkasten leeren, Blumen gießen, Müll entsorgen
- Seniorenbetreuung, zum Beispiel Begleitung bei Ausflügen, beim Einkaufen, Arztbesuch, Hilfe im Haushalt
- Leistungen von Notfalldiensten, Notbereitschaften
- Private Umzugsdienstleistungen, etwa Speditionskosten
- Versorgung von kranken und alten Menschen, zum Beispiel durch ambulante Pflegedienste
- Wach- und Winterdienste
- Pflege- und Betreuungsleistungen, Reinigung, Gartenpflege, Haus- und Etagenpersonal bei Heimunterbringung

Handwerkerleistungen

- Arbeiten am Dach, an Fassaden, Garagen, Carport, Terrassenüberdachung, Innen- und Außenwänden, Aufstellen eines Baugerüstes, Dachgeschoss- und Kellerausbau
- Austausch oder Modernisierung der Einbauküche, von Fenstern Türen oder Bodenbelägen, etwa Textilbelag, Parkett, Fliesen
- Modernisierung des Badezimmers, Montageleistungen für neue Möbel
- Schönheitsreparaturen wie Streichen, Lackieren und Tapezieren von Innenwänden, Fenstern, Türen, Heizkörpern und Heizungsrohren, Wandschränken
- Garten-, Wegebau- und Pflanzarbeiten auf dem Grundstück
- Schornsteinfegerarbeiten, einschließlich, Feuerstättenschau, Kehr, Reparatur-, Wartungs-, Prüf- und Messarbeiten.
- Reparatur, Wartung oder Austausch von Heizungs-, Elektro-, Strom-, Wasser- und Gasanlagen
- Graffitibeseitigung
- Entsorgung, zum Beispiel von Bauschutt, Fliesenabfuhr nach Neuverfliesung, Grünschnittabfuhr bei Gartenpflege
- Beseitigung von Hausschwamm, Ungeziefer- und Schädlingsbekämpfung
- Insektengitter einbauen
- Wartung und Reparatur von Haushaltsgeräten, zum Beispiel Waschmaschine, Trockner, Kühlschrank, Fernseher, Computer zu Hause
- Wartung und Reparatur des Müllschluckers, Müllschränke aufstellen
- Taubenabwehr, Kellerschachtabdeckungen
- Klavierstimmer
- Arbeiten an Hausanschlüssen für Strom, Wasser, Gas, Fernsehen, Internet sowie deren Wartung und Reparatur

Zeile 91 bis 101: Die vierte Seite

Die Verwaltung hat die vierte und letzte Seite des Hauptbogens in diesem Jahr komplett überarbeitet. Die gute Nachricht: Die Seite ist übersichtlicher geworden. Die schlechte: Die bessere Übersicht hat zu einer neuen zusätzlichen Anlage geführt. Die nennt sich „Anlage WA-ESt" und behandelt überwiegend Probleme der alten Seite 4, die auf der neuen nicht mehr unterzubringen waren (→ Seite 179).

Zeile 91: Arbeitnehmer-Sparzulage

Für Vermögenswirksame Leistungen, die nach Silvester 2016 angelegt wurden, gibt es keine Anlage VL in Papierform mehr. Die Anbieter übermitteln ihre Bescheinigungen elektronisch an die Finanzverwaltung. Arbeitnehmer beantragen die Zulage durch Eintragung der Ziffer „1" in eines oder in beide der vorgegebenen Kästchen (Kreuz in Zeile 1 auf der 1. Seite des Mantelbogens nicht vergessen!).

Zeile 92: Erbschaftsteuer

Hier fragt das Formular nach bestimmten Erbschaften ab 2013, für die bereits Erbschaftsteuer gezahlt worden ist. Das kann Geldforderungen des Erblassers betreffen, die beim Erben eingingen und bei ihm einkommensteuerpflichtig sind, etwa nachträgliche Miet- oder Zinszahlungen.

Zeile 93: Kulturgüter

Es geht um Baudenkmäler und andere Kulturgüter im Privatbesitz, die weder selbst bewohnt werden noch dazu dienen, Einkünfte zu erzielen, zum Beispiel alte Mühlen, Gartenanlagen, Bibliotheken, wissenschaftliche Sammlungen oder Kunstgegenstände, die nach Paragraf 10 g Einkommensteuergesetz förderfähig sind.

Zeile 94 bis 95: Verluste

Verluste können entstehen, wenn Arbeitnehmer sich aufwendig fortbilden, gleichzeitig aber wenig oder nichts verdienen. Das kann zu „vorweggenommenen Werbungskosten" führen, die erst später absetzbar sind.

Auch wenn Arbeitnehmer weitere steuerpflichtige Einkünfte haben, zum Beispiel aus Vermietung, kann das Verluste bringen. Die Verlusthöhe ergibt sich aus den einzelnen Anlagen. Ein Kreuz in der **Zeile 94** zeigt, dass zum Ende des Jahres 2016 vom Finanzamt bereits ein Verlust festgestellt worden ist. Das können Sie einem entsprechenden Bescheid entnehmen. Steuerliche Verluste 2017 verrechnet das Finanzamt in der Regel mit positiven Einkünften des Jahres 2016. Wer das nicht will, weil er glaubt, dass sich seine Verluste bei der Verrechnung mit späteren Einkünften günstiger auswirken, schränkt den Verlustrücktrag ein, indem er in **Zeile 95** einträgt, wie viel Verlust aus dem Jahr 2017 im Jahr 2016 berücksichtigt werden soll. Wer eine Null einträgt, erreicht, dass der gesamte Verlust in das nächste Jahr vorgetragen wird. **Zeile 92 bis 95** sind ohne Steuerprofi kaum unfallfrei zu bewältigen.

Zeile 96: Einkommensersatzleistungen

Seit 2015 müssen auch Arbeitnehmer bestimmte Lohnersatzleistungen, die dem Progressionsvorbehalt unterliegen (→ Seite 13 und ab Seite 203), hier eintragen. Dabei geht es zum Beispiel um Arbeitslosengeld (ALG I), Elterngeld, Insolvenzgeld, Krankengeld und Mutterschaftsgeld. Was unter Nummer 15 der Lohnsteuerbescheinigung des Arbeitgebers steht, gehört allerdings auch weiterhin nicht hierher, sondern in Zeile 27 der Anlage N, zum Beispiel Kurzarbeitergeld, der Zuschuss zum Mutterschaftsgeld und andere dort aufgeführte Leistungen (s. Seite 89).

Zeile 97: Aufteilung

Diese Zeile betrifft nur Ehegatten und eingetragene Lebenspartner, die jeweils eine eigene Steuererklärung abgeben. Sie können hier beantragen, dass Steuerermäßigungen rund um den Haushalt sowie Sonderausgaben und außergewöhnliche Belastungen hälftig zwischen ihnen aufgeteilt werden. Eine frei wählbare Aufteilung ist seit 2013 nicht mehr möglich (→ Seite 41).

Zeile 98: Ergänzende Angaben

Hintergrund ist die technische Fähigkeit der Verwaltung, Steuererklärungen vollautomatisch, also ohne persönliche Bearbeitung oder Prüfung durch Finanzbeamte zu bearbeiten und zu einer automatischen Steuerfestsetzung zu kommen. Das „Gesetz zur Modernisierung des Besteuerungsverfahrens (StModernG)“ sieht aber vor, dass der betroffene Bürger die Möglichkeit hat, „die Maschine zu stoppen“ und Angaben zu machen, die die Bearbeitung durch Finanzbeamte erfordern. Es kann sich dabei um abweichende Sachverhalte oder Rechtsauffassungen handeln. Diese Möglichkeit wird genau an dieser Stelle eingeräumt. Wer hier mit der Ziffer „1“ abstimmt, erreicht die personelle Prüfung und Bearbeitung seiner Steuererklärung. Man muss dann allerdings eine zusätzliche Anlage abgeben, Überschrift: „Ergänzende Angaben zur Steuererklärung“, wo Abweichungen einzeln darlegt werden. Das gilt für alle, die ihre Steuererklärung in Papierform abgeben. Wer elektronisch abgibt, kann das auf diesem Weg ohne die zusätzliche Papieranlage tun.

Zeile 99 bis 101: Auslandskonten, Unterschrift

Diese Zeile fragt nach „auf Dauer angelegten Geschäftsbeziehungen“ zu ausländischen Banken und anderen ausländischen Finanzdienstleistern. Auch wer nur ein einziges Konto im Ausland hat, muss nach Meinung der Finanzverwaltung hier die Ziffer „1“ eintragen.

In das Kästchen in **Zeile 100** gehört die Ziffer „1“, wenn ein Steuerberater oder Lohnsteuerhilfeverein bei der Steuererklärung geholfen hat. Vergessen Sie vor lauter Freude über das Ende des Mantelbogens die Unterschrift in **Zeile 101** nicht, unterschreiben Sie deshalb lieber jetzt gleich. Ohne Unterschrift ist die Steuererklärung unwirksam. Denken Sie bei einer gemeinsamen Steuererklärung auch an die Unterschrift des Ehe- oder Lebenspartners. Hat ein Steuerberater oder Lohnsteuerhilfeverein bei der Steuererklärung geholfen, kommen die Angaben dazu in den Kasten rechts neben der Unterschrift. Hat der Nachbar ein bisschen mitgemacht, behalten Sie das besser für sich, denn der ist dazu in der Regel nicht befugt. Wenn er es doch getan hat, kann es für alle Beteiligten Ärger geben.

Anlage Vorsorgeaufwand: Versicherungsbeiträge

In diese Anlage gehören die Beiträge zur Renten-, Kranken-, Pflege-, Arbeitslosenversicherung und zu anderen Versicherungen, die als Sonderausgaben abzugsfähig sind (→ Musterformular Seite 254).

Zeile 4 bis 10: Altersvorsorge

Beitragszahlungen in die gesetzliche Rentenversicherung, in berufsständische Versorgungseinrichtungen oder in landwirtschaftliche Alterskassen gehören in **Zeile 4 bis 6**, bei Ehepaaren/Lebenspartnerschaften jeweils in die zutreffende Spalte. Arbeitnehmer finden den von ihnen gezahlten Anteil in der Lohnsteuerbescheinigung des Arbeitgebers. Wer in der Rentenversicherung freiwillig oder höher versichert ist, nutzt **Zeile 6** und übernimmt den vom Versicherungsträger bescheinigten Betrag.

Erhält jemand Erstattungen oder steuerfreie Zuschüsse zu den in den **Zeilen 4 bis 6** genannten Altersvorsorgebeiträgen, trägt er diese in die neue **Zeile 7** ein. Arbeitgeberanteile zur gesetzlichen Rentenversicherung gehören aber ausdrücklich nicht hierher, sondern in die **Zeile 9** oder **10**.

Wurde in eine Basis- oder Rürup-Rente eingezahlt, müssen die selbst gezahlten Beiträge in **Zeile 8** (→ Seite 211). Hierher gehören auch Beiträge zu zertifizierten privaten Berufsunfähigkeits- oder Erwerbsminderungsversicherungen, die es seit 2014 gibt. Beiträge zu allen anderen privaten Berufsunfähigkeits- und Erwerbsminderungversicherungen werden nicht hier, sondern in **Zeile 49** eingetragen (→ Seite 81). Einzahlungen in die Riester-Rente kommen ebenfalls nicht hierher, sondern in die Anlage AV (→ Seite 144).

Arbeitgeberleistungen zur Rentenversicherung gehören in **Zeile 9**. Das gilt auch für Arbeitgeberzahlungen an Versorgungswerke. Die Höhe ergibt sich in der Regel aus der Lohnsteuerbescheinigung. In **Zeile 10** soll der Arbeitgeberanteil zur Rentenversicherung von Minijobbern, die selbst einen Aufstockungsbeitrag gezahlt haben und ihre eigenen Beiträge in die **Zeile 6** eintragen (→ Seite 200). Ein Eintrag ist freiwillig und in der Regel nur bei Minijobs in Privathaushalten vorteilhaft.

→ **TIPP:** 2017 wuchs der abzugsfähige Höchstbetrag pro Person auf 23 362 Euro (2016: 22 767 Euro). Für Ehepaare/Lebenspartner verdoppelt sich der Höchstbetrag auf 46 727 Euro (2016: 45 534 Euro).

Arbeitnehmer müssen ihre gesamten Beiträge hier eintragen. Der Höchstbetrag von 23362 Euro klingt zunächst gut, praktisch kommt aber deutlich weniger Entlastung heraus. Haben zum Beispiel Arbeitnehmer und Arbeitgeber je 3500 Euro in die gesetzliche Rentenkasse eingezahlt, zusammen 7000 Euro, akzeptiert das Finanzamt davon in diesem Jahr 84 Prozent, also 5880 Euro. Bis 2025 erhöht sich dieser Anteil auf 100 Prozent. Davon wird aber noch der Arbeitgeberanteil abgezogen (→ Seite 235). Für den Arbeitnehmer bleiben danach 2380 Euro Altersvorsorgeaufwand abzugsfähig (5880 minus 3500). Für Beamte ist hier nur **Zeile 8** interessant (Rürup-Rente, → Seite 211).

Zeile 11 bis 45: Kranken- und Pflegeversicherung

Das Formular fragt in **Zeile 11** nach steuerfreien Zuschüssen zur Krankenversicherung oder zu den Krankheitskosten. Die bekommen Arbeitnehmer und Beamte in der Regel und sie müssen hier die Ziffer „1“ (Ja) eintragen. Das gilt zum Beispiel auch für Rentner, Pensionäre und familienversicherte Ehegatten. Selbstständige und nicht familienversicherte Hausfrauen/-männer, die ihren gesamten Beitrag selbst bezahlen, tragen die Ziffer „2“ (Nein) ein. Hintergrund der Frage: Es gibt eine strikte Einteilung der abzugsfähigen Versicherungsbeiträge in einerseits Beiträge zur Altersvorsorge (**Zeile 4 bis 10**) und in andererseits „sonstige Vorsorgeaufwendungen“, die auf den restlichen Seiten des Formulars abgehandelt werden.

Wer in **Zeile 11** eine „1“ einträgt, darf neben seinen Rentenversicherungsbeiträgen im oben beschriebenen Umfang grundsätzlich bis zu 1900 Euro an sonstigen abzugsfähigen Versicherungsbeiträgen absetzen. Für Selbstständige und andere Menschen ohne Beitragszuschuss liegt die Grenze bei 2800 Euro, für Ehe- und Lebenspartner kann bis doppelt so viel zusammenkommen, wenn beide die Voraussetzungen erfüllen. Für die meisten Arbeitnehmer würde das bedeuten, dass allein ihre Beiträge zur Kranken- und Pflegeversicherung das nutzbare Abzugsvolumen von 1900 Euro ausschöpfen. So zahlen bereits Arbeitnehmer mit einem deutlich unterdurchschnittlichen Jahresbruttolohn von 20000 Euro in der Regel mehr als 1900 Euro an Pflichtbeiträgen in die Kranken- und Pflegeversicherung ein.

Lassen Sie sich davon aber nicht beeindrucken. Das Finanzamt nimmt eine „Günstigerprüfung“ zwischen der 1900-Euro-Grenze und den tatsächlich gezahlten Kranken- und Pflegeversicherungskosten vor. Die gute Nachricht: Im Ergebnis dürfen Arbeitnehmer (fast) alle ihre Kranken- und Pflegeversicherungsbeiträge absetzen, auch wenn sie über 1900 Euro liegen. Das trifft auf die große Mehrheit der Arbeitnehmer zu. Die schlechte Nachricht: Weitere „sonstige“ Vorsorgeaufwendungen sind nicht mehr absetzbar, wenn der Grenzbetrag von 1900 Euro mit den Beiträgen zur Kranken- und Pflegeversicherung bereits überschritten ist. Dann sind nicht einmal die Pflichtbeiträge zur Arbeitslosenversicherung (1,5 Prozent vom Bruttolohn) absetzbar, geschweige denn Beiträge zu Haftpflicht- oder zu anderen grundsätzlich absetzbaren Versicherungen.

→ Zum Beispiel Jonas J.

Der 51-jährige alleinstehende und kinderlose Arbeitnehmer erhält 30 000 Euro Bruttolohn im Jahr. Dafür zahlt er 8,4 Prozent Krankenversicherung (2 520 Euro) und 1,525 Prozent Pflegeversicherung (rund 458 Euro). Seinen Beitrag zur Pflegeversicherung kann Jonas J. voll als Sonderausgaben geltend machen. Der Krankenversicherungsbeitrag wird um 4 Prozent gekürzt, denn diese 4 Prozent entfallen pauschal auf die Versicherung von Krankengeld und sind laut Gesetz nicht abzugsfähig. Damit wirken sich rund 101 Euro vom Krankenversicherungsbeitrag steuerlich nicht aus (2 520 mal 4 Prozent). Es verbleiben 2 877 Euro (458 plus 2 520 minus 101), die als Sonderausgaben abgezogen werden dürfen. Klar ist aber auch: Die 1 900-Euro-Grenze für sonstige Vorsorgeaufwendungen ist damit überschritten. Jonas darf nach dieser Berechnungsmethode keine weiteren sonstigen Vorsorgeaufwendungen geltend machen, etwa seinen Beitrag zur gesetzlichen Arbeitslosenversicherung (450 Euro) oder Beiträge für seine Kfz-Haftpflichtversicherung.

Es gibt aber noch eine weitere Günstigerprüfung. Das Finanzamt prüft, ob die bis 2004 geltende Altregelung oder die seit 2005 geltende Neuregelung günstiger ist. Früher durften pro Person bis zu 5 069 Euro an Versicherungsbeiträgen als Sonderausgaben geltend gemacht werden. Diese Höchstgrenze schloss alle abzugsfähigen Versicherungsbeiträge ein, auch solche zur Rentenversicherung. Nur Beiträge zur Rürup-Rente können zusätzlich berücksichtigt werden. Der Vorteil der Altregelung verringert sich aber zwischen 2011 und 2019 schrittweise, 2017 sind nach der Altregelung pro Person noch maximal 2 901 Euro absetzbar (→ Tabelle unten).

Nach Altenregelung abzugsfähige Sonderausgaben

Jahr	2010	2011	2012	2013	2014	2015	2016	2017	2018	2019
bis Euro	5 069	4 701	4 401	4 101	3 801	3 501	3 201	**2 901**	2 601	2 301

Für Jonas J. aus dem Beispiel zuvor bringt die Altregelung keine Entlastung. Mit seinen Beiträgen zur Kranken- und Pflegeversicherung und zur gesetzlichen Rentenversicherung kommt er nach alter Rechnung deutlich über die für ihn geltende alte Höchstgrenze. Aber jeder Fall liegt anders und aus anderen Verhältnissen kann sich zusätzliches Abzugspotenzial ergeben.

TIPP: Schreiben Sie immer alle aus Ihrer Sicht abzugsfähigen Beiträge in die Steuererklärung. Nur so können Arbeitnehmer die alten und neuen Abzugsmöglichkeiten und die Chancen einer Günstigerprüfung ausschöpfen.

In **Zeile 12 bis 23** tragen Arbeitnehmer ihre Beitragszahlungen an inländische gesetzliche Kranken- und Pflegeversicherungen ein. Die Beiträge für **Zeile 12 und 14** finden sich auf der Lohnsteuerbescheinigung. Darin enthalten sind seit 2015 auch die Zusatzbeiträge, die die Kassen erheben und die der Arbeitnehmer ohne Arbeitgeberanteil selbst getragen hat. **Zeile 13** fragt nach den eher seltenen Krankenversicherungsbeiträgen von Arbeitnehmern, die keinen Krankengeldanspruch auslösen. Hintergrund: Ein Teil des Beitrags zur Krankenversicherung von Arbeitnehmern ist vom Sonderausgabenabzug ausgeschlossen, weil er der Versicherung des Krankengelds dient. Das sind 4 Prozent des Beitrags und das Finanzamt kürzt diesen Teil von sich aus. Es möchte aber zusätzlich wissen, ob es Beitragsanteile zur Krankenversicherung gibt, die keinen Krankengeldanspruch und damit keine Vier-Prozent-Kürzung auslösen. Die **Zeilen 15 und 16** fragen nach Beitragsrückzahlungen durch die Versicherung, die die abzugsfähigen Beiträge des Arbeitnehmers verringern. Denen kommt seit 2010 eine andere Bedeutung zu, wie das Beispiel auf Seite 79 zeigt.

	Beiträge zur inländischen gesetzlichen Kranken- und Pflegeversicherung				
12	Arbeitnehmerbeiträge zu Krankenversicherungen lt. Nr. 25 der Lohnsteuerbescheinigung	320	3528,–	420	2520,–
13	In Zeile 12 enthaltene Beiträge, aus denen sich kein Anspruch auf Krankengeld ergibt	322	,–	422	,–
14	Arbeitnehmerbeiträge zu sozialen Pflegeversicherungen lt. Nr. 26 der Lohnsteuerbescheinigung	323	536,–	423	383,–

Die **Zeilen 17 bis 22** gelten nicht für pflichtversicherte Arbeitnehmer, sondern vor allem für gesetzlich versicherte Ruheständler und Selbstständige. Hier wird nach dem gleichen Muster wie für Arbeitnehmer gefragt. Rentner entnehmen ihre Beiträge zur Krankenversicherung (**Zeile 17**) und zur Pflegeversicherung (**Zeile 19**) dem Rentenbescheid. Hierher gehören nur die von ihnen selbst gezahlten Beiträge. Nur Zuschüsse des Rentenversicherungsträgers an freiwillig gesetzlich Versicherte kommen in **Zeile 22**. Ruheständler haben in der Regel keinen Anspruch auf Krankengeld, deshalb lassen sie **Zeile 18** frei. Die in der (gesetzlichen) Sozialversicherung versicherten Beamten tragen ihre Beiträge ebenfalls in **Zeile 17 bis 22** ein.

Die **Zeile 23** fragt nach Beiträgen zu einer gesetzlichen Krankenversicherung für Wahl- oder Zusatzleistungen (etwa Chefarztbehandlung oder Einzelzimmer im Krankenhaus). Solche Beiträge sind nicht im Rahmen der „Basisabsicherung" absetzbar. Unter Basisabsicherung wird der Leistungsumfang verstanden, den die gesetzlichen Kassen ihren Versicherten üblicherweise bieten. Beiträge für einen höheren Leistungsumfang fallen nicht darunter und damit steuerlich leider oft unter den Tisch.

Im Inland Privatversicherte tragen ihre Kranken- und Pflegeversicherungsbeiträge in die **Zeilen 24 bis 29** ein (→ Seite 212). **Zeile 24** betrifft nur die Beiträge zur Basisabsicherung, die dem Leistungskatalog der gesetzlichen Krankenversicherung entspricht. Die private Krankenversicherung schlüsselt die Beiträge für Basisabsicherung und für Sonderleistungen in der Regel von sich aus oder auf Nachfrage entsprechend auf. Beitragsteile, die hier nicht erfasst werden, sowie Beiträge zu privaten Zusatzversicherungen, etwa für Auslandsreisekrankenversicherungen oder Zahnversicherungen, kommen nicht hierher, sondern in **Zeile 28**. **Zeile 25** fragt nach Beiträgen zu privaten Pflegepflichtversicherungen. Zusätzliche freiwillige Pflegeversicherungen gehören in **Zeile 29**. Mit „Beitragszuschüssen von dritter Seite“ (**Zeile 27**) sind nicht die Zuschüsse des Arbeitgebers gemeint, sondern etwa Zuschüsse der gesetzlichen Rentenversicherung oder der Künstlersozialkasse. In den **Zeilen 31 bis 36** geht es um Zahlungen an ausländische gesetzliche und private Kranken- und Pflegeversicherungen. Die Abfrage erfolgt nach dem Muster der **Zeilen 24 bis 29**. Allerdings ist hier die Unterstützung eines Steuerprofis zu empfehlen. In **Zeile 37 bis 39** gehören Arbeitgeberzuschüsse für Arbeitnehmer, die freiwillig gesetzlich oder privat versichert sind.

Angestellte, die mit ihrer Krankenversicherung Beitragserstattungen oder einen Selbstbehalt vereinbart haben, sollten überprüfen, ob das jetzt immer noch so vorteilhaft ist wie vor 2010. Jetzt dürfen sie im Unterschied zu früher ihre Krankenversicherungsbeiträge fast ohne Einschränkung geltend machen. Das gilt aber nur für die Beiträge, die sie tatsächlich bezahlt haben. Beitragserstattungen der Kassen verringern die als Sonderausgaben abzugsfähigen Beitragszahlungen. Versicherte mit einem hohen Grenzsteuersatz (→ Seite 244) sollten hier besonders genau rechnen.

→ Zum Beispiel Katharina K.

Die alleinstehende Dozentin ist privat versichert, Jahresbeitrag 5 000 Euro. Sie hat 500 Euro Arztkosten selbst bezahlt. Wenn sie auf die Übernahme der Kosten durch die Krankenversicherung verzichtet, erhält sie 600 Euro Beitragserstattung von der Kasse. Ein gutes Geschäft, denkt Katharina zunächst, denn unter dem Strich hat sie anschließend 100 Euro mehr in der Tasche (600 minus 500). Allerdings führen die 600 Euro Beitragserstattung auch zu 600 Euro weniger abzugsfähigen Sonderausgaben. Bei ihrem Grenzsteuersatz (40 Prozent) verzichtet Katharina damit auf eine Steuerersparnis von 240 Euro

(600 mal 40 Prozent). Wenn sich Katharina für die Beitragserstattung entscheidet, ist das für sie unter dem Strich also ein Nachteil. Sie bekommt zwar 100 Euro von der Krankenkasse, zahlt dafür aber 240 Euro mehr an das Finanzamt. Ob sich ein Verzicht auf Beitragserstattungen lohnt, hängt immer von den Bedingungen des Einzelfalls ab. Hier muss genau gerechnet werden, am besten mithilfe eines Steuerprofis. Hätte Katharina K. nämlich einen deutlich geringeren Steuersatz, und hätte sie es mit anderen Rechnungs- oder Erstattungsbeträgen zu tun gehabt, könnte sich eine Beitragserstattung durch die Kasse für sie auch vorteilhaft auswirken.

→ **TIPP:** Beitragserstattungen durch die Krankenkasse verringern die absetzbaren Krankenversicherungsbeiträge. Das gilt ab sofort nicht mehr für Geld- oder Sachleistungen, die die Kasse ihren Versicherten für deren Teilnahme an bestimmten, von ihnen selbst bezahlten Bonusprogrammen zukommen lässt.

In **Zeile 40 bis 45** geht es um Beiträge zur Kranken- und Pflegeversicherung, mit denen „andere Personen" versichert werden. Dazu zählen an dieser Stelle nur bestimmte Menschen: vornehmlich erwachsene Kinder, für die die Eltern keinen Anspruch auf Kindergeld mehr haben. Wenn etwa die 28-jährige Tochter noch studiert, gilt sie steuerlich in der Regel nicht mehr als Kind, Kindergeld und andere Kinderförderungen gibt es nicht mehr. Die Eltern können hier die von ihnen übernommenen Beiträge zur Kranken- und Pflegeversicherung des Kindes als ihre eigenen Sonderausgaben geltend machen, wenn sie selbst Versicherungsnehmer sind. Die Versicherung muss von ihnen abgeschlossen und bezahlt werden. Wenn Eltern für ein Kind noch Kindergeld zusteht, tragen sie übernommene Versicherungsbeiträge nicht hier ein, sondern in die Anlage Kind (→ Seite 134).

Wer andere Menschen mit Unterhaltszahlungen unterstützt und damit auch die von den Unterstützten geschuldeten Beiträge zur Kranken- und

Pflegeversicherung übernimmt, schreibt das in die Anlage Unterhalt (→ Seite 147).

Nach Eintragung der Steuer-Identifikationsnummer (**Zeile 40**) sowie des Namens und der Anschrift der mitversicherten Person (**Zeile 41**) gehören in die **Zeilen 42 bis 44** die übernommenen Beiträge zur privaten Kranken- und Pflegeversicherung sowie eventuelle Beitragserstattungen. In **Zeile 45** geht es um zusätzliche Versicherungen außerhalb der Basisabsicherung, etwa für ein Einzelzimmer im Krankenhaus oder für eine zusätzliche Pflegeversicherung.

Zeile 46 bis 52: Weitere abzugsfähige Beiträge

Was hier unter „weitere sonstige Vorsorgeaufwendungen“ abgefragt wird, fällt für Angestellte unter die Begrenzung von 1900 Euro im Jahr oder im Fall einer Günstigerprüfung unter die Altregelung vor 2005. Trotzdem kann manches interessant sein. **Zeile 46** fragt nach den Beiträgen zur gesetzlichen Arbeitslosenversicherung. Der Betrag ergibt sich aus der Lohnsteuerbescheinigung. Freiwillige Zahlungen in Arbeitslosenversicherungen gehören in **Zeile 48**. In **Zeile 47** müssen die Beiträge zu gesetzlichen sowie privaten Kranken- und Pflegeversicherungen für den Fall, dass der Versicherte der Datenübermittlung widersprochen hat. Widerspruch soll offensichtlich bestraft werden: Betroffene dürfen dann nur bis 1900 Euro absetzen oder nach einer Günstigerprüfung durch das Finanzamt auch mehr, wenn das die bis 2004 geltende Rechtslage hergibt. **Zeile 49** fragt nach Beiträgen zur privaten Erwerbs- und Berufsunfähigkeitsversicherung (→ auch Seite 74). In den **Zeilen 50 bis 52** besteht die Möglichkeit, noch andere Versicherungsbeiträge geltend zu machen. Dazu gehören Beiträge zu sämtlichen Haftpflichtversicherungen – beispielsweise zur Kfz-Haftpflichtversicherung, Tierhalterhaftpflichtversicherung oder Privathaftpflichtversicherungen. Und auch Unfall- oder Risikolebensversicherungen können hier eingetragen werden. Ebenfalls lassen sich Beiträge zu bestimmten Lebensversicherungen sowie privaten Rentenversicherungen hier geltend machen (→ Übersicht ab Seite 83).

50	– Unfall- und Haftpflichtversicherungen sowie Risikoversicherungen, die nur für den Todesfall eine Leistung vorsehen	502	520,–
51	– Rentenversicherungen mit Kapitalwahlrecht und / oder Kapitallebensversicherungen mit einer Laufzeit von mindestens 12 Jahren sowie einem Laufzeitbeginn und der ersten Beitragszahlung vor dem 1.1.2005	503	,–

Für viele Arbeitnehmer ist die Rubrik „weitere sonstige Vorsorgeaufwendungen“ wenig interessant, weil sie allein mit ihren Beiträgen zur Kranken- und Pflegeversicherung den Rahmen der abzugsfähigen 1900 Euro überschreiten. Bei Arbeitnehmern mit geringen Löhnen, Rentnern, manchen Beamten und Selbstständigen kann hier aber noch Abzugspotenzial bestehen. Auch deshalb gilt: Immer alle abzugsfähigen Beiträge aufführen! Die beschränkte Abzugsfähigkeit der in **Zeile 46 bis 52** aufgeführten „weiteren sonstigen Vorsorgeaufwendungen“ ist umstritten, Steuerbescheide lässt das Amt offen (→ Seite 227). Worauf Beamte dabei achten sollten, lesen Sie ab Seite 211.

→ **TIPP:** Auch wer für seine Kinder, Enkel oder andere Personen Haftpflicht-, Unfall- oder andere begünstigte Versicherungen abschließt, kann Steuern sparen, denn er darf die Beiträge für solche Versicherungen im Rahmen seiner Höchstgrenzen als Sonderausgaben absetzen. Voraussetzung ist, dass derjenige, der die Versicherung abschließt, auch laut Vertrag der Versicherungsnehmer ist und den Versicherungsbeitrag selbst entrichtet.

Zeile 53 bis 58: Ergänzende Angaben

Diese Zeilen betreffen Menschen, die im gesamten Kalenderjahr nicht rentenversicherungspflichtig waren. Das können zum Beispiel Beamte sein, Richter, Soldaten, Praktikanten, GmbH-Geschäftsführer, Pensionäre und deren Angehörige oder auch Rentner, die sich sozialversicherungspflichtig noch etwas hinzuverdienen. Aus den Angaben entnimmt das Finanzamt, in welcher Höhe es Vorsorgeaufwendungen berücksichtigen muss. So trägt zum Beispiel ein Beamter in **Zeile 53** die Ziffer „1“ ein. Für die Ehe- und Lebenspartner wird in der Spalte daneben das Gleiche abgefragt. Versicherungspflichtig beschäftigte Arbeitnehmer tragen hier für sich selbst gar nichts ein.

Versicherungsbeiträge von A bis Z

Neben den Beiträgen zur Altersvorsorge und zu einer Basisversorgung in der Kranken- und Pflegeversicherung sind in **Zeile 46 bis 52** „weitere sonstige Vorsorgeaufwendungen" als Sonderausgaben absetzbar. Die wichtigsten zeigt diese Übersicht. Sachversicherungen, zum Beispiel Haushalt-, Kasko-, Feuer- oder Rechtsschutzversicherung, tauchen hier nicht auf, weil dafür gezahlte Beiträge nicht als Sonderausgaben absetzbar sind.

- **Arbeitslosenversicherung**
  Der gesetzliche Arbeitnehmeranteil laut Lohnsteuerbescheinigung kommt in **Zeile 46**, freiwillige Beiträge laut Vertrag in **Zeile 48**.
- **Ausbildungsversicherung**
  Beiträge gehören in **Zeile 51**, wenn sie den Bedingungen für abzugsfähige Kapitallebensversicherungen entsprechen (→ unten).
- **Auslandsreisekrankenversicherung**
  Wenn sie als private Zusatzversicherung abgeschlossen wird, gehören die Beiträge in **Zeile 27 oder 36**.
- **Aussteuerversicherung**
  Beiträge sind in **Zeile 51** abzugsfähig, wenn es sich um eine begünstigte Form der Kapitallebensversicherung handelt (→ unten).
- **Berufs- und Erwerbsunfähigkeitsversicherung**
  Beiträge für eigenständige Versicherungen gehören in **Zeile 49**. Wurden sie im Rahmen von anderen Versicherungen, zum Beispiel von Kapitallebensversicherungen, abgeschlossen, sind sie nur begünstigt, wenn auch die Beiträge der Rahmenversicherung begünstigt sind (→ bei Kapitallebensversicherung und Seite 74).
- **Haftpflichtversicherung**
  Beiträge für Haftpflichtversicherungen aller Art (zum Beispiel Kfz-, Privat-, Tierhalter-, Gebäude-Haftpflicht) gehören in **Zeile 50**.
- **Kapitallebensversicherung**
  Die Beiträge sind in **Zeile 51** abzugsfähig, wenn die Versicherung mit

laufender Beitragszahlung vor 2005 abgeschlossen wurde, mindestens 12 Jahre läuft und alle anderen Anforderungen erfüllt sind. Das Finanzamt erkennt nur 88 Prozent der Beiträge an, trotzdem immer den gesamten Beitrag eintragen. Fondsgebundene Versicherungen und solche gegen Einmalzahlung sind nicht begünstigt.

- **Krankenhaustagegeldversicherung**
  Die Beiträge gehören in **Zeile 27 oder 36**.
- **Krankentagegeldversicherung**
  Die Beiträge gehören in **Zeile 27 oder 36**.
- **Krankenversicherung**
  Arbeitnehmerbeiträge zur Basisversorgung gehören in **Zeile 11, 23 oder 31**. In **Zeile 47** gehören sie nur dann, wenn der Datenübermittlung widersprochen wurde.
- **Pflegeversicherung**
  Arbeitnehmerbeiträge zur gesetzlichen Pflegeversicherung müssen in **Zeile 47**, wenn der Datenübermittlung widersprochen wurde, ansonsten in **Zeile 13, 24 oder 33**. Beiträge zu einer zusätzlichen Pflegeversicherung gehören in **Zeile 28 oder 36**.
- **Rentenversicherung**
  Beiträge für private Rentenversicherungen mit Kapitalwahlrecht gehören in **Zeile 51**, wenn sie die unter Kapitallebensversicherung aufgeführten Bedingungen erfüllen. Die Bedingungen gelten auch für private Rentenversicherungen ohne Kapitalwahlrecht. Beiträge dafür gehören aber in **Zeile 52**.
- **Risikolebensversicherung**
  Beiträge sind in **Zeile 50** absetzbar.
- **Unfallversicherung**
  Die Beiträge für private Unfallversicherungen (auch für Kfz-Insassenunfallversicherungen) gehören in **Zeile 50**. Unfallversicherungen mit garantierter Prämienrückzahlung werden wie Kapitallebens- oder Rentenversicherungen behandelt und gehören entsprechend in die **Zeilen 51 oder 52**, wenn sie die dort genannten Voraussetzungen erfüllen.

Anlage N: Für Arbeitnehmer

Die Anlage N ist für viele Arbeitnehmer und Beamte die wichtigste Anlage, denn nur mit ihrer Hilfe können sie alle Ausgaben für ihren Job als Werbungskosten an das Finanzamt weiterreichen. Auch Ruheständler brauchen das vierseitige Formular, wenn sie von ihrem Exarbeitgeber eine Pension beziehen.

Das N steht für „Einkünfte aus Nichtselbstständiger Tätigkeit". Arbeitnehmer, die mit einer „Vereinfachten Steuererklärung" auskommen, können sich die Anlage N sparen (→ Seite 29). Gleiches gilt für Beschäftigte mit einem pauschal versteuerten Minijob, denn die zahlen für ihren Lohn keine Steuern und können auch nichts absetzen (→ Seite 200).

Bei Ehepaaren und Lebenspartnerschaften muss jeder Partner eine eigene Anlage N ausfüllen, wenn beide im Jahresverlauf Lohn oder sogenannte Lohnersatzleistungen hatten (→ Seite 203, 209 und das ausgefüllte Musterformular Seite 256).

Zeile 1 bis 29: Die Einnahmenseite

Nachdem alle persönlichen Angaben in **Zeile 1 bis 3** ausgefüllt sind, kommt ab **Zeile 4** das entscheidende Hilfsmittel für die Anlage N zum Zuge: Es ist die Lohnsteuerbescheinigung des Arbeitgebers. Dort finden Arbeitnehmer und Beamte nicht nur die in **Zeile 4** verlangte „eTIN" (→ Seite 33), sondern alle hier erforderlichen Angaben zum Lohn, zu Versorgungsbezügen und eventuell abgeführten Steuern. Besonders hilfreich sind die Hinweise, was an welche Stelle der Anlage N kommt.

Die Lohnsteuerbescheinigung übermittelt der Arbeitgeber normalerweise dem Finanzamt. Wenn eine Kopie davon der Steuererklärung beiliegt, schadet das nicht, kann aber manchmal die Bearbeitung beschleunigen, etwa bei mangelhafter elektronischer Datenübermittlung.

Zeile 5 bis 15: Lohn und Pension

Eintragungen in **Zeile 5 bis 10** erfolgen getrennt nach Lohnsteuerklassen. Wurde der Lohn nach den Steuerklassen 1 bis 5 besteuert, kommt die Lohnsteuerklassennummer in das Kästchen der **Zeile 5**. Die entsprechenden Angaben gehören in die erste Spalte. Alles zur Klasse 6 kommt in die zweite Spalte. Wo Cent-Beträge im Formular vorgesehen sind, werden sie aus der Lohnsteuerbescheinigung übernommen und eingetragen (**Zeile 7 bis 10**). Die hier abgefragten Angaben finden Sie in den Zeilen 3 bis 7 der Lohnsteuerbescheinigung.

	Angaben zum Arbeitslohn		Lohnsteuerbescheinigung(en) Steuerklasse 1 – 5			Lohnsteuerbescheinigung(en) Steuerklasse 6 oder einer Urlaubskasse	
5			**Steuerklasse** 168 4				
			EUR	Ct		EUR	Ct
6	Bruttoarbeitslohn	110	42000	—	111		—
7	Lohnsteuer	140	6822	00	141		
8	Solidaritätszuschlag	150	309	76	151		

Zu den Versorgungsbezügen (**Zeile 11 bis 15**) gehören Beamten- und Werkspensionen, die vom Arbeitgeber finanziert wurden. Sie betreffen in der Regel Pensionäre. Einige „noch aktive“ Angestellte müssen sich mit dem Thema auseinandersetzen, etwa, wenn sie im Jahresverlauf sowohl Gehalt als auch Pension erhalten haben oder wenn der Partner Versorgungsbezüge erhalten hat. Versorgungsbezüge müssen zwar schon im Bruttoarbeitslohn in **Zeile 6** mit enthalten sein, werden aber hier noch einmal getrennt abgefragt, weil sie etwas anderen Steuerregeln unterliegen. **Zeile 14** füllt nur aus, wer nicht das gesamte Jahr über Versorgungsbezüge erhalten hat. Hintergrund ist, dass bestimmte Vergünstigungen, etwa der Versorgungsfreibetrag (→ Seite 240), nicht ganzjährig gewährt werden, sondern nur anteilig für die entsprechenden Monate.

Zeilen 16 bis 20: Abfindungen & Co.

Manche Arbeitnehmer erhielten im Jahresverlauf Lohnnachzahlungen, Lohn für mehrere Jahre oder Abfindungen. Die Steuerbelastung kann durch eine solche Zusammenballung von Einkünften in einem Jahr unverhältnismäßig ansteigen. Deshalb gibt es dafür besondere Steuervergünstigungen und deshalb gehören solche, bereits ermäßigt besteuerte Lohnsonderzahlungen in **Zeile 17** (Pensionen entsprechend in **Zeile 16**). Die neue **Zeile 18** betrifft Sonderzahlungen, die vom Arbeitgeber nicht ermäßigt besteuert wurden, aber trotzdem begünstigt sein können (Ziffer 19 der Lohnsteuerbescheinigung).

In einem relativ aufwendigen Rechenverfahren reduziert das Finanzamt die Steuer auf die zusätzlichen Einkünfte. Die Zahlungen, einschließlich der abgeführten Steuern (**Zeile 19 und 20**), lassen sich der Lohnsteuerbescheinigung des Arbeitgebers entnehmen. Bei Problemen sollte hier ein Steuerprofi helfen. Wird eine Abfindung in Teilbeträgen über mehrere Jahre bezahlt, versagt das Finanzamt in der Regel die Steuerbegünstigung. Die Ausnahme: Es erfolgt eine im Vergleich zur Hauptleistung „geringfügige" Teilzahlung. Die Grenze der „Geringfügigkeit" hat die Verwaltung 2016 von fünf Prozent auf zehn Prozent angehoben.

Zeile 21 bis 26: Sonderfall Ausland

Arbeitslohn, der noch nicht versteuert wurde, etwa weil ein ausländischer Arbeitgeber ihn zahlte, kommt in **Zeile 21**. Die **Zeilen 22 bis 26** betreffen Auslandstätigkeiten von Arbeitnehmern, die zu ziemlich verzwickten Steuerproblemen führen und die sich noch dazu von Land zu Land stark unterscheiden. Die sollten Angestellte mithilfe eines Steuerprofis angehen, jedenfalls dann, wenn sie sich zum ersten Mal damit herumschlagen müssen. In **Zeile 26** geben Grenzgänger erstmals ihr Beschäftigungsland mit einer der dort vorgegebenen Ziffern an (→ Infokasten Seite 88).

INFO: Die Anlage N-AUS

Professionelle steuerliche Hilfe ist bei Auslandstätigkeit von Arbeitnehmern und Beamten noch wichtiger geworden, denn es gibt seit 2011 die „Anlage N-AUS". Die ist schon für Steuerprofis nicht einfach auszufüllen, Steuerlaien können sie allein kaum „unfallfrei" bewältigen.

Diese dreiseitige Anlage muss zusätzlich zur Anlage N abgegeben werden, und in einigen Fällen bleibt auch die Anlage AUS weiterhin erforderlich. Die Anlage N-AUS ersetzt die Anlagen N-GRE nicht, die von Arbeitnehmern, die im grenznahen Bereich wohnen beziehungsweise arbeiten, anstelle der Anlage N-AUS weiterhin auszufüllen ist.

Diese Anlage ist offenbar ein Versuch der Verwaltung, Angestellteneinkünfte im Ausland „EDV-gerechter" zu erfassen, Besteuerungslücken zu schließen und Steuerbefreiungsvorschriften genauer anzuwenden. Für die relativ wenigen Betroffenen, die sie ausfüllen müssen, ist sie vor allem ein bürokratisches Monster und ungefähr das Gegenteil von Bürokratieabbau.

Die Besteuerung der Auslandstätigkeit unterscheidet sich danach, ob Doppelbesteuerungsabkommen (DBA), andere zwischenstaatliche Übereinkommen (ZÜ) oder der Auslandstätigkeitserlass (ATE) die Rechtsgrundlagen der Besteuerung bilden. Hauptsächlich geht es darum, ob und welche Lohnbestandteile steuerfrei bleiben, ob und wie ausländische Steuer bei der deutschen Einkommensteuer berücksichtigt wird, ob, wie und wo Werbungskosten geltend gemacht werden können. Der Großteil ausländischer Arbeitnehmereinkünfte wird auf der Grundlage von DBA besteuert.

In der Praxis bedeuten die unterschiedlichen Rechtsgrundlagen, dass die Besteuerung ausländischer Arbeitnehmereinkünfte von Land zu Land unterschiedlich ist. Bei Einsatz in mehreren Ländern ist für jedes Land eine gesonderte Anlage N-AUS erforderlich. Übrigens kann auch steuerfrei kassierter Lohn im Rahmen des sogenannten Progressionsvorbehalts zu höheren Steuern führen. Was das ist und wie es funktioniert, finden Sie auf Seite 13 und 203.

Betroffene Angestellte können sich auch bei der Personalabteilung ihrer Firma erkundigen, welchen Steuerregeln ihre Auslandseinkünfte unterliegen und welche Unterlagen das Finanzamt von ihnen sehen will. Diese Unterlagen benötigen sie auch, wenn sie einen Lohnsteuerhilfeverein oder Steuerberater um Hilfe bitten. Arbeitnehmer und Beamte, die die Anlage N-AUS abgeben müssen, finden das Formular und Ausfüllhinweise unter www.test.de/Steuerratgeber-Extra.

Zeile 27: Steuerfreie Aufwandsentschädigung

Wer nebenbei in Vereinen oder in anderen Einrichtungen arbeitet, die gemeinnützigen, mildtätigen oder kirchlichen Zwecken dienen, kann eine steuerfreie Aufwandsentschädigung in Anspruch nehmen. Sie wurde 2013 von 2 100 auf 2 400 Euro erhöht. Den sogenannten Übungsleiter-Freibetrag gibt es für ausbildende, erzieherische, betreuende, künstlerische oder pflegerische Arbeiten. Seit 2011 gehören auch Vormünder und rechtliche Betreuer zum begünstigten Personenkreis, wenn sie ehrenamtlich arbeiten. Für andere gemeinnützige Tätigkeiten, etwa für den Kassenwart oder Bürokräfte im Verein, bleiben seit 2013 Zahlungen bis 720 Euro im Jahr pauschal steuerfrei. Für dieselbe Tätigkeit gibt es aber immer nur die eine oder die andere Förderung, ein Zusammenfassen auf 3 120 Euro funktioniert nicht.

→ **TIPP:** Wenn eine Person unterschiedliche begünstigte Tätigkeiten ausführt, zum Beispiel als Übungsleiter im Verein und gleichzeitig als Kassenwart, kann er maximal 2 400 Euro plus 720 Euro pauschal steuerfrei kassieren.

Sind Werbungskosten oder Betriebsausgaben für begünstigte Tätigkeiten höher als 2 400 beziehungsweise 720 Euro, können sie nicht mehr pauschal geltend gemacht werden, sondern vom ersten Euro an nur per Nachweis. Neben dem Freibetrag dürfen weitere Leistungen steuerfrei kassiert werden, zum Beispiel vom Verein als Arbeitgeber spendierte Reisekosten.

In **Zeile 27** der Anlage N gehört die Aufwandsentschädigung für Menschen, die in einem geförderten Nebenjob als Arbeitnehmer angestellt sind. Selbstständig ehrenamtlich Tätige tragen ihre Aufwandsentschädigung in Anlage S ein (→ Seite 169).

Zeile 28 bis 29: Kurzarbeitergeld & Co.

Lohnersatzleistungen heißen so, weil sie anstelle von Arbeitslohn gezahlt werden. Sie sind zwar steuerfrei, werden aber indirekt über den sogenannten Progressionsvorbehalt trotzdem berücksichtigt (→ Seite 13 und 203). Hat der Arbeitgeber Lohnersatzleistungen gezahlt, steht das auf der Lohnsteuerbescheinigung unter der Ziffer 15 und nur das, was dort steht, wird in **Zeile 28** übertragen.

> **TIPP:** Alle anderen Lohnersatzleistungen, zum Beispiel Arbeitslosengeld, gehören seit 2015 aus bearbeitungstechnischen Gründen nicht mehr hierher, sondern in Zeile 91 des Hauptbogens (→ Seite 71).

Zeiträume, in denen Arbeitnehmer nicht sozialversicherungspflichtig beschäftigt waren, etwa weil sie studierten, einen Minijob hatten oder arbeitslos waren, kommen in **Zeile 29**, einschließlich der „Gründe der Nichtbeschäftigung". Nachweise müssen in diesem Jahr nicht mehr beiliegen.

Zeile 31 bis 96: Werbungskosten

Wer sich ganz sicher ist, dass er im Jahresverlauf weniger als 1000 Euro für den Job ausgegeben hat, muss in **Zeile 31 bis 96** gar nichts ausfüllen. So hoch ist die Werbungskostenpauschale für Arbeitnehmer, auch „Arbeitnehmerpauschbetrag" genannt. Diesen berücksichtigt das Finanzamt von sich aus automatisch. Die volle Pauschale steht einem Arbeitnehmer übrigens auch dann zu, wenn er nur einen einzigen Tag des Jahres versicherungspflichtig beschäftigt war. Rund die Hälfte der Arbeitnehmer hat keine höheren Werbungskosten als die Pauschale oder macht höhere Werbungskosten nicht geltend.

Selbst wenn Sie zunächst meinen, Sie bleiben bei den Werbungskosten unterhalb der Pauschale, sollten Sie einen Blick auf die folgenden Abzugsposten werfen. Vielleicht ist doch etwas für Sie dabei. Die Wahrscheinlichkeit dafür hat sich in letzter Zeit sogar verbessert. So werden bei Fahrten zwischen Wohnung und Betrieb Umwegstrecken einfacher anerkannt, weil keine Mindestzeiteinsparung mehr erforderlich ist. Viele können anstelle der

Entfernungspauschale höhere Fahrtkosten geltend machen. Es gibt bessere Chancen, Ausgaben für eine doppelte Haushaltsführung an den Fiskus weiterzureichen. Die Grenze zwischen privat und beruflich bröckelt an mancher Stelle, etwa bei der Abrechnung von Computer- oder Reisekosten, jetzt sogar bei Feiern im Kollegenkreis. Das alles dürfte die Zahl der Arbeitnehmer mit Werbungskosten oberhalb der Pauschale weiter wachsen lassen.

Denken Sie aber immer daran, dass Sie nur Kosten geltend machen dürfen, die nicht der Arbeitgeber getragen hat.

TIPP: Seit 2014 können viele Arbeitnehmer wegen der neuen Reisekostenregelung bei Auswärtstätigkeit höhere Fahrt- und Verpflegungskosten geltend machen (→ ab Seite 116).

Zeile 31 bis 39: Fahrten zur Arbeit

Der Weg zur Arbeit bringt bundesweit über 20 Milliarden Euro Werbungskosten pro Jahr, aber natürlich nur denen, die eine Steuererklärung abgeben. Der große Milliardenbetrag speist sich aus der kleinen Entfernungspauschale von 30 Cent, die Arbeitnehmer und Beamte für jeden Entfernungskilometer ihres Arbeitswegs als Werbungskosten geltend machen dürfen. Es zählt nur die „einfache Entfernung", das heißt: entweder die Hinfahrt oder die Rückfahrt, nicht aber hin und zurück. Wer beispielsweise an 220 Tagen im Jahr in den 16 Kilometer entfernten Betrieb fährt, kommt auf 1056 Euro Werbungskosten (220 mal 0,30 mal 16) und hat allein damit schon den Arbeitnehmerpauschbetrag von 1000 Euro geknackt.

Werbungskosten – ohne Beträge lt. Zeile 91 bis 94 – 8

Wege zwischen Wohnung und erster Tätigkeitsstätte / Sammelpunkt / weiträumigem Tätigkeitsgebiet (Entfernungspauschale)

	Erste Tätigkeitsstätte in (PLZ, Ort und Straße)	vom	bis	Arbeitstage je Woche	Urlaubs- und Krankheitstage
31	MEDTECH GMBH, EINSTEINWEG 13, 15827 DAHLEWITZ	0101	3112	5	30
32		TTMM	TTMM		

In **Zeile 31 bis 32** gehören die „erste Tätigkeitsstätte" (sie ersetzt seit 2014 den Begriff der „regelmäßigen Arbeitsstätte", → ab Seite 116), die Zahl der wöchentlichen Arbeitstage sowie die Urlaubs- und Krankheitstage.

Zeile 33 bis 34 fragt nach „Sammelpunkten", etwa für Sammeltransporte des Arbeitgebers und „Zugängen zu weiträumigen Arbeitsgebieten". Damit sind beispielsweise Zustellbezirke von Briefträgern oder Waldgebiete von Forstarbeitern gemeint. Für den Weg dorthin gilt – wie zur ersten Tätigkeitsstätte – die Entfernungspauschale von 30 Cent für jeden vollen Kilometer, und zwar grundsätzlich unabhängig vom Verkehrsmittel. Auto, Zug, Rad oder Schusters Rappen bringen pro Kilometer alle dasselbe. Es gibt aber ein paar Unterschiede und die machen die **Zeilen 35 bis 38** erforderlich. Zunächst geht aber die amtliche Kontrolltour weiter: In das linke Zahlenfeld gehört die betreffende Zeilenzahl aus **Zeile 31 bis 34**, in das zweite von links die Anzahl der Tage, an denen Sie zur ganz links bezeichneten Tätigkeitsstätte gefahren sind, in das dritte die Entfernung in ganzen Kilometern. Berechnungsgrundlage ist die kürzeste Straßenverbindung, egal welches Verkehrsmittel tatsächlich genutzt wurde. Die Entfernung kennt das Finanzamt in der Regel genau, rundet Stellen hinter dem Komma immer auf den vollen Kilometer ab und wird bei Umwegfahrten stutzig.

TIPP: Das Finanzamt akzeptierte Umwege früher nur bei mindestens 20 Minuten Zeitersparnis. Das sieht der Bundesfinanzhof anders: Wer eine „offensichtlich verkehrsgünstigere" längere Straßenverbindung nutzt, etwa über die Autobahn oder eine Ortsumgehungsstraße, muss keine Zeitersparnis mehr nachweisen (Az. VI R 19/11). Ob dabei eine geringe oder gar keine Zeitersparnis herauskommt, spielt keine Rolle mehr.

Im 4. Zahlenfeld von links will das Finanzamt wissen, wie viele Kilometer der einfachen Entfernung Sie mit dem Privat- oder Firmenwagen gefah-

ren sind. Wer die gesamte Strecke per Auto unterwegs war, schreibt hier wieder die einfache Entfernung hinein. Hat der Arbeitgeber einen kostenlosen Sammeltransport organisiert, kommt der damit zurückgelegte Teil der einfachen Entfernung in das 5. Zahlenfeld von links (und fällt für den Werbungskostenabzug unter den Tisch). Im 6. Zahlenfeld von links will das Amt den Teil der Entfernung sehen, der nicht mit dem Auto zurückgelegt wurde, oder, wenn doch mit dem Auto, dann nicht als Fahrer, sondern als Teil einer Fahrgemeinschaft. Im 7. Zahlenfeld von links geht es nicht mehr um Kilometer, sondern um Euro, die nachweislich für öffentliche Verkehrsmittel ausgegeben wurden, um zur Arbeit zu gelangen. In das Kästchen rechts außen können Behinderte die Ziffer „1“ eintragen.

Hintergrund dieser ziemlich nervigen Abfrage ist vor allem die grundsätzliche Begrenzung der Entfernungspauschale auf 4 500 Euro pro Jahr. Wenn Juristen den Begriff „grundsätzlich“ verwenden, gibt es in der Regel jede Menge Ausnahmen, so auch hier. Die erste Ausnahme: Pkw-Nutzer dürfen die Entfernungspauschale in unbegrenzter Höhe absetzen, auch wenn mehr als 4 500 Euro zusammenkommen. Hier lauert allerdings eine „Ausnahme von der Ausnahme“: Wenn jemand nicht als Fahrer, sondern nur als Mitfahrer einer Fahrgemeinschaft unterwegs ist, gilt für ihn die 4 500-Euro-Grenze. Zweite Ausnahme: Wer mit dem Zug oder anderen öffentlichen Verkehrsmitteln zur Arbeit gefahren ist (dazu gehört übrigens auch das Taxi) und die dafür entstandenen Kosten nachweist, darf das absetzen, was er tatsächlich bezahlt hat. Das ist natürlich nur sinnvoll, wenn es höhere Werbungskosten einbringt als die Entfernungspauschale (→ Beispiel Seite 94). Eine Obergrenze gibt es nicht. Dritte Ausnahme: Behinderte Menschen können die tatsächlichen Kosten absetzen, wenn der

Behinderungsgrad mindestens 70 beträgt oder 50 plus Merkzeichen „G" im Behindertenausweis steht. Das gilt für Fahrten mit dem Pkw, wofür pauschal 30 Cent für jeden gefahrenen Kilometer absetzbar sind, also insgesamt 60 Cent pro Entfernungskilometer. Behinderte dürfen per Nachweis auch noch höhere tatsächliche Kosten als diese 60 Cent abrechnen. Die nachgewiesenen tatsächlichen Kosten für Fahrten mit öffentlichen Verkehrsmitteln können Behinderte wie Nichtbehinderte ohne Begrenzung absetzen. Vierte Ausnahme: Flug- und Fährkosten sind nur mit den nachgewiesenen tatsächlichen Kosten absetzbar, nicht mit der Entfernungspauschale. Das passiert aber nicht hier, sondern in **Zeile 45**.

Angestellte, die mal mit dem Auto und mal mit öffentlichen Verkehrsmitteln zur Arbeit fuhren, können seit 2012 nur noch einheitlich per Entfernungspauschale oder per Ticketkosten abrechnen. Das Finanzamt erkennt den für das gesamte Jahr höheren Betrag an. Mit der Entfernungspauschale sind die Ausgaben für den Arbeitsweg abgegolten. Kosten eines Pkw-Unfalls bleiben aber zusätzlich absetzbar.

→ Zum Beispiel das Ehepaar Laura und Lennart L.

Beide arbeiten im selben Betrieb, 25 Kilometer von ihrer Wohnung entfernt. Acht Monate lang fuhren sie mit Lennarts Auto gemeinsam in die Firma. Drei Monate war Lennart wegen veränderter Arbeitszeiten allein mit dem Auto unterwegs, Laura nahm in dieser Zeit den Bus. Das Ticket kostete 60 Euro monatlich. Im Winter hatte Lennart auf einer Fahrt in die Firma einen Unfall mit nachfolgenden Reparaturkosten von 3 000 Euro. Andere Werbungskosten hatten sie nicht.

Lennarts Entfernungspauschale für Pkw-Fahrten (220 Tage mal 25 km mal 0,30)	**1 650**
Lauras Entfernungspauschale als Pkw-Beifahrerin (160 Tage mal 25 km mal 0,30)	+1 200
Lauras Entfernungspauschale für Busfahrten (60 Tage mal 25 km mal 0,30)	+450
Lauras Monatskarte für den Bus (3 Monate mal 60)	(180)
Lennarts Unfallkosten	+3 000
Fahrtkosten zur Arbeit insgesamt (alle Angaben in Euro)	**6 300**

Laura und Lennart geben ihre Fahrtkosten jeweils auf ihrer eigenen Anlage N in **Zeile 35** an. Ihre Busfahrten rechnet Laura mit der Entfernungspauschale (450 Euro) ab, weil das für sie günstiger ist, als die tatsächlichen Ticketkosten (180 Euro). Die Unfallkosten bekommt Lennart hier nicht unter, er schreibt sie in **Zeile 46** seiner Anlage N. Insgesamt kommen beide zusammen auf 6 300 Euro Werbungskosten (1 650 plus 1 200 plus 450 plus 3 000). Die Arbeitnehmerpauschbeträge (2 mal 1 000) wurden bereits beim Lohnsteuerabzug berücksichtigt. Unter dem Strich drücken weitere 4 300 Euro Fahrtkosten die Steuerbelastung (6 300 minus 2 000).

	Ort lt. Zeile	aufgesucht an Tagen	einfache Entfernung (auf volle Kilometer abgerundet)	davon mit eigenem oder zur Nutzung überlassenem Pkw zurückgelegt	davon mit Sammelbeförderung des Arbeitgebers zurückgelegt	davon mit öffentl. Verkehrsmitteln, Motorrad, Fahrrad o. Ä., als Fußgänger, als Mitfahrer einer Fahrgemeinschaft zurückgelegt	Aufwendungen für Fahrten mit öffentlichen Verkehrsmitteln (ohne Flug- und Fährkosten) EUR	Behinderungsgrad mind. 70 oder mind. 50 und Merkzeichen „G"
35	31	110 220	111 32 km	112 32 km	113 km	km	114 ,–	115 1 = Ja
36		130	131 km	132 km	133 km	km	134 ,–	135 1 = Ja
37		150	151 km	152 km	153 km	km	154 ,–	155 1 = Ja
38		170	171 km	172 km	173 km	km	174 ,–	175 1 = Ja

Zahlt Ihnen der Arbeitgeber oder die Arbeitsagentur Zuschüsse zu den Fahrtkosten zwischen Wohnung und Firma, gehören die in **Zeile 39**, in das linke (steuerfrei) beziehungsweise das rechte Zahlenfeld (pauschal versteuert). Art und Höhe des Zuschusses entnehmen Arbeitnehmer der Lohnsteuerbescheinigung oder der Bescheinigung der Arbeitsagentur.

Arbeitnehmer mit ständig wechselnden Einsatzorten, etwa Kundendienstbetreuer, Außendienstler, Bau-, Montage- oder Leiharbeiter, müssen sich in der Regel nicht mit der mageren Entfernungspauschale begnügen. Sie leisten Auswärtstätigkeit und tragen ihre Fahrten zur Arbeit nicht hier ein, sondern ab **Zeile 49**. Ob Leiharbeiter überhaupt eine „erste Tätigkeitsstätte" haben können, muss der Bundesfinanzhof entscheiden (Az. VI R 6/17, → auch Seite 228).

TIPP: Arbeitnehmer haben seit 2014 grundsätzlich nur noch eine einzige „erste Tätigkeitsstätte". Wer an andere Arbeitsorte fahren muss, kann seine Fahrt- und andere Kosten wie bei Auswärtstätigkeit geltend machen (→ Seite 116).

Zeile 40 bis 48: Mix mit Sparpotenzial

Wer einer Gewerkschaft, einem Beamtenverband oder einem anderen Berufs- oder Fachverband angehört, trägt Organisation und Beitrag in **Zeile 40** ein. Wenn Sie der erstmaligen Eintragung einen Beleg hinzufügen, kann das Rückfragen sparen.

Zeile 41 und 42: Arbeitsmittel

Als Arbeitsmittel (**Zeile 41 und 42**) gelten Dinge, die für den Job gebraucht werden, zum Beispiel Fachbücher, Büromöbel, Schreibmaterial, Arbeitskleidung, Werkzeug oder Computer.

Wenn Arbeitsmittel ohne Umsatzsteuer bis zu 410 Euro und mit Umsatzsteuer bis 487,90 Euro gekostet haben, gelten sie als „geringwertige Wirtschaftsgüter". Deren Kaufpreis dürfen Arbeitnehmer im Jahr des Kaufs voll als Werbungskosten geltend machen, oder wahlweise über die Nutzungsdauer. Wenn Arbeitsmittel mehr gekostet haben, müssen die Ausgaben auf die festgelegte Nutzungsdauer aufgeteilt werden, etwa Ausgaben für einen Computer auf drei Jahre, für ein Handy auf fünf, für einen Schreibtisch oder andere Büromöbel auf 13 Jahre.

Diese Methode heißt Abschreibung und wird kurz AfA genannt (Absetzung für Abnutzung). Sie erfolgt im Prinzip in gleichen Jahresbeträgen über die festgelegte Nutzungsdauer. Im Anschaffungsjahr gibt es den vollen Jahresbetrag aber nur, wenn das Arbeitsmittel im Januar gekauft wurde. Beim Kauf im März entfällt die AfA für Januar und Februar, es gibt nur noch zehn Zwölftel des Jahresbetrags für die zehn Monate von März bis Dezember. Verloren ist trotzdem nichts, wie das folgende Beispiel zeigt.

→ Zum Beispiel Martin M.

Der angestellte Programmierer kaufte sich im März 2017 für 1 200 Euro einen Laptop, den er zu 70 Prozent für seinen Job nutzt. Außerdem leistet er sich das Abo eines Fachmagazins (180 Euro) und mehrere Fachbücher für insgesamt 150 Euro. Den Arbeitnehmerpauschbetrag hat Martin bereits mit der Pendlerpauschale ausgeschöpft. Im Jahr 2017 kann der Programmierer 564 Euro für Arbeitsmittel geltend machen. In den Jahren 2018 und 2019 kann er seinen Laptop mit jeweils 280 Euro abschreiben (400 mal 70 Prozent berufliche Nutzung). Im Jahr 2020 stehen ihm in den Monaten Januar und Februar noch insgesamt 47 Euro AfA zu, die er 2017 nicht nutzen konnte (280 durch 12 mal 2).

AfA Laptop pro Jahr (1 200 durch 3 Jahre)	**400**
davon 10/12 für die Monate März bis Dezember 2017	334
davon abzugsfähig wegen Privatnutzung (334 mal 70 Prozent)	234
plus Abo Fachmagazin	+ 180
plus Fachbücher	+ 150
2017 insgesamt absetzbar (234 + 180 + 150, alle Angaben in Euro)	**564**

Wer wissen will, über wie viele Jahre ein Arbeitsmittel abgeschrieben werden muss, kann das per Internet beim Bundesfinanzministerium erfahren www.bundesfinanzministerium.de, wenn er dort „AfA-Tabellen" als Suchbegriff eingibt. Die Tabellen sind aber sehr unübersichtlich. Einfacher ist es in der Regel, beim Finanzamt nachzufragen. Zur AfA gibt es Regalkilometer

juristischer Abhandlungen; für Arbeitnehmer ist sie zum Glück relativ übersichtlich.

Ausgaben für Arbeitsmittel dürfen als Werbungskosten abgesetzt werden, wenn die Gegenstände so gut wie ausschließlich beruflich genutzt werden. Eine private Mitnutzung von höchstens 10 Prozent schadet nichts. Liegt der private Nutzungsanteil darüber, fällt alles dem Rotstift zum Opfer. Es gibt aber immer mehr Ausnahmen von dieser Regel. Der Computer (plus Zubehörgerät wie Drucker) ist eine davon. Telefon, Anrufbeantworter, Smartphone, Tablet und Fax sind andere. Hier lassen sich die Kosten – geschätzt oder per Nachweis – in beruflich und privat aufteilen und der berufliche Anteil darf geltend gemacht werden. Eine hälftige berufliche Nutzung hakt das Amt in der Regel ab, eine höhere oftmals nur mit Nachweis. Manchmal kommt es auf einen Versuch an.

Der Zusammenhang zwischen beruflich und privat funktioniert übrigens auch in umgekehrter Richtung: Würde Martin M. einen Schreibtisch (samt Computertisch), den er sich im Januar 2016 für 500 Euro privat gekauft und in sein Wohnzimmer gestellt hat, ab 2017 so gut wie ausschließlich beruflich nutzen, könnte er ihn ab 2017 als Arbeitsmittel über zwölf Jahre mit 39 Euro pro Jahr absetzen (500 durch 13 Jahre Nutzungsdauer). Das erste Jahr ist wegen der Privatnutzung für die AfA futsch.

Es kommt aber noch besser: Martin kann den Schreibtisch nämlich 2017 auch komplett absetzen, denn der ist abschreibungstechnisch gesehen 2017 nur noch 461 Euro wert (500 minus eine AfA-Jahresrate von 39 Euro). Er liegt damit unterhalb von 487,90 Euro und das ist die Grenze (einschließlich Umsatzsteuer), bis zu der sogenannte geringwertige Wirtschaftsgüter sofort vollständig abgeschrieben werden dürfen.

Typische Berufskleidung, etwa der „Blaumann“, die Polizeiuniform oder auch einheitliche Betriebskleidung gilt als Arbeitsmittel und die Ausgaben dafür sind Werbungskosten. Die Betonung liegt dabei auf „typisch“, denn Kleidungsstücke, die üblicherweise auch im Alltag getragen werden, zählen nicht dazu. Bei typischer Berufskleidung sind nicht nur die Anschaffungskosten abzugsfähig, sondern auch die Reinigung, egal ob die eine Reinigungsfirma ausführt oder die eigene Waschmaschine.

TIPP: Verbraucherverbände haben für die Reinigung von Berufskleidung daheim Richtgrößen entwickelt, die auch das Finanzamt akzeptiert, zum Beispiel 87 Cent pro Kilogramm getrocknete und gebügelte Buntwäsche im Zweipersonenhaushalt, für Feinwäsche sind es 99 Cent.

	Beiträge zu Berufsverbänden (Bezeichnung der Verbände)		
40	GEWERKSCHAFTSBEITRAG	310	400,—
	Aufwendungen für Arbeitsmittel – soweit nicht steuerfrei ersetzt – (Art der Arbeitsmittel bitte einzeln angeben.)	EUR	
41	FACHBÜCHER	185,—	

Zeile 43: Häusliches Arbeitszimmer

Es gibt zwei Möglichkeiten, Raumkosten für ein häusliches Arbeitszimmer geltend zu machen.

Erste Möglichkeit: Ist dieser Raum Mittelpunkt der gesamten beruflichen Tätigkeit, etwa bei Heim- oder Telearbeitern, können alle Ausgaben als Werbungskosten geltend gemacht werden, zum Beispiel für Miete, Strom und Heizung (→ auch Seite 101). Diese Voraussetzung erfüllen Arbeitnehmer und Beamte eher selten.

Zweite Möglichkeit: Ist das Heimbüro nicht Mittelpunkt der beruflichen Arbeit, existiert aber für die dort ausgeführten Tätigkeiten kein anderer Arbeitsplatz, können bis zu 1250 Euro im Jahr abgesetzt werden. Das betrifft zum Beispiel Außendienstmitarbeiter, Lehrer und vergleichbare Berufsgruppen, die Teile ihrer Arbeit zu Hause machen müssen, weil sie es am Arbeitsplatz nicht können. Auch Arbeitnehmer und Beamte, die sich fortbilden und das Arbeitszimmer zum Selbststudium brauchen, können begünstigt sein.

Ob das Arbeitszimmer den Mittelpunkt der gesamten Tätigkeit bildet, ist oft umstritten. Das gilt besonders, wenn mehrere Tätigkeitsorte eine Rolle spielen, beispielsweise bei einem Arbeitnehmer im Außendienst. Faustregel: Mittelpunkt ist dort, wo der „wesentliche" und „prägende" Teil der gesamten Tätigkeit stattfindet, also wo der inhaltliche Schwerpunkt liegt. Ob der längste Teil der Arbeitszeit im Heimbüro oder außerhalb verbracht wird, etwa bei Kunden, ist dabei nicht entscheidend.

Lange umstritten war die Frage, ob bei einem Heimbüro, das sowohl für berufliche, als auch für private Zwecke genutzt wird, der berufliche Anteil der Raumkosten als Werbungskosten abzugsfähig ist. Der Bundesfinanzhof (BFH) hat das 2016 verneint (Az. GrS 1/14). Die Richter entschieden, dass eine „sachgerechte Kostenaufteilung" nicht gewährleistet sei. Das betrifft nach Auffassung des BFH auch „Arbeitsecken". Wird etwa ein Teil des Wohnzimmers beruflich genutzt, sind die Raumkosten für diesen Teil ebenfalls nicht absetzbar. Damit gilt weiter: Das Finanzamt akzeptiert eine private Mitnutzung des Heimbüros von maximal 10 Prozent. Ist es mehr, fallen sämtliche Raumkosten dem Rotstift zum Opfer. Die Wohnung sollte ausreichend viel Fläche bieten, sodass ohne das Arbeitszimmer noch genügend Freiraum für die Privatsphäre bleibt. Ein „Wohnklosett mit Kochnische und Arbeitszimmer" geht schwer durch. Die Einrichtung sollte „büromäßig" ausfallen und überwiegend mit beruflich notwendigen Gegenständen wie Schreibtisch, Regalen oder Bücherschrank bestückt sein.

Diese Bedingungen gelten aber nur für die Anerkennung eines „häuslichen" Arbeitszimmers. Ein Arbeitsraum in der Wohnung der Oma oder bei der Freundin um die Ecke ist nicht „häuslich", sondern „außerhäuslich", und dafür gelten diese Bedingungen nicht. So ein Raum kann sich übrigens auch im selben Mehrfamilienhaus wie die Wohnung befinden,

INFO: Heim-Büro: Die wichtigsten Abzugsposten

- **Raumkosten für Mieter**
  Miete und die Mietnebenkosten. Hinzu kommen weitere Ausgaben, etwa für Strom, Heizung, Wasser, Gas, Reinigung, Renovierung oder Hausratversicherung.

- **Raumkosten für Eigentümer**
  Anstelle der Miet- und Mietnebenkosten machen Wohnungseigentümer die Ausgaben geltend, die sie im Fall einer Vermietung des Raums als Werbungskosten abziehen könnten, zum Beispiel Finanzierungskosten, Gebäudeabschreibung, Reparaturkosten, Gebäudeversicherung und Grundsteuer. Andere Raumkosten, beispielsweise für Energie, können sie wie Mieter absetzen.

- **Raumausstattung**
  Ausgaben, die ausschließlich dem Arbeitszimmer zugeordnet werden können, etwa für die Ausstattung dieses Raums mit Lampen oder einem Teppich, sind grundsätzlich voll absetzbar, ebenso die Renovierung und Reinigung. Hier kann allerdings die Höchstgrenze von 1 250 Euro als „Deckel" wirken. Beziehen sich Kosten nicht nur auf das Arbeitszimmer, sondern auf die gesamte Wohnung, ist nur der Teil absetzbar, der auf das Arbeitszimmer entfällt. Der richtet sich nach dem Verhältnis von Gesamtwohnfläche zur Fläche des Arbeitszimmers (→ Beispiel Seite 102).

- **Arbeitsmittel**
  Ausgaben für Schreibtisch, Regal oder Bücherschrank, Computer, Fax, Drucker oder Kopierer sind sofort oder entsprechend ihrer festgelegten Nutzungsdauer als Werbungskosten absetzbar (→ Seite 96). Das funktioniert unabhängig davon, ob sich die Sachen in einem steuerlich anerkannten Arbeitszimmer oder anderswo in der Wohnung befinden. Sie werden nicht auf die 1 250-Euro-Grenze angerechnet.

wenn er baulich klar von ihr getrennt ist. Manchmal geht es auch um die Frage, ob ein Raum überhaupt ein „Arbeitszimmer" ist. Wer zu Hause eine Werkstatt, ein Studio oder ein Lager beruflich nutzt, hat kein Arbeitszimmer. Ein solcher Raum sollte dann aber nicht eingerichtet sein wie ein Büro. Dann können die Raumkosten voll und nicht nur bis 1250 Euro abgesetzt werden.

TIPP: Wenn das Finanzamt Raumkosten für ein Arbeitszimmer nicht anerkennt, sind Computer und Schreibtisch, andere Büromöbel und Bürotechnik als Arbeitsmittel trotzdem absetzbar, wenn sie zu Hause für den Job genutzt werden. Sie gehören aber nicht in Zeile 43, sondern in Zeile 41 bis 42 (→ Seite 96).

→ Zum Beispiel Familie N.

Nora und Norbert N. sind beide Lehrer, verheiratet und haben die zweijährige Tochter Nina. Norbert arbeitet im Schuldienst, Nora pausiert wegen Nina. Das Arbeitszimmer in ihrer 100 Quadratmeter großen Mietwohnung hat eine Fläche von 15 Quadratmetern. Sie zahlen 850 Euro Monatsmiete (einschließlich aller Betriebskosten, Strom und Gas). Im Januar 2016 hat Norbert den Raum mit einer Büroschrankwand für 1 300 Euro und mit einem Schreibtisch für 400 Euro ausgestattet, außerdem einen Computer samt Drucker (1 500 Euro) angeschafft. Die Geräte nutzt er je zur Hälfte beruflich und privat. Für ihre Hausratversicherung zahlte Familie N. 300 Euro. Norbert hat die Werbungskostenpauschale bereits mit Fahrten zur Arbeit ausgeschöpft. Von den Raumkosten kann er 1 250 Euro in **Zeile 43** geltend machen, 325 Euro bleiben wegen der Höchstgrenze von 1 250 Euro unberücksichtigt. Unabhängig von den Raumkosten kann Norbert 350 Euro für Arbeitsmittel in **Zeile 41 bis 42** schreiben.

Raumkosten	
Miete und Nebenkosten (850 mal 12 Monate mal 15 Prozent der anteiligen Wohnfläche)	1 530
Hausratversicherung (300 mal 15 Prozent)	+45
Raumkosten insgesamt	1 575
davon abzugsfähig (maximal 1 250)	1 250
Arbeitsmittel	
Büroschrankwand (1 300 durch 13 Jahre Nutzungsdauer)	100
Schreibtisch (400 bereits 2016 voll abgeschrieben)	0
Computer mit Drucker (1 500 durch 3 Jahre Nutzungsdauer mal 50 % berufliche Nutzung)	250
Arbeitsmittel insgesamt (alle Angaben in Euro)	**350**

Wenn Nina im nächsten Jahr in den Kindergarten kommt, Nora wieder arbeitet und das Arbeitszimmer mit nutzt, kann das Paar von neuen steuerzahlerfreundlichen Entscheidungen des Bundesfinanzhofs profitieren. Statt höchstens 1250 Euro pro Raum dürfen sie bis zu 1250 Euro Raumkosten pro Person, insgesamt also bis 2500 Euro geltend machen.

NEU: Nutzen mehrere Personen ein häusliches Arbeitszimmer gemeinsam, gilt die Höchstbetragsgrenze von 1250 Euro ab sofort nicht mehr pro Raum, sondern pro Person (Az. VI R 53/12 und VI R 86/13).

Zeile 44: Fortbildungskosten

Arbeitnehmer und Beamte, die sich weiterbilden oder die umschulen, können Ausgaben dafür als Werbungskosten geltend machen. Das betrifft Bildungsveranstaltungen aller Art und jeden Umfangs, zum Beispiel Lehrgänge, Schulungen, Tagungen, Kurse, Studien, Übungen oder Vorträge. Erkennt das Finanzamt eine Bildungsmaßnahme als förderungswürdig an, ist die ganze Palette der angefallenen Kosten absetzbar. Dazu gehören etwa Lehrgangs- und Prüfungsgebühren, Fahrt- und Übernachtungskosten. Im Prinzip dürfen Angestellte alles, was an Werbungskosten für den Job absetzbar ist, auch in der Form von Fortbildungskosten geltend machen (→ Infokasten ab Seite 106).

Es gibt aber eine wichtige Einschränkung. Ausgaben für eine erste Ausbildung oder für ein Erststudium sieht der Fiskus als Privatsache an. Sie gelten damit im Regelfall nicht als unbegrenzt abzugsfähige Werbungskosten und werden bestenfalls als Sonderausgaben anerkannt (→ ab Seite 46). Ob diese Einschränkung rechtens ist, muss das Bundesverfassungsgericht in mehreren Streitfällen entscheiden, zum Beispiel Az. 2 BvL 22/14.

TIPP: Betroffene sollten ihre Ausgaben für ein Erststudium oder für eine Erstausbildung als Werbungskosten geltend machen. Steuerbescheide erlässt das Finanzamt in diesem Punkt vorläufig. Ein Einspruch ist also nicht erforderlich (→ Seite 227).

Unabhängig von einer künftigen Gerichtsentscheidung kann eine preisgünstige abgeschlossene Erstausbildung helfen, die Kosten für eine anschließende teure Ausbildung als Werbungskosten an das Finanzamt weiterzureichen. Das funktioniert seit 2015 aber nur, wenn es sich um eine mindestens 12-monatige Vollzeitausbildung mit mindestens 20 Wochenstunden und dem vorgesehenen Abschluss handelt.

Findet die Ausbildung im Rahmen eines Dienstverhältnisses statt, sind alle Ausgaben dafür ohnehin Werbungskosten. Wer als Azubi bei einer Firma angeheuert hat, gilt als Arbeitnehmer und seine Bildungsausgaben sind Werbungskosten. Gleiches trifft für die Kosten eines Erststudiums nach einer Berufsausbildung zu, egal ob als Direkt- oder Fernstudium.

Hobbykurse bleiben in jedem Fall Privatvergnügen. Wenn etwa der Buchhalter einer Computerfirma Kurse über Orchideenzucht belegt, wird er das Finanzamt kaum dafür gewinnen können, diese Kosten anzuerkennen. Damit das Amt mitspielt, sollte eine Bildungsveranstaltung erkenn-

bar darauf gerichtet sein, in Zukunft steuerbare Einkünfte zu erzielen. Ob die später tatsächlich fließen, ist egal.

Bei Sprachkursen tut sich das Finanzamt oft schwer. Hier können nachvollziehbare Argumente zum beruflichen Zusammenhang der Bildungsmaßnahme und eine Bescheinigung des Arbeitgebers den Werbungskostenabzug erleichtern. Gleiches gilt für Bildungsveranstaltungen im Ausland, besonders wenn sie an Orten stattfinden, die touristisch interessant sind. Hier hilft außerdem die Vorlage eines Veranstaltungsprogramms, aus dem hervorgeht, dass die dort verbrachte Zeit weit überwiegend der beruflichen Bildung diente und wenig Freizeit zur Verfügung stand.

Die strikte Grenze zwischen privat und beruflich ist in letzter Zeit etwas durchlässiger geworden. Wer früher beispielsweise zu einem dreitägigen Weiterbildungsseminar von Berlin nach München fuhr und anschließend noch drei Tage Urlaub dort verbrachte, hatte teils berufliche und teils private Ausgaben mit der Folge, dass von derart „gemischten Aufwendungen" gar nichts absetzbar war. Das ist nun anders, wenn die Trennung zwischen „Dienst und Schnaps" klar nachweisbar ist, wie in diesem Fall. Alle direkten Seminarkosten, etwa die Teilnahmegebühr, sind Werbungskosten, ebenso die anteiligen Reise- und Übernachtungskosten, in diesem Fall drei Sechstel vom Gesamtaufwand. Die privaten Kosten sind weiterhin nicht absetzbar, aber sie vermasseln nun wenigstens den Werbungskostenabzug der beruflichen Ausgaben nicht mehr (→ Seite 116).

Wer sich mit Abgrenzungsfragen herumschlagen muss, sollte Rat vom Steuerprofi einholen, besonders wenn es um höhere Beträge geht. Solche Fragen können beispielsweise sein: Was zählt als Ausbildung und was nicht? Wann ist eine Ausbildung abgeschlossen? Wann ist sie unterbrochen? Was ist eine Erst- und was ist eine Zweitausbildung? Was gilt als privat und was gilt als beruflich?

INFO: Bildungskosten von A bis Z

Bildungskosten sind grundsätzlich absetzbar, egal ob es sich dabei um Ausgaben für eine Erstausbildung oder für ein Zweitstudium handelt, ob es um einen Kongress, ein Seminar oder eine andere Veranstaltung geht. Arbeitnehmer können sie je nach der steuerlichen Einordnung der Bildungsmaßnahme als Sonderausgaben auf dem Mantelbogen (→ Seite 46) oder als Werbungskosten hier auf der Anlage N geltend machen. Änderungen gibt es seit 2014 vor allem bei den Reisekosten.

- **Arbeitsmittel**
  Das sind zum Beispiel Ausgaben für Fachliteratur, Büromaterial, Kopien und andere Leistungen des Copyshops, Schreibtisch, Stuhl und andere Büromöbel, Computer, Laptop und weitere erforderliche Geräte. Arbeitsmittel bis 487,90 Euro (mit Umsatzsteuer) können Sie voll im Jahr der Anschaffung geltend machen. Teurere Arbeitsmittel schreiben Sie entsprechend der Nutzungsdauer ab (→ Seite 96).

- **Doppelter Haushalt**
  Wer während einer Vollzeitausbildung, etwa einem Vollzeitstudium, am Ort der Bildung einen zweiten Haushalt führt, kann Kosten wie bei der doppelten Haushaltsführung geltend machen (→ Seite 119), bei berufsbegleitender Fortbildung sogar Reisekosten wie bei Auswärtstätigkeit (→ Seite 116).

- **Fahrten**
  Für Fahrten zu einer Bildungsstätte gelten seit 2014 neue Regelungen (→ ab Seite 116). Bei einer Vollzeitausbildung außerhalb eines Dienstverhältnisses ist nur noch die Entfernungspauschale von 30 Cent pro Entfernungskilometer absetzbar (→ Seite 91). Höhere Ausgaben für öffentliche Verkehrsmittel können Sie aber weiterhin absetzen. Bis 2013 durften Menschen in Ausbildung bei Fahrten mit dem eigenen Pkw pauschal 30 Cent pro gefahrenen Kilometer geltend machen. Fahren Auszubildende zu einer Berufsschule außerhalb ihres Ausbildungsbetriebs, stehen ihnen anstelle der Entfernungspauschale weiterhin 30 Cent pro Fahrtkilometer zu.

- **Gebühren aller Art**
  Für viele Bildungsaktivitäten werden Gebühren oder andere Zahlungen

fällig, etwa Studien-, Kurs- oder Prüfungsgebühren, Bibliotheks- oder Fernleihe-Gebühren, Telefon- und Internetkosten.

- **Häusliches Arbeitszimmer**
  Für Arbeitnehmer, die sich gewissermaßen „hauptberuflich" weiterbilden, etwa beim Fernstudium, kann das Arbeitszimmer der Mittelpunkt ihrer gesamten beruflichen Tätigkeit sein. Sie können Ausgaben für das Heimbüro als Werbungskosten geltend machen (→ ab Seite 99) oder als Sonderausgaben bis 6 000 Euro (→ Seite 46). Wer sich nebenbei weiterbildet und das Arbeitszimmer nur zum Selbststudium nutzt, kann bis zu 1 250 Euro absetzen, wenn für die Bildung anderswo kein Platz zur Verfügung steht.

- **Übernachtung**
  Übernachtungskosten sind seit 2014 grundsätzlich nicht mehr abzugsfähig, wenn es sich bei der Ausbildungsstätte nach der Neuregelung des Reisekostenrechts um eine „erste Tätigkeitsstätte" handelt (→ ab Seite 116). Ausnahme: Bei einer doppelten Haushaltsführung dürfen sie weiter geltend gemacht werden, wenn die neuen (strengeren) Anforderungen erfüllt werden, etwa an die Existenz eines eigenen Hausstands am „Lebensmittelpunkt" (→ ab Seite 119).

- **Sonstige Bildungskosten**
  Zinsen und andere Kosten eines Bildungskredits sind ebenso absetzbar wie Ausgaben für eine juristische Auseinandersetzung im Zusammenhang mit Ausbildungs- und Fortbildungskosten, zum Beispiel bei einem Rechtsstreit um einen Studienplatz oder Prüfungsergebnisse.

- **Verpflegung**
  Mit der „Ernennung" der Bildungsstätte zur „ersten Tätigkeitsstätte" entfallen in der Regel auch die Verpflegungspauschalen. Liegt eine doppelte Haushaltsführung vor, gibt es aber weiterhin für die ersten drei Monate der Ausbildung 12 oder 24 Euro Verpflegungspauschale pro Tag (→ ab Seite 118). Auch im Rahmen eines Ausbildungsdienstverhältnisses sind Verpflegungspauschalen weiter absetzbar.

Ein Masterstudium nach abgeschlossenem Bachelor-Studium gilt übrigens als Zweitstudium. Die Aufwendungen dafür sind Werbungskosten.

→ Zum Beispiel Olaf O.

Der angestellte Masseur bildet sich an zehn Wochenenden im Jahr zum Qigong-Lehrer weiter. Er fährt dafür jeweils 30 Kilometer (Hin- plus Rückweg) mit dem Auto und ist an jedem Kurstag elf Stunden von zu Hause weg. Seine Aufwendungen kann Olaf als Werbungskosten geltend machen, weil es sich um eine Zweitausbildung handelt, die nach seinem Berufsabschluss als Masseur stattfindet. Die Kursgebühren gehören in **Zeile 44**, Fahrtkosten in **Zeile 50**, die Verpflegungspauschale muss in **Zeile 52**.

Kursgebühr pro Jahr	**1 700**
Fahrtkosten hin und zurück (30 km mal 20 Tage mal 0,30)	+ 180
Verpflegungspauschale (12 Euro mal 20 Tage, → Seite 118)	+ 240
Werbungskosten insgesamt (alle Abgaben in Euro)	**2 120**

Weil sein Arbeitnehmerpauschbetrag durch Fahrtkosten zur regelmäßigen Arbeitsstelle bereits komplett ausgeschöpft ist, kann Olaf die 2 120 Euro Fortbildungskosten als Werbungskosten voll absetzen.

Zeile 45 bis 48: Weitere Werbungskosten

In diese Zeilen gehören alle Werbungskosten, die sich nirgendwo sonst auf der Anlage N unterbringen lassen. Das Formular gibt allerdings eine gewisse Ordnung vor. So kommen in **Zeile 45** Fahrtkosten zwischen Wohnung und Tätigkeitsort für die (eher wenigen) Arbeitnehmer, die mit Flugzeug oder Fähre zur Arbeit gelangen. Sie machen hier die tatsächlichen Kosten geltend. Die Entfernungspauschale steht ihnen nicht zu.

In **Zeile 46** wird unter anderem nach **Bewerbungskosten** gefragt. Dazu gehören alle Ausgaben, die in diesem Zusammenhang anfallen, beispielsweise sind das Ausgaben für

- Stellengesuche,
- Fachzeitschriften,
- Büromaterial,
- Bewerbungsfotos,
- Fotokopien,
- Briefporto,
- Telefon oder Internet.

Ausgaben für Bewerbungstrainings oder Bewerbungsmappen gehören ebenfalls dazu. Kosten für Bewerbungsgespräche, einschließlich Fahrt, Übernachtung und Verpflegungspauschale, sind wie bei einer Auswärtstätigkeit absetzbar (→ Seite 116). Wer den Einzelnachweis vermeiden will, kann es mit einer Pauschale von 2,50 Euro pro elektronische Bewerbung versuchen. Erfolgte die Bewerbung mit einer per Post versandten Bewerbungsmappe, können auch pauschal 8,50 Euro durchgehen. Als Nachweise gelten Kopien der Bewerbungsschreiben und Antwortschreiben. Ob eine Bewerbung Erfolg oder ob sie keinen hatte, ist für den Werbungskostenabzug unerheblich.

→ **TIPP:** Oftmals ergeben sich aus hohen Bewerbungskosten Verluste, weil in Bewerbungsphasen nur geringe oder keine positiven Einkünfte hereinkommen. Dann kann es sich trotzdem lohnen, eine Steuererklärung abzugeben, denn solche Verluste können die Steuern in anderen Jahren drücken (→ Seite 70).

Kontoführungsgebühren für das Girokonto, auf dem der Lohn eingeht, gehören ebenfalls in **Zeile 46**. Sie dürfen pauschal mit 16 Euro abgesetzt werden. Beziehen beide Ehegatten Lohn, können beide jeweils 16 Euro eintragen.

Arbeitnehmer, die ihr privates Telefon oder Handy für dienstliche Gespräche nutzen, können pauschal 20 Prozent ihrer privaten **Telefongebühren** als Werbungskosten geltend machen, maximal 20 Euro im Monat. Liegt der dienstliche Anteil höher, empfiehlt es sich, über drei Monate eine Liste aller Gespräche zu führen. Die kann dann als Nachweis für eine höhere dienstliche Nutzung als 20 Prozent dienen und führt dazu, dass der ermittelte Anteil der Anschaffungskosten des Telefons, der Anschlusskosten und der Gesprächsgebühren als Werbungskosten absetzbar ist. Was für Telefongebühren funktioniert, gilt entsprechend für Internetgebühren.

Arbeitnehmer dürfen **Steuerberatungskosten**, die mit ihrer Erwerbstätigkeit zusammenhängen, weiterhin hier als Werbungskosten absetzen. Das betrifft zum Beispiel Kosten für die Erarbeitung der Anlage N durch einen Steuerberater oder Lohnsteuerhilfeverein. Sogenannte private Steuerberatungskosten sind seit 2006 nicht mehr absetzbar, beispielsweise Ausgaben für die Erarbeitung der Anlage Kind oder des Mantelbogens (→ Seite 39, 127 und 217). Steuerberater teilen in ihrer Gebührenabrechnung die Kosten in der Regel genau auf, die berufsbedingten gehören hierher.

Manchmal lassen sich Steuerberatungskosten aber nicht trennen, beispielsweise wenn jemand ein PC-Steuerprogramm oder diesen Steuerratgeber gekauft hat. Arbeitnehmer können in diesem „Mischfall“ den Kaufpreis komplett als Werbungskosten in Zeile **46 bis 48** geltend machen, denn Steuerberatungskosten bis 100 Euro müssen nicht aufgeteilt werden. Liegen die Mischkosten zwischen 100 und 200 Euro, sind 100 Euro abzugsfähige Werbungskosten.

Bei höheren Mischkosten akzeptiert das Finanzamt eine hälftige Aufteilung in absetzbare Werbungskosten und nicht absetzbare Sonderausgaben. Wer beispielsweise 300 Euro Steuerberatungskosten hat, kann davon 150 Euro als Werbungskosten absetzen.

Bewirtungskosten akzeptiert das Finanzamt bei wenigen Anlässen, etwa Dienstjubiläen oder Beförderungen. Dann sind 70 Prozent der Kosten abzugsfähig. Ausgaben für Feiern aus beruflichem und privatem Anlass strich das Finanzamt früher komplett. Der Bundesfinanzhof (BFH) lässt eine Aufteilung und den Werbungskostenabzug des beruflichen Kostenanteils zu, wenn der sich nachprüfbar eingrenzen lässt, etwa anhand der Anzahl der Gäste, die beruflich oder privat eingeladen worden sind (Az. VI R 46/14), ausnahmsweise sogar bei Geburtstagsfeiern (Az. VI R 7/16).

Umfasst eine **Rechtsschutzversicherung** auch den Berufsrechtsschutz, ist der darauf entfallende und von der Versicherung bescheinigte Beitragsteil als Werbungskosten absetzbar, entschied der Bundesfinanzhof (Az. VI R 97/94). Beiträge zu **Unfallversicherungen** gegen berufliche und private Risiken können zur Hälfte Werbungskosten sein.

Beruflich bedingte und damit abzugsfähige **Umzugskosten** können etwa bei Jobwechseln, Versetzungen oder Firmenumzügen entstehen. Wenn der Umzug den Arbeitsweg um mindestens eine Stunde pro Tag verkürzt, gilt er ebenfalls als beruflich veranlasst. Das Finanzamt unterstützt auch Wohnungswechsel innerhalb eines Ortes, wenn dadurch eine wesentliche Verkürzung des Arbeitswegs erreicht wird. Die Verkürzung um mindestens eine Stunde ist ein wichtiges Kriterium, aber kein Dogma; im Einzelfall kann die Zeitersparnis deutlich darunter liegen. Das kann der Fall sein, wenn es sich um den Einzug in eine Dienstwohnung handelt oder um den Wegzug von dort, oder wenn der Betrieb bei häufigen Bereitschaftsdiensten nach einem Umzug in wenigen Minuten zu Fuß erreichbar ist. Es kommt also manchmal auf einen Versuch an. In Grenzfällen kann Profirat helfen, das Finanzamt vom berufsbedingten Charakter eines Umzugs zu überzeugen.

TIPP: Auch wenn ein Umzug nichts mit der Arbeit zu tun hat, lassen sich Umzugskosten als haushaltsnahe Dienstleistungen geltend machen (→ Seite 62). In Krankheits- oder Katastrophenfällen gilt ein Umzug manchmal als außergewöhnliche Belastung und kann in diesem Rahmen abzugsfähig sein (→ Seite 55).

Eine Reihe umzugsbedingter Kosten sind absetzbar, zum Beispiel die nachgewiesenen Ausgaben für den Transport des Umzugsguts, die Reisekosten der Umzügler, Mietentschädigungen oder die Kosten für die Beschaffung einer Mietwohnung (→ Infokasten Seite 114). Zusätzlich zu den dort genannten tatsächlichen Umzugskosten gewährt das Amt Pauschalbeträge für „sonstige Umzugskosten“ (→ Seite 115). Die werden oftmals aus Unkenntnis nicht geltend gemacht, obwohl sie ganz ordentlich bemessen sind. Die Pauschalen gibt es für jeden berufsbedingten Umzug. Wer innerhalb von fünf Jahren zweimal umzieht, kann beim zweiten Mal 150 Prozent der Pauschalen geltend machen.

Wer die Pauschalen für sonstige Umzugskosten ansetzt, sollte nicht vergessen, daneben Transportkosten und die anderen Ausgaben geltend zu machen, die im Infokasten auf Seite 114 unter den ersten vier Kostengruppen aufgelistet sind. Auch Umzugsfahrten mit dem eigenen Pkw schlagen übrigens mit 30 Cent pro Kilometer zu Buche. Für Umzüge im Rahmen einer doppelten Haushaltsführung gibt es keine Pauschalen (→Seite 119). Wer die danach aufgeführten „sonstigen Umzugskosten“ auch in vollem Umfang per Einzelabrechnung an das Finanzamt weiterreichen will, muss aufpassen, denn dann sind die im Infokasten genannten Umzugspauschalen nicht nutzbar, und das dürfte sich in vielen Fällen negativ auswirken.

Eine aktuelle Übersicht über die Pauschalen gibt es unter www.bundesfinanzministerium.de, Suchbegriff „Umzugskosten“ eingeben.

→ Zum Beispiel Familie P.

Petra und Paul sind verheiratet, Tochter Pia besucht die siebte Klasse. Familie P. zog im März 2017 von Berlin nach Rostock, weil Petra in einem nahe gelegenen Strandhotel als Küchenchefin angeheuert hat. Die Spedition stellte ihnen 1 500 Euro in Rechnung. Zusätzlich können sie Pkw-Anreisekosten am Umzugstag geltend machen (250 Kilometer mal 30 Cent für den Fahrer Paul, für die Mitfahrerinnen Petra und Pia ist seit 2014 nichts mehr absetzbar).
Erfreulicherweise können Petra und Paul auch ihre Fahrtkosten für eine Wohnungsbesichtigung geltend machen. Dafür akzeptiert das Amt allerdings nur den preiswertesten Tarif für die Fahrkarte eines öffentlichen Verkehrsmittels, in diesem Fall der Bahn. Für ihre Berliner Wohnung musste Familie P. laut Vertrag für zwei weitere Monate nach dem Auszug Miete zahlen.
Bei den „anderen Umzugskosten" schlug Pias Nachhilfeunterricht mit 500 Euro zu Buche, damit sie den Anschluss an die neue Schule gut schafft, und im Rahmen der sonstigen Umzugskosten fielen 850 Euro für Schönheitsreparaturen und 150 Euro für weiteren Kleinkram an, insgesamt also 1 000 Euro. Familie P. nutzt die Umzugspauschalen und setzt insgesamt 5 700 Euro ab.

Speditionskosten	**1 500**
Umzugspauschale Petra und Paul (→ Seite 115)	+ 1 528
Umzugspauschale Pia (→ Seite 115)	+ 337
Wohnungsbesichtigung (billigster Bahntarif)	+ 160
Reisekosten am Umzugstag (250 km mal 0,30)	+ 75
Zwei Monate Mietentschädigung in Berlin (2 mal 800)	+ 1 600
Nachhilfe Pia	+ 500
Abzugsfähige Umzugskosten (alle Angaben in Euro)	**5 700**

INFO: Umzugskosten

Der Begriff Umzugskosten umfasst eine ganze Reihe steuerlich abzugsfähiger Ausgaben. Andererseits gibt es ziemlich klar abgegrenzte Kostengruppen.

- **Beförderungskosten**
  Das sind die Transportkosten des Umzugsguts, inklusive Verpackung, Versicherung, Trinkgeld, der Aufwand für Transportschäden oder für Ersatz von verloren gegangenem Hausrat.
- **Reisekosten**
  Hier sind es zunächst Reisekosten vom alten zum neuen Wohnort während des eigentlichen Umzugs. Arbeitnehmer und Beamte können Fahrtkosten wie bei einer Auswärtstätigkeit absetzen, zum Beispiel mit 30 Cent pro Fahrtkilometer oder mit den tatsächlichen Kosten. Das gilt auch für erforderliche Übernachtungskosten und für die Verpflegungspauschale pro Person (→ ab Seite 116). Zu den Reisekosten gehören in beschränktem Umfang auch vor dem Umzug angefallene Ausgaben bei der Suche oder Besichtigung der neuen Wohnung. Geben Sie hier detailliert alle Kosten in einer gesonderten Anlage an. In der Regel übernimmt das Finanzamt nur Kosten von zwei Reisen einer Person oder von einer Reise zweier Personen zum preiswertesten Tarif, den öffentliche Verkehrsmittel bieten.
- **Mietentschädigung**
  Muss ein Angestellter bereits für die neue Wohnung Miete zahlen, aber für die alte auch noch, kann er die alte Miete nach dem Umzug bis zur Kündigung als Werbungskosten geltend machen. Beamte erhalten für bis zu sechs Monaten eine Erstattung. Wer für die neue Wohnung schon zahlen muss, sie aber noch nicht beziehen kann, darf als Arbeitnehmer und Beamter sechs Monate lang die neue Miete als Werbungskosten geltend machen, wenn er gleichzeitig noch für die alte Wohnung

zahlen muss. Achtung: Wenn die alte Wohnung Wohneigentum war, darf keine Mietentschädigung geltend gemacht werden, hat der Bundesfinanzhof entschieden (Az. VI R 25/10). Wer sich mit solchen Problemen bei der Mietentschädigung herumschlagen muss, sollte besser einen Steuerprofi fragen.

- **Andere Umzugskosten**
  Abzugsfähig sind innerhalb dieser Kostengruppe ortsübliche Aufwendungen für Makler, Inserate, Telefon, Porto und andere Verbindungskosten, die für die Vermittlung der alten Mietwohnung angefallen sind. Geht es um eine Eigentumswohnung, zählen auch nur die Aufwendungen für eine vergleichbare Mietwohnung. Für Nachhilfeunterricht erkennt das Amt bis 1 926 Euro pro Kind an (Umzug ab Februar 2017).
- **Sonstige Umzugskosten**
  Der Unterschied zwischen „anderen" und „sonstigen" Kosten fällt in der Alltagssprache kaum auf. Die Steuersprache trennt das aber ganz klar. Bei den „Sonstigen" geht es um zum Beispiel um die Anpassung von Gardinenstangen, die Schönheitsreparatur in der alten Wohnung, Kosten des Telefon- und Kabelanschlusses, Ummeldegebühren für den Personalausweis und das Auto oder den Einbau eines Wasserenthärters für die Waschmaschine. Wer hier mit den gar nicht so knappen Pauschalen für sonstige Umzugskosten auskommt, ist schnell und unbürokratisch fertig. Sonstige Umzugskosten einzeln abzurechnen, lohnt sich nur, wenn mehr als die Pauschale herauskommt. Es gibt für ein Ehepaar 1 528 Euro, für Alleinstehende 764 Euro, für jeden weiteren Haushaltsangehörigen 337 Euro (bei Umzug ab 1. Februar 2017). Verwitwete, Geschiedene und Ledige, die mit von ihnen finanziell abhängigen Angehörigen umziehen, werden wie Ehepaare behandelt.

Zeile 49 bis 57: Reisekosten

Das „Gesetz zur Änderung und Vereinfachung der Unternehmensbesteuerung und des steuerlichen Reisekostenrechts" hat die Bestimmungen zur Auswärtstätigkeit und zur doppelten Haushaltsführung seit 2014 erheblich geändert.

Dreh- und Angelpunkt ist zunächst der Begriff der „ersten Tätigkeitsstätte". Er ersetzt die vorher verwendete „regelmäßige Arbeitsstätte" und kann jede ortsfeste betriebliche Einrichtung des Arbeitgebers, eines verbundenen Unternehmens oder eines Dritten, etwa eines Kunden, bezeichnen. Jeder Arbeitnehmer hat maximal nur eine erste Tätigkeitsstätte. Der Arbeitgeber kann festlegen, welche das ist. Ohne Festlegung durch den Arbeitgeber gelten objektive Kriterien. Danach ist die erste Tätigkeitsstätte dort, wo der Arbeitnehmer in der Regel arbeitstäglich oder zwei volle Arbeitstage pro Woche oder mindestens ein Drittel der vereinbarten regelmäßigen Arbeitszeit im Auftrag seines Arbeitgebers dauerhaft tätig sein soll. Die etwas umständliche Begriffsbestimmung hat erst auf den zweiten Blick etwas mit Reisekosten zu tun. Sie grenzt nämlich die relativ magere Entfernungspauschale, die es für Fahrten zwischen Wohnung und Betrieb gibt (→ Seite 91), deutlicher von der Auswärtstätigkeit ab, die Arbeitnehmern bessere Abzugs- und Erstattungsmöglichkeiten für Fahrtkosten bietet.

Arbeitnehmer können Reisekosten übrigens auch weiterhin komplett absetzen, wenn der berufliche Anteil an der Reise mindestens 90 Prozent der Kosten ausmacht. Beläuft sich der berufliche Kostenanteil auf unter 10 Prozent, ist gar nichts absetzbar. Bei einem beruflichen Anteil zwischen 10 und 90 Prozent der Kosten sind die anteiligen beruflichen Kosten absetzbar. Fährt zum Beispiel ein Dienstreisender für 10 Tage nach Paris und nutzt einen Tag davon privat, darf er alle Reisekosten geltend machen, weil es zu 90 Prozent eine Dienstreise war. Nutzt er fünf Tage dienstlich und fünf Tage privat, akzeptiert das Amt die Hälfte der abzugsfähigen Reisekosten.

Zeile 49 bis 51: Fahrt, Übernachtung & Co.

Wer etwa wegen ständiger Nutzung eines Firmenwagens in **Zeile 49** mit „Ja" abstimmen muss, kann zwar keine Fahrtkosten geltend machen, andere Reisekosten aber wohl. In **Zeile 50** gehört die Summe aller Reisekosten mit Ausnahme der Verpflegungspauschalen. Das Amt will in der Regel eine genaue Einzelaufstellung der Kosten sehen. Anstelle der tatsächlichen Kosten dürfen aber auch Pauschalen angesetzt werden, zum Beispiel 30 Cent für jeden Fahrtkilometer mit dem Pkw. Für Fahrten per Motorrad, Motorroller, Moped und Mofa gibt es seit 2014 einheitlich 0,20 Euro, die vorherigen Unterschiede sind entfallen. Die Fahrradpauschale wurde ganz gestrichen (bis 2013 waren das 0,05 Euro). Für das Rad gelten die tatsächlichen Kosten, die bei allen anderen Verkehrsmitteln ebenfalls abgerechnet werden dürfen. Der Kilometerzuschlag für die Mitnahme anderer Dienstreisender entfällt seit 2014 komplett.

Arbeitnehmer dürfen ihre tatsächlichen Übernachtungskosten laut Nachweis geltend machen. Seit 2014 gilt allerdings, dass bei Auswärtstätigkeit im Inland nach 48 Monaten die Unterkunftskosten nur noch mit maximal 1 000 Euro im Monat abgesetzt werden dürfen. Für das Ausland gilt diese zeitliche Einschränkung nicht.

In **Zeile 50** kommen auch Reisenebenkosten, etwa Ausgaben für Gepäck, Parkgebühren oder Telefon- und andere Verbindungskosten. Arbeitnehmer mit einer Fahrtätigkeit, etwa Berufskraftfahrer, rechnen ihre Fahrt zum Lkw-Stellplatz genauso ab. Das gilt auch für Arbeitnehmer mit wechselnden Arbeitsstellen (Fachbegriff: „Einsatzwechseltätigkeit"). Muss aber arbeitstäglich derselbe Platz oder der Betrieb aufgesucht werden, gilt für diesen Weg die Entfernungspauschale. Was der Arbeitgeber an Reisekosten ersetzt, gehört in **Zeile 51**.

Zeile 52 bis 57: Verpflegung

Verpflegungskosten sind nur pauschal absetzbar, allerdings seit 2014 nur noch in zwei Stufen. Bei mehr als acht Stunden Abwesenheit vom Betrieb beziehungsweise von der Wohnung gibt es jetzt 12 Euro. Volle 24 Stunden Abwesenheit bringen weiterhin 24 Euro Werbungskosten. Bei mehrtägigen Reisen mit Übernachtung gelten 12 Euro jeweils für den An- und Abreisetag, und zwar unabhängig von der Abwesenheitsdauer. Die kann in solchen Fällen auch unter acht Stunden liegen.

Verpflegungspauschalen dürfen grundsätzlich nur für die ersten drei Monate der Auswärtstätigkeit am selben Ort geltend gemacht werden. Bei Unterbrechung von mindestens vier Wochen kann die Dreimonatsfrist von vorn beginnen. Seit 2014 gilt hier eine Verbesserung: Für eine Unterbrechung werden nicht nur dienstliche Gründe anerkannt, sondern auch private, etwa eine Krankheit oder ein längerer Urlaub.

In Zeile **52 bis 54** schreiben Sie nur die Anzahl der Abwesenheitstage, die Berechnung der Höhe der Verpflegungspauschalen übernimmt das Amt. Stellt der Arbeitgeber Mahlzeiten zur Verfügung, erfolgt eine Kürzung der Verpflegungspauschale um 4,80 Euro pro Frühstück und um jeweils 9,60 pro Mittag- und Abendessen. Der Kürzungsbetrag gehört in die **Zeile 55** (gegebenenfalls verringert um eigene Zuzahlungen des Arbeitnehmers). Für dienstliche Auslandsreisen gelten anstelle der inländischen Pauschalen Tagegelder, die sich je nach Aufenthaltsort unterscheiden (**Zeile 56**). Wer die aktuelle Liste braucht, gibt unter www.bundesfinanzministerium.de den Suchbegriff „Reisekosten Ausland" ein. Hat der Arbeitgeber Verpflegungskosten im In- oder Ausland steuerfrei erstattet, gehört das in **Zeile 57**.

→ Zum Beispiel Reiner R.

Der angestellte Service-Techniker fährt für seine Computerfirma mit dem Zug von Berlin nach Hamburg. Er verlässt seine Wohnung am Montag um 7 Uhr. In Hamburg hatte Reiner die ganze Woche bei einem Kunden zu tun. Er trifft am Freitag um 17 Uhr wieder in seiner Berliner Wohnung ein. Die Bahnfahrkarte erstattet ihm der Arbeitgeber, ebenso die Hotelübernachtung. Die Taxifahrten zum und vom Bahnhof in Berlin und Hamburg zahlt Reiner selbst, ebenso die Kosten für öffentliche Verkehrsmittel in Hamburg. Er führte mehrere Rücksprachen mit Berliner Kollegen über sein privates Mobiltelefon. Von den 740 Euro Reisekosten übernimmt der Arbeitgeber 520 Euro, 220 Euro macht Reiner R. als Werbungskosten geltend.

Bahnfahrkarten (zahlt Arbeitgeber)	**120**
Hotelübernachtung (zahlt Arbeitgeber)	+400
Taxikosten in Berlin und Hamburg	+80
Ausgaben für öffentliche Verkehrsmittel in Hamburg	+35
Reisenebenkosten (Mobiltelefon)	+9
Reiners Reise- und Reisenebenkosten insgesamt (in Zeile 50)	644
Erstattung durch den Arbeitgeber (in Zeile 57)	520
verbleibende absetzbare Reisekosten	124
Verpflegungspauschale Montag und Freitag (2 mal 12 in Zeile 53)	+24
Verpflegungspauschale Dienstag bis Donnerstag (3 mal 24 in Zeile 54)	+72
absetzbare Reisekosten (alle Angaben in Euro)	**220**

	Pauschbeträge für Mehraufwendungen für Verpflegung			
	Bei einer Auswärtstätigkeit im Inland:			
52	Abwesenheit von mehr als 8 Stunden (bei Auswärtstätigkeit ohne Übernachtung)	470	4	Anzahl der Tage
53	An- und Abreisetage (bei einer mehrtägigen Auswärtstätigkeit mit Übernachtung)	471	2	Anzahl der Tage
54	Abwesenheit von 24 Stunden	472	4	Anzahl der Tage

Zeile 61 bis 87: Doppelte Haushaltsführung

Die Reform des steuerlichen Reisekostenrechts bringt seit 2014 einige Veränderungen bei der doppelten Haushaltsführung. Die Einzelheiten finden Sie bei den Erläuterungen zu den jeweiligen Formularzeilen.

Zeile 61 bis 69: Allgemeine Angaben

Der Grund einer doppelten Haushaltsführung (**Zeile 61 bis 62**) ist in der Regel berufsbedingt, etwa ein Jobwechsel oder eine Versetzung. In das rechte Zahlenfeld der **Zeile 61** gehört das Datum des Beginns des Doppelhaushalts. Hat er bis zum Ende des Jahres 2017 ununterbrochen bestanden, schreiben Sie 3112 in das Zahlenfeld der **Zeile 63**. In **Zeile 64** gehören Postleitzahl, Ort und Staat des Zweitwohnsitzes. Liegt der im Ausland, ist **Zeile 65** auszufüllen (Ziffer „1", Staatsbezeichnung).

	Mehraufwendungen für doppelte Haushaltsführung **Allgemeine Angaben**		am
61	Der doppelte Haushalt wurde aus beruflichem Anlass begründet	501	0 1 0 7 2 0 1 7
62	Grund NEUANSTELLUNG		
63	Der doppelte Haushalt hat seitdem ununterbrochen bestanden	502	bis 3 1 1 2 2017
64	Beschäftigungsort (PLZ, Ort, Staat – falls im Ausland und abweichend vom Staat, in dem der doppelte Haushalt liegt –) 12435 BERLIN		
65	Der doppelte Haushalt liegt im Ausland 507 1 = Ja		Staat
66	Es liegt ein **eigener Hausstand** am Lebensmittelpunkt vor – Wird die Zeile 66 mit „Nein" beantwortet, sind Eintragungen in den Zeilen 67 bis 85 nicht vorzunehmen. –	503	1 (1 = Ja, 2 = Nein)
67	PLZ, Ort des eigenen Hausstandes 30519 HANNOVER	504	seit 1 5 0 8 2 0 0 1

Die Frage nach dem „eigenen Hausstand am Lebensmittelpunkt" in **Zeile 66** ist entscheidend für die steuerliche Anerkennung einer doppelten Haushaltsführung. Wer hier mit „Nein" abstimmt (Ziffer „2"), kann sich den Rest des Formulars schenken. Das Finanzamt versteht unter eigenem Hausstand eine eingerichtete, den Lebensbedürfnissen entsprechende Miet- oder Eigentumswohnung eines Arbeitnehmers, der die Haushaltsführung dort wesentlich mitbestimmt und sich finanziell an der Lebensführung beteiligt. Verheiratete „Auswärtsarbeiter" haben damit in der Regel kein Problem. Bei Paaren ohne Trauschein nickt das Amt einen eigenen Hausstand auch dann ab, wenn ein Partner die Ausgaben für den gemeinsamen Haushalt trägt und der andere „nur" für die Mietzahlung sorgt. Wohnen Singles noch bei den Eltern, sollten sie daran denken, dass eine finanzielle Beteiligung seit 2014 auch in diesen Fällen notwendig ist. Das Finanzamt sieht mehr als 10 Prozent als angemessen an und kann dafür Nachweise verlangen.

So weit auslegbar wie der Begriff „eigener Hausstand" ist der Begriff „Lebensmittelpunkt". Das Finanzamt nimmt auch hier Alleinstehende besonders unter die Lupe. Für den Lebensmittelpunkt spricht neben sozialen Kontakten im Verwandten- und Freundeskreis und Aktivitäten in Vereinen auch die Häufigkeit von Heimfahrten. Je geringer die Entfernung, desto wichtiger sind sie als Indiz. Zwei Fahrten im Monat reichen aber in der Regel aus. Bei größeren Entfernungen, insbesondere wenn die Familie im Ausland lebt, genügt eine Familienheimfahrt im Jahr.

Zeile 68 erfragt, ob Arbeitnehmer vor Beginn der doppelten Haushaltsführung am selben Arbeitsort eine Auswärtstätigkeit hatten (→ ab Seite 116). Das wäre etwa der Fall, wenn aus einem zunächst befristeten Einsatz ein unbefristeter wird. Dann würde die 3 Monate lange Verpflegungspauschale für Auswärtstätigkeit auf die Verpflegungspauschale bei der doppelten Haushaltsführung angerechnet. In „Wegverlegungsfällen", in denen Arbeitnehmer vom Arbeitsort weggezogen sind, dort aber eine Unterkunft behalten haben (→ Seite 124), gilt diese Einschränkung nicht. Wer in **Zeile 69** mit der Ziffer 1 („Ja") abstimmt, kann sich nach Auffassung der Finanzverwaltung den Rest des Formulars sparen. Hier sollte vorher aber genau gerechnet werden (→ Tippkasten auf Seite 123).

Das Finanzamt interessiert sich seit 2014 auch für die Entfernung der Zweitwohnung vom Beschäftigungsort. Die muss weniger als die Hälfte der Entfernung zwischen dem Wohnort am Lebensmittelpunkt und dem Beschäftigungsort betragen. Ist der Beschäftigungsort zum Beispiel 100 Kilometer vom Lebensmittelpunkt entfernt, darf die Entfernung Zweitwohnung – Beschäftigungsort maximal 49 Kilometer betragen.

Zeile 70 bis 78: Fahrtkosten

Zeile 70 fragt nach der Nutzung eines Firmenwagens oder einem unentgeltlichen Sammeltransport des Arbeitgebers. In solchen Fällen erkennt das Finanzamt Fahrtkosten nicht an. Andererseits dürfen Arbeitnehmer Fahrtkosten geltend machen, die ihnen gar nicht entstanden sind, zum Beispiel als Mitfahrer einer Fahrgemeinschaft, entschied der Bundesfinanzhof (Az. VI R 29/12). Neben „Ja" und „Nein" kann hier seit 2014 „Ja, teilweise" gewählt werden (Ziffer 3), etwa wenn manchmal mit dem Firmenwagen und manchmal mit einem privaten Pkw gefahren wurde. Fahrten mit dem Firmenwagen oder Sammeltransport gehören nicht in **Zeile 71 bis 76.**

In **Zeile 71 bis 73** gehören nur die Fahrtkosten für die erste Hinfahrt zu Beginn der doppelten Haushaltsführung und die letzte Heimfahrt bei ihrer Beendigung. Das gilt natürlich nur, wenn diese Ereignisse 2017 stattgefunden haben. Wer vorher mit der doppelten Haushaltsführung am oben angegebenen Ort begonnen hat und erst später damit aufhören wird, trägt hier gar nichts ein. Haben Arbeitnehmer für diese Fahrten ihren privaten Pkw genutzt, dürfen sie in **Zeile 71** pauschal 30 Cent je Fahrtkilometer (linkes Zahlenfeld) oder die tatsächlichen Kosten wie bei Auswärtstätigkeiten absetzen (rechtes Zahlenfeld). Für Motorräder und andere motorgetriebene Fahrzeuge gelten **Zeile 72** und seit 2014 einheitlich 20 Cent pro Fahrtkilometer. Die Fahrradpauschale wurde gestrichen (→ Seite 117). Wer die tatsächlichen Kosten ansetzt, muss seine Berechnung auf einem Extrablatt beifügen. Nutzer öffentlicher Verkehrsmittel tragen die tatsächlichen Kosten laut Belegen ein (**Zeile 73**).

Für eine sogenannte Familienheimfahrt zwischen den Wohnungen am Arbeitsort und am Lebensmittelpunkt können Arbeitnehmer einmal pro Woche 30 Cent je Entfernungskilometer pauschal als Fahrtkosten geltend machen.

In **Zeile 74** gehören die Entfernung zwischen den Wohnungen am Wohn- und Arbeitsort und die Anzahl der Familienheimfahrten im Jahr. Wer öffentliche Verkehrsmittel genutzt hat, trägt die tatsächlichen Ticketkosten in **Zeile 75** ein, wenn das mehr bringt als die Entfernungspauschale. Menschen mit Behinderungen von mindestens 70 Prozent oder 50 Prozent plus Merkzeichen G nutzen **Zeile 76 bis 77** in gleicher Weise. Wichtigster Unterschied: In **Zeile 76** werden statt 30 Cent pro Entfernungskilometer pauschal 30 Cent für Hin- und Rückfahrt angesetzt oder die tatsächlichen Pkw-Kosten.

Müssen wöchentliche Familienheimfahrten arbeits- oder krankheitsbedingt ausfallen, können an ihrer Stelle im selben Umfang Besuche von Partnern oder Kindern am Arbeitsort abgerechnet werden. Finden weder Heim- noch Besuchsfahrt statt, zählen ersatzweise die Ausgaben für ein 15-minütiges Telefonat als Werbungskosten.

TIPP: Wenn Angestellte mehrmals in der Woche zwischen Erst- und Zweitwohnung pendeln, dürfen sie trotzdem nur eine Familienheimfahrt pro Woche absetzen. Aber sie sollten prüfen, ob es für sie günstiger ist, alle Fahrten mit der Entfernungspauschale abzurechnen und dafür auf Ausgaben für Unterkunft und Verpflegung zu verzichten. Für Arbeitnehmer und Beamte mit häufigen oder weiten Heimfahrten und geringen Unterkunftskosten am Arbeitsort kann sich das lohnen.

In **Zeile 78** gehören Familienheimfahrten mit Flugzeug, Fähre oder entgeltlichem Sammeltransport. Sie haben in **Zeile 74 bis 77** nichts zu suchen und dürfen nur mit den tatsächlichen Kosten abgerechnet werden.

Zeile 79 bis 80: Unterkunft am Arbeitsort

Als Zweitwohnung am Arbeitsort zählt jede zur Übernachtung geeignete Unterkunft, eine gemietete Wohnung, die eigenen vier Wände, ein möbliertes Zimmer oder ein Zimmer im Hotel. Seit 2014 sind Unterkunftskosten im Inland von höchstens 1 000 Euro im Monat absetzbar. Sie gehören zusammengefasst in **Zeile 79**.

Liegt die Zweitwohnung im Ausland, gilt die Begrenzung auf 1000 Euro pro Monat nicht. Dafür interessiert sich das Amt für die Wohnungsgröße (**Zeile 80**).

Betriebs-, Renovierungs-, Reinigungs- und Reparaturkosten sowie die Zweitwohnungsteuer sind im Rahmen der 1000-Euro-Grenze abzugsfähig. Das Amt akzeptiert auch Kosten für die Wohnungseinrichtung, etwa für Möbel, Gardinen oder Teppiche. Ob Einrichtungskosten zusätzlich zur 1000-Euro-Monatsgrenze absetzbar sind, ist umstritten (Az. VI R 18/17, → Seite 228).

Wer am Arbeitsort eigene vier Wände bezieht, kann Ausgaben in derselben Höhe geltend machen, wie sie ihm als Mieter einer gleichwertigen Wohnung entstehen würden, dazu gehören in diesem Fall Schuldzinsen, Abschreibungen, Gemeindeabgaben, Reparatur- und Instandhaltungskosten.

Zeile 81 bis 87: Verpflegung & Co.

Das Finanzamt akzeptiert nur in den ersten drei Monaten der doppelten Haushaltsführung Verpflegungspauschalen je nach Abwesenheitsdauer, genauso wie sie auch bei Auswärtstätigkeit gewährt werden. Das soll auch der Text vor **Zeile 81** besagen (→ Seite 118). Abwesenheitstage im Inland gehören in **Zeile 81 bis 82**. Stellt der Arbeitgeber Mahlzeiten zur Verfügung (**Zeile 83**), wird die Pauschale so gekürzt, wie auf Seite 118 beschrieben. Verpflegungspauschalen für eine doppelte Haushaltsführung im Ausland gehören als zusammengefasster Betrag in die **Zeile 84**. Das Amt will dazu eine separate Aufstellung sehen. Einzelheiten zu Auslandstagegeldern finden Sie auf Seite 118. In sogenannten Wegzugsfällen (→ Seite 121) verweigerte das Finanzamt früher die Verpflegungspauschale. In solchen Fällen entsteht eine doppelte Haushaltsführung, weil Menschen aus privaten Gründen vom Arbeitsort weggezogen sind. Nach einer Entscheidung des Bundesfinanzhofs (Az. VI R 7/13) erkennt die Verwaltung auch hier Verpflegungspauschalen an.

→ Zum Beispiel Sven S.

Seit dem 1. Juli arbeitet Sven bei einem Wirtschaftsverband in Berlin. Er wohnt mit seiner Lebensgefährtin Svenja und der gemeinsamen 16-jährigen Tochter Silvana in Hannover. Dort bleibt auch sein Lebensmittelpunkt, denn Svenja arbeitet in Hannover im Schuldienst, Silvana besucht dort das Gymnasium. In Berlin hat Sven zunächst zwei Wochen im Hotel gewohnt, danach zog er für 1 500 Euro mit persönlichen Sachen nach Berlin um, wo er ein Zimmer in einer WG anmietete (Monatsmiete 200 Euro) und einrichtete (1 000 Euro). Von Juli bis Dezember kam Sven auf 20 wöchentliche Familienheimfahrten mit seinem Pkw, Svenja und Silvana besuchten ihn zweimal gemeinsam in Berlin, weil er wegen Bereitschaftsdiensten nicht heimfahren konnte. Insgesamt kommen 6 520 Euro zusammen.

Erste Fahrt nach Berlin mit dem Pkw (300 km mal 0,30 Euro)	**90**
20 wöchentliche Heimfahrten (300 mal 0,30 mal 20)	+ 1 800
Besuchsfahrten von Svenja und Silvana (300 mal 0,30 mal 2)	+ 180
Umzugskosten	+ 1 500
Verpflegungspauschale (50 Tage mal 24 plus 20 Tage mal 12 ist 1 440, vom Arbeitgeber ersetzt)	+ 0
Hotelübernachtung (10 Tage mal 85)	+ 850
Miete mit allen Nebenkosten (200 mal 5,5 Monate)	+ 1 100
Einrichtungsgegenstände für WG-Zimmer (Bett, Schreibtisch, Bürostuhl kosteten jeweils unter 487,90, → Seite 96)	+ 1 000
Werbungskosten insgesamt (alle Angaben in Euro)	**6 520**

In **Zeile 85** können noch andere Kosten der doppelten Haushaltsführung eingetragen werden, etwa Umzugskosten. Es gelten dabei dieselben Regeln wie ab Seite 111 beschrieben. Ausnahme: Die Pauschale für „sonstige Umzugskosten" gibt es im Rahmen der doppelten Haushaltsführung nicht. Umzugskosten vom Wohnort an den Arbeitsort zu Beginn der doppelten Haushaltsführung sind als Werbungskosten absetzbar. Gleiches gilt für den Umzug zurück vom Arbeitsort zum Wohnort am Ende der doppelten Haushaltsführung. In „Wegzugsfällen" (→ Seite 121 und 124) werden Umzugskosten nicht als Werbungskosten anerkannt. Die Ausgaben können dann aber wenigstens teilweise im Rahmen der haushaltsnahen Dienstleistungen geltend gemacht werden (→ Seite 62). Geht es im Jahresverlauf um mehr als eine doppelte Haushaltsführung, kommen die Ausgaben in **Zeile 86**. Hat der Arbeitgeber Kosten ersetzt, gehört der Betrag zusammengefasst für alle Kostenarten in **Zeile 87**.

Zeile 91 bis 96: Werbungskosten in Sonderfällen

Mit diesem Abschnitt ist die Anlage N seit 2015 von drei auf vier Seiten angewachsen. **Zeile 91** müssen Pensionäre mit Eintragungen in **Zeile 11** ausfüllen. Gab es 2017 Versorgungsbezüge für mehrere Jahre, werden die zugehörigen Werbungskosten in **Zeile 92** eingetragen. Arbeitnehmer, die 2017 Abfindungen oder Lohn für mehrere Jahre erhielten, tragen damit verbundene Ausgaben in **Zeile 93** ein. In **Zeile 94 bis 95** wird nach steuerfreiem und unversteuertem Arbeitslohn (in der Regel mit Auslandsbezug) gefragt. Belgien (**Zeile 96**) bleibt auch ein Sonderfall: Werbungskosten aus den **Zeilen 31 bis 87** müssen nochmals hier erscheinen.

→ **TIPP:** Die Zeilen 91 bis 96 dienen wohl vor allem einer besseren Erfassung, Abgrenzung und maschinellen Verarbeitung bestimmter Daten durch die Verwaltung. In die Zeilen 91 bis 94 gehören nur solche Aufwendungen, die nicht bereits in den Zeilen 31 bis 87 stehen (→ auch ab Seite 90).

Anlage Kind: Für Eltern

Viele Arbeitnehmer mit Kindern haben kaum Vorteile von der Anlage Kind. Sie erhalten Kindergeld und damit ist für sie die Kinderförderung fast erledigt. Gehören aber Arbeitnehmer-Eltern mit Grenzsteuersätzen über 32 Prozent zu den „Steuererklärungsmuffeln", gehen ihnen einige Steuervorteile verloren (→ Seite 244). Ab einem zu versteuernden Einkommen von rund 32 000/64 000 Euro (alleinstehend beziehungsweise verheiratet/verpartnert) wirkt sich nämlich der Kinderfreibetrag entlastender aus als das Kindergeld. Der Vorteil kann aber nur bei den Eltern ankommen, die eine Steuererklärung abgeben. Kinderbetreuungskosten und weitere kindbedingte Vorteile helfen auch weniger betuchten Eltern, per Anlage Kind Steuern zu sparen. So kann nur hier der Bedarfsfreibetrag (amtlich: „Freibetrag zur Abgeltung eines Sonderbedarfs bei Berufsausbildung eines volljährigen Kindes") geltend gemacht werden, ebenso der Abzug von Schulgeld als Sonderausgabe. Die Anlage Kind ist zudem für die Übertragung von Kinderfreibeträgen, Behinderten- und Hinterbliebenen-Pauschbeträgen zuständig (→ ausgefülltes Musterformular ab Seite 260).

Zeile 1 bis 14: Grunddaten

In die ersten drei Zeilen gehören die Angaben des Elternteils, der die Kinderförderung beantragt. Weil für jedes Kind eine eigene Anlage Kind erforderlich ist, kommt bei mehreren Kindern rechts in **Zeile 3** eine laufende Nummer der Anlage. Geht es nur um ein Kind, ist dort nichts einzutragen oder 01. In **Zeile 4** gehört die Steueridentifikationsnummer des Kindes, nicht die des Antragstellers.

Im rechten Feld der **Zeile 6** wird es etwas unübersichtlich. Hier will das Amt den „Kindergeldanspruch" sehen. Der richtet sich zunächst nach der Kinderzahl. 2017 gibt es für das erste und zweite Kind 192 Euro im Monat, für das dritte Kind 198 Euro und für jedes weitere Kind 223 Euro. Wohnt beispielsweise das einzige 12-jährige Kind eines Ehepaars ganzjährig im gemeinsamen Haushalt der Eltern, kommt hierher „2304" (12 Monate mal 192 Euro Kindergeld).

Geht es aber nicht um ein Einzelkind, sondern etwa um das dritte Kind, trägt ein Ehepaar hier „2376" ein (12 mal 198). Wurde das zweite Kind eines Ehepaars beispielsweise am 5. Juli geboren, steht hier „1152" Euro (6 mal 192), weil der Kindergeldanspruch nur für die sechs Monate von Juli bis Dezember bestand.

Noch etwas unübersichtlicher ist es für getrennt lebende oder geschiedene Eltern. Lebt beispielsweise das (einzige) Kind ganzjährig bei der Mutter, die auch das komplette Kindergeld von 192 Euro im Monat bekommt, und der Vater zahlt regulär Unterhalt, steht beiden Elternteilen jeweils das halbe Kindergeld zu. Jeder schreibt 1152 Euro in seine jeweilige Anlage Kind, auch der Vater. Der sieht zwar keinen Cent davon, kann den Kindergeldanspruch aber mit seinen Unterhaltszahlungen verrechnen.

TIPP: Wer hier Unklarheiten hat, etwa nach der Übertragung von Kinderfreibeträgen oder bei Auslandsproblemen, muss sich dafür nicht schämen, sondern lässt sich am besten von einem Steuerprofi oder seinem Finanzamt aufklären. Das gilt auch für einen eventuellen Anspruch auf die hier abgefragten „vergleichbaren Leistungen". Dahinter kann sich ausländisches Kindergeld verbergen oder eine andere Leistung im In- oder Ausland und dann wird es oft ziemlich verzwickt.

	Angaben zum Kind		3
4	**Identifikationsnummer** 01 08 154 711 851		
	Vorname	ggf. abweichender Familienname	
5	FANNY		
	Geburtsdatum		EUR
6	16 01061995	Anspruch auf Kindergeld oder vergleichbare Leistungen für 2017	15 2304,–

In die **Zeile 7** gehört die zuständige Familienkasse. **Zeile 8 bis 9** fragt auch nach der Abgrenzung von „Inlands- und Auslandskindern". Das kann komplizierter sein, als es auf den ersten Blick aussieht. Wohnt das Kind das ganze Jahr über in Deutschland, ist in der Regel alles klar. Steht in **Zeile 8** ein Auslandszeitraum oder in **Zeile 9** eine Auslandsadresse, kann das vielfältige Folgen für den Anspruch auf und die Höhe von Kinderförderungen haben. Die Eintragung selbst ist kein Problem. Aber Eltern, die das betrifft, sollten sich rechtzeitig über die Folgen bei einem Steuerprofi, der Familienkasse oder dem Finanzamt schlau machen. Die neue **Zeile 9** fragt zur besseren Kontrolle nach einer eventuell abweichenden Adresse des Kindes.

In **Zeile 10 bis 15** will das Amt wissen, in welchem Verhältnis der Ausfüller des Formulars zu dem hier behandelten Kind steht, ob es etwa ein leibliches oder ein Adoptivkind ist. In **Zeile 10** gehört die entsprechende Ziffer zwischen 1 und 3 in das linke Kästchen für den Antragsteller und gegebenenfalls in das rechte für den Partner. **Zeile 11 bis 15** fragt nach dem anderen Elternteil des Kindes, wenn es sich nicht um den Ehe- oder eingetragenen Lebenspartner handelt. Hier will das Amt erfahren, ob außer dem Antragsteller noch jemand einen Kindergeldanspruch für dieses Kind hat, und wo diejenige oder derjenige sich aufhält. Das „Kindschaftsverhältnis" dieses anderen Elternteils gehört rechts in **Zeile 12**, wo die entsprechende Ziffer 1 (leibliches Kind) oder 2 (Pflegekind) abgefragt wird. Wenn der andere Elternteil im Ausland lebt, steht dem Antragsteller unter bestimmten Voraussetzungen die volle Kinderförderung zu (**Zeile 13**). Gleiches gilt, wenn der andere Elternteil bereits verstorben ist (**Zeile 14**). Ist der Wohnsitz nicht ermittelbar oder die Vaterschaft nicht feststellbar, wird das mit der Ziffer „1" in der neuen **Zeile 15** vermerkt.

Zeile 16 bis 25: Erwachsene Kinder

Hier füllen nur Eltern von Kindern über 18 etwas aus. Für erwachsene Kinder gibt es weiter Kindergeld nur, wenn das Kind zusätzliche Voraussetzungen erfüllt. Es muss zum Beispiel eine Ausbildung durchlaufen oder arbeitslos sein. Die Voraussetzungen werden hier einzeln abgeklopft und viele Ausnahmen bestätigen die Regel. Für arbeitslose Kinder kann es bis zum 21. Geburtstag die Kinderförderung geben und für Kinder in Ausbildung bis zum 25. Geburtstag, für behinderte Kinder unbefristet (→ Seite 132).

Für Kinder, die bis Juni 2011 gesetzlichen Grundwehr- oder Zivildienst oder freiwilligen Wehrdienst geleistet haben, verlängert sich die Altersgrenze um die Länge der jeweils abgeleisteten Dienstzeit. Keine verlängernde Wirkung hat ein ab Juli 2011 begonnener freiwilliger Wehrdienst. Die Verwaltung hat die Zeilen zu den förderfähigen erwachsenen Kindern in diesem Jahr neu gestaltet und dabei Zeilen zusammengefasst.

Zeile 16 bis 17: Kinder in Ausbildung

Vor **Zeile 16** stehen im Kleindruck Voraussetzungen, unter denen Kinder, die sich im weitesten Sinn in einer Ausbildung befinden, weiterhin Kindergeld und andere Kinderförderung erhalten können. Dabei geht es um Kinder, die 2017 eine Lehre, ein Studium oder eine andere Ausbildung durchlaufen haben. Auch wenn ein Kind trotz nachweislicher Bemühungen keinen Ausbildungsplatz findet, können die Eltern weiterhin die Kinderförderung erhalten. Tragen Sie deshalb den Zeitraum dieser Bemühungen hier ein. Als Nachweise dienen zum Beispiel schriftliche Bewerbungen, Zwischenbescheide, Zusagen und Ablehnungen oder auch eigene Suchanzeigen, außerdem die Registrierung des Kindes als Bewerber für einen Ausbildungsplatz oder für eine berufsvorbereitende Ausbildungsmaßnahme bei der Arbeitsagentur oder bei entsprechenden kommunalen Stellen. Heben Sie die Nachweise bis zum Ende eines möglichen Kindergeldbezugs auf.

Während der Zeitdauer der vor **Zeile 16** aufgeführten freiwilligen Dienste im In- und Ausland, etwa einem freiwilligen sozialen Jahr oder

dem neuen Bundesfreiwilligendienst, kann es weiter Kinderförderung geben, aber nur, wenn die Dienste für anerkannte Träger geleistet werden. Familienkasse und Finanzamt haben eine genaue Übersicht, was förderfähig ist. Der Wehrdienst gehört grundsätzlich nicht dazu. Steht dabei aber der Ausbildungscharakter im Vordergrund, kann es auch während dieser Zeit Kindergeld geben, etwa während der dreimonatigen Grundausbildung, einer Dienstpostenausbildung oder während des Besuchs einer militärischen oder zivilen Bildungseinrichtung. Das gilt für freiwillig Wehrdienstleistende, Soldaten auf Zeit und Offiziersanwärter. Kindergeld kann es auch für Übergangszeiten vor und nach dem Wehrdienst geben.

Übergangszeiten zwischen zwei Ausbildungsabschnitten sind grundsätzlich förderfähig. Das Formular definiert maximal vier Monate als Übergangszeit. Hat zum Beispiel ein 19-Jähriger im Mai das Abitur gemacht und beginnt im Oktober sein Studium, steht den Eltern weiter Kindergeld zu. In diesem Fall sind es mit Juni, Juli, August, September genau vier Monate Übergangszeit. Dabei ist unerheblich, an welchem Tag im Mai die Schule zu Ende ging und an welchem Tag im Oktober das Studium begann. Neben der Pause zwischen Abitur und Studium sind weitere Zwischenzeiten förderfähig, zum Beispiel zwischen einem Ausbildungsabbruch und dem Beginn einer neuen Ausbildung, zwischen dem Ende einer Erst- und dem Beginn einer Zweitausbildung. Was wäre passiert, wenn der Abiturient aus dem Beispiel länger als vier Monate pausiert hätte? Die Eltern hätten trotzdem weiter Kindergeld bekommen. Wenn sich das Kind ernsthaft um einen Ausbildungsplatz bemüht oder sogar bereits die Zusage für den Studienplatz in der Tasche hat, gilt es als „ausbildungswillig“. Der Viermonatszeitraum spielt dann keine Rolle.

Gab es nur einen der genannten Tatbestände im Jahr, gehört der unter „1. Zeitraum“ in **Zeile 16**. Folgen vor **Zeile 16** genannte Abschnitte unmittelbar aufeinander, können sie als ein Zeitraum in den „1. Zeitraum“ eingetragen werden. Ansonsten ist auch ein „2. Ausbildungsabschnitt“ hier eintragbar. **Zeile 17** fragt nach der Bezeichnung der Ausbildung, beispielsweise „Fachhochschulstudium“.

In **Zeile 18** geht es um arbeitslose Kinder zwischen 18 und 21. Für sie gibt es die Förderung weiter, wenn sie bei der Agentur für Arbeit als Arbeitsuchende gemeldet sind. Die Förderung kann sich über den 21. Geburtstag hinaus verlängern, wenn das Kind vorher gesetzlichen Wehrdienst oder Zivildienst geleistet hat. Hat ein arbeitsuchendes Kind nur in einem Minijob bis 450 Euro im Monat gearbeitet, wird es hier trotzdem eingetragen, denn der Minijob gefährdet den Kindergeldanspruch der Eltern nicht. Wenn ein Kind seinen Arbeitsplatz verloren hat und unmittelbar danach eine Ausbildung begonnen hat oder als „ausbildungswillig“ gilt, kann es weiter Kinderförderung geben.

Für behinderte Kinder (**Zeile 19**) gilt grundsätzlich keine Altersgrenze. Voraussetzung ist seit 2007 jedoch, dass die Behinderung vor dem 25. Geburtstag eingetreten sein muss. Vorher war der 27. Geburtstag maßgebend. Übrigens können auch Suchtkrankheiten wie die Abhängigkeit von Rauschgift als Ursache von Behinderung anerkannt werden.

Zeile 20 fragt nach (früheren) Zeiten des gesetzlichen Grundwehr- oder Zivildienstes oder des freiwilligen Wehrdienstes, die den Kindergeldbezug verlängern können. Datumsangaben in den **Zeilen 16 bis 20** sind nicht mehr sechsstellig, sondern achtstellig vorgeschrieben.

2012 fiel die Einkommensgrenze für Kinder weg. Die Höhe ihres eigenen Einkommens spielt für die Gewährung des Kindergeldes und der anderen steuerlichen Kindervorteile keine Rolle mehr. Eine Einschränkung bleibt: Wenn das Kind eine Erstausbildung oder ein Erststudium beendet hat und einer weiteren Ausbildung nachgeht, gibt es die Kinderförderung nur, wenn das Kind nicht erwerbstätig ist. Als Erwerbstätigkeit gilt eine regelmäßige wöchentliche Arbeitszeit von mehr als 20 Stunden. Alles was darunter liegt, gefährdet das Kindergeld nicht. Unschädlich sind eine reguläre Lehrstelle, ein Minijob oder Einnahmen des Kindes, die nicht aus Erwerbstätigkeit kommen, etwa Zinsen oder Mieten.

TIPP: Die Zweitausbildung kann Teil einer begünstigten mehrstufigen Erstausbildung sein, wenn sie inhaltlich und zeitlich eng an die Erstausbildung anschließt, etwa ein Masterstudium nach Bachelor-Abschluss.

In den **Zeilen 21 bis 25** dreht sich alles um die Erwerbstätigkeit volljähriger Kinder. Die erste entscheidende Frage steht in **Zeile 21**. Hat das Kind eine Erstausbildung oder ein Erststudium abgeschlossen, gehört die Ziffer „1" in das Kästchen und die Befragung geht weiter. Eltern, die mit „Nein" antworten können (Ziffer „2"), sind fein raus und tragen bis einschließlich **Zeile 25** nichts mehr ein. Eine Zweitausbildung setzt voraus, dass das Kind vor der 2017 durchgeführten Ausbildung bereits eine Erstausbildung oder ein Erststudium abgeschlossen hatte. Wenn etwa der 20-jährige Sohn nach dem Abitur und einer kleinen Auszeit 2017 ein BWL-Studium begonnen hat, gilt das als Erststudium. Die Folge: Der Umfang einer Erwerbstätigkeit neben dem Studium spielt keine Rolle. Auch wenn der Sohn zunächst ein Jahr Theologie studiert hat und 2017 zu BWL wechselte, gilt das BWL-Studium als Erst- und nicht als Zweitstudium, denn das Theologie-Studium blieb ohne Abschluss. Hat aber beispielsweise die 23-jährige Tochter nach einer 2016 abgeschlossenen Ausbildung zur Hotelfachfrau 2017 ein Studium begonnen, müssen die Eltern diese Zeilen ausfüllen, denn das Studium ist grundsätzlich eine Zweitausbildung.

Im Fall der studierenden Hotelfachfrau gehört die Ziffer „1" in **Zeile 21**, denn es liegt eine abgeschlossene Erstausbildung vor. Auch in **Zeile 22** muss eine „1" , wenn sie erwerbstätig war, etwa als Kellnerin. Läuft die Erwerbstätigkeit im Rahmen eines Minijobs, gehört eine „1" in **Zeile 23**. Die Kinderförderung wird in der Regel nicht gefährdet. Geht es um versicherungspflichtige Arbeitsverhältnisse oder um selbstständige Nebentätig-

keiten, muss die „1“ in **Zeile 24**. Wer in **Zeile 21** mit „Ja“ abgestimmt hat und auch in den **Zeilen 22 und 24** jeweils die Ziffer „1“ eintragen musste, hat nur noch eine Chance, die Kinderförderung zu retten: In **Zeile 25**, die nach der „(vereinbarten) regelmäßigen wöchentlichen Arbeitszeit“ fragt, dürfen maximal 20 Stunden stehen, sonst ist die Kinderförderung futsch.

→ **TIPP:** Eltern sollten darauf achten, dass ihre erwachsenen Kinder, die sich in einer Zweitausbildung oder in einem Zweitstudium befinden, pro Woche laut Arbeitsvertrag möglichst nicht länger als 20 Stunden arbeiten. Wer maximal zwei Monate mehr als 20 Stunden arbeitet, sollte im Jahr durchschnittlich nicht über 20 Stunden pro Woche kommen. Während einer Erstausbildung spielt hingegen die Wochenarbeitszeit für die steuerliche Kinderförderung keine Rolle.

Zeile 31 bis 37: Beiträge zur Kranken- und Pflegeversicherung

Eltern können seit 2010 Beiträge zur Kranken- und Pflegeversicherung des Kindes als eigene Vorsorgeaufwendungen geltend machen. Sie gehören hierher und werden im Prinzip so abgefragt und behandelt wie Vorsorgeaufwendungen der Eltern, zum Beispiel aufgeteilt nach Basisabsicherung (**Zeile 31**) und Wahlleistungen (**Zeile 37**, Einzelheiten → Anlage Vorsorgeaufwand ab Seite 73).

Das funktioniert aber nur, wenn das Kind die Vorsorgeaufwendungen nicht selbst absetzt. Ehegatten und eingetragene Lebenspartner, die zwei getrennte Steuererklärungen abgeben (→ Seite 41), können hier den Betrag eintragen, den sie tatsächlich selbst bezahlt haben. Ab 2013 ist eine frei wählbare Aufteilung nicht mehr möglich, wohl aber die genau hälftige Aufteilung (→ Seite 41).

TIPP: Eltern können von ihnen gezahlte Beiträge zur Kranken- und Pflegeversicherung des Kindes als eigene Sonderausgaben absetzen. Dabei spielt keine Rolle, ob es sich um Beitragszahlungen in die gesetzliche oder in eine private Versicherung handelt.

Zeile 38 bis 43: Freibeträge übertragen

Der 2017 auf 4716 Euro erhöhte Kinderfreibetrag steht jedem Elternteil zur Hälfte zu. Er ist übertragbar, zum Beispiel auf den anderen Elternteil oder auf Großeltern und Stiefeltern. Der wohl häufigste Fall: Ein Elternteil beantragt die Übertragung des zweiten halben Kinderfreibetrags auf sich selbst mit dem Eintrag der Ziffer „1“ in **Zeile 38**, weil der andere Elternteil seine Unterhaltsverpflichtungen nicht erfüllt hat. Das funktioniert, wenn weniger als 75 Prozent des Unterhalts ankommen und entsprechende Nachweise vorliegen (etwa Kontoauszüge, Urteile). Auch wenn der andere Elternteil nicht zum Unterhalt verpflichtet ist, weil er das finanziell nicht schafft, ist die Übertragung seiner Hälfte des Kinderfreibetrags möglich. **Zeile 39** fragt für diesen Fall, wie lange Unterhaltsvorschuss gezahlt wurde.

Der Betreuungsfreibetrag (**Zeile 40**) heißt offiziell „Freibetrag für Betreuungs- und Erziehungs- oder Ausbildungsbedarf“. Das ist eine Aufstockung des Kinderfreibetrags um 1320 Euro für jeden Elternteil oder um 2640 Euro pro Kind für beide Eltern zusammen. Seine Übertragung wird hier mit der Ziffer „1“ beantragt. Ein Elternteil kann den Betreuungsfreibetrag seit 2012 nicht mehr vom anderen Elternteil auf sich übertragen lassen, wenn der andere der Übertragung widerspricht, weil er das Kind ebenfalls betreut oder Betreuungskosten trägt. Das 2014 eingeführte „Betreuungsgeld“ taucht hier nicht auf. Es gilt nicht als steuerliche Leistung.

In **Zeile 41** bestätigt der ausfüllende Elternteil durch Eintragung der Ziffer „1“, dass er der Übertragung der beiden Freibeträge auf Stief- beziehungsweise Großeltern zugestimmt hat. Für die Übertragung selbst ist zusätzlich die Anlage K erforderlich. In **Zeile 42** erklären Stief- oder Großeltern, dass sie den Kinderfreibetrag sowie den Freibetrag für Betreuungs- und Erziehungs- oder Ausbildungsbedarf laut Anlage K beantragen.

Zeile 43 füllen ebenfalls nur Stief- beziehungsweise Großeltern aus. Sie beantragen damit, dass die hier genannten Freibeträge auf sie übertragen werden sollen, weil sie das Kind in ihren Haushalt aufgenommen oder Unterhalt gezahlt haben.

Zeile 44 bis 49: Für Alleinerziehende

Den „Entlastungsbetrag für Alleinerziehende“ können alleinstehende Eltern nutzen, wenn zu ihrem Haushalt mindestens ein Kind gehört, für das ihnen Kindergeld oder ein Kinderfreibetrag zusteht. Der Entlastungsbetrag beläuft sich seit 2015 auf 1 908 Euro für das 1. Kind. Für jedes weitere Kind gibt es 240 Euro mehr, für zwei Kinder sind es also 2 148 Euro (1 908 plus 240).

TIPP: Den sogenannten Entlastungsbetrag gibt es für jeden vollen Monat, auch wenn die Voraussetzungen für nur einen Tag vorgelegen haben.

	Entlastungsbetrag für Alleinerziehende		vom	bis
44	Das Kind war mit mir in der gemeinsamen Wohnung gemeldet	42	0 1 0 1	3 1 1 2
45	Für das Kind wurde mir Kindergeld ausgezahlt	44	0 1 0 1	3 1 1 2

Anspruch hat grundsätzlich derjenige Elternteil, bei dem das Kind gemeldet ist und der das Kindergeld erhält. In der Regel bekommen Arbeitnehmer mit Lohnsteuerklasse II den Freibetrag bereits über den laufenden Lohnsteuerabzug. Sie sollten aber prüfen, ob er dabei im zustehenden Umfang berücksichtigt wurde.

Knackpunkt ist der Begriff „alleinstehend". Das sind Menschen, die neben anderen Bedingungen „keine Haushaltsgemeinschaft mit einer anderen volljährigen Person bilden" dürfen. Es sind also vor allem ledige, geschiedene, getrennt lebende oder verwitwete Eltern.

In **Zeile 44** gehört, wie lange das Kind in der Wohnung des Alleinerziehenden gemeldet war, und **Zeile 45** fragt, wie lange dem beantragenden Elternteil für das betreffende Kind in diesem Jahr Kindergeld ausgezahlt wurde. Hält sich ein Kind in etwa gleichem Umfang in den Haushalten beider getrennt lebender Elternteile auf, können Eltern einvernehmlich bestimmen, dass derjenige den Entlastungsbetrag beantragt, der damit die größere Steuerersparnis erzielt (Az. des BFH III R 79/08). Das funktioniert aber nur, wenn nicht einer der beiden bereits nach Lohnsteuerklasse II besteuert wurde. In **Zeile 46 und 47** fragt das Formular auf ziemlich verschwiemelte Art, ob und wie lange eine Haushaltsgemeinschaft mit anderen Erwachsenen bestand. Bei der Antwort „Ja" (Ziffer „1") wird der Entlastungsbetrag sofort gestrichen.

Ausdrücklich ausgenommen vom „Haushaltsgemeinschaftsverbot" sind erwachsene Kinder, die zum Haushalt gehören und für die dem alleinerziehenden Elternteil Kindergeld zusteht, weil sie beispielsweise noch in einer Berufsausbildung stehen oder studieren. Alle anderen Mitglieder der Haushaltsgemeinschaft gefährden den Entlastungsbetrag, der neue Freund genauso wie die alte kranke Mutter oder auch das erwachsene Kind, das nunmehr endlich seine Ausbildung abgeschlossen hat, aber weiter die Füße unter Mutters Tisch steckt. Prüfen Sie deshalb Ihre Meldeverhältnisse und tilgen Sie gegebenenfalls verflossene Untermieter, Exlover oder andere Abgänge. Wenn das erwachsene Kind nicht mehr zu Hause wohnt, sondern beispielsweise bei der Freundin, in einer WG oder bei der Oma um die Ecke, kann der Entlastungsbetrag für minderjährige Geschwister gerettet werden. Auch ein neuer Partner sollte mit einer Ummeldung nichts überstürzen. **Zeile 48 und 49** fragt nach näheren Angaben zu den Menschen, mit denen eine (oder hoffentlich keine) Haushaltsgemeinschaft gebildet worden ist.

TIPP: Geschiedene oder getrennt lebende Eltern mit zwei oder mehr Kindern können beide jeweils einen Entlastungsbetrag erhalten, wenn mindestens eins der Kinder ausschließlich bei ihnen im Haushalt lebt.

Zeile 50 bis 53: Freibetrag für auswärtige Ausbildung

Amtlich nennt er sich „Freibetrag zur Abgeltung des Sonderbedarfs". Abgekürzt wird er auch „Bedarfsfreibetrag" genannt und beläuft sich auf 924 Euro im Jahr. Dieser Freibetrag steht nur Eltern mit Kindergeldanspruch zu, deren Kinder mindestens 18 und „auswärtig untergebracht" sind und die einer Berufsausbildung nachgehen. Häufiger Streitpunkt ist die „auswärtige Unterbringung". Die bedeutet, dass das Kind außerhalb der elterlichen Wohnung lebt und wohnt. Das kann im gleichen Ort sein, bei der Freundin oder bei der Oma. „Auswärtig untergebracht" ist ein Kind übrigens auch, wenn es in der Woche am Ausbildungsort wohnt, etwa in einem Internat, und am Wochenende bei den Eltern.

In **Zeile 50** erfragt das Formular, wie lange das Kind außerhalb der elterlichen Wohnung lebte, denn es gibt den Freibetrag nur für die Monate, in denen diese Voraussetzung zutraf. Beendete zum Beispiel ein Azubi seine auswärtige Lehre im Juli, steht der Bedarfsfreibetrag den Eltern nur für die sieben Monate von Januar bis einschließlich Juli zu. Das sind sieben Zwölftel des Jahresbetrags, also 539 Euro (924 durch 12 mal 7). Die neue **Zeile 51** fragt nach einer Unterbringung im Ausland. Besucht das Kind beispielsweise eine Schule in den USA, steht der Freibetrag den Eltern auch während dieser Zeit in voller Höhe zu. Lebt das Kind bei der Mutter in der Türkei, wird er auf die Hälfte gekürzt (→ Tipp unten). Die Anschrift der in- oder ausländischen Unterkunft gehört in **Zeile 52**. Eltern, die keine gemeinsame Steuererklärung abgeben, können den Bedarfsfreibetrag in **Zeile 53** nach Wunsch untereinander aufteilen. Dazu ist ein von beiden unterschriebener Antrag auf einem beigefügten Blatt erforderlich.

	Freibetrag zur Abgeltung eines Sonderbedarfs bei Berufsausbildung eines volljährigen Kindes		1. Zeitraum vom	1. Zeitraum bis		2. Zeitraum vom	2. Zeitraum bis
50	Das Kind war auswärtig untergebracht	85	0101	3107	86	TTMM	TTMM
51	Es handelte sich zumindest zeitweise um eine auswärtige Unterbringung im Ausland				87	1 = Ja	
52	Anschrift(en), Staat(en) – falls im Ausland: 08150 LERNWALDE, INTERNATSWEG 13						

Seit 2012 gilt eine wichtige Verbesserung: Eltern erhalten den Freibetrag für auswärtige Ausbildung erstmals unabhängig von der Höhe des Einkommens des Kindes. Betroffene Eltern sollten deshalb **Zeile 50 bis 52** unbedingt ausfüllen.

→ **TIPP:** Eine sogenannte Ländergruppeneinteilung gibt Auskunft über die Höhe des Freibetrags im jeweiligen Aufenthaltsland. Die finden Sie unter www.test.de/Steuerratgeber-Extra oder www.bundesfinanzministerium.de (Suchbegriff „Ländergruppeneinteilung" eingeben).

Zeile 61 bis 63: Schulgeld

Eltern dürfen Schulgeld für Privatschulen geltend machen. Das Finanzamt akzeptiert davon maximal 30 Prozent. Um auf den Höchstbetrag von 5 000 Euro zu kommen, müssen Eltern mindestens etwa 16 667 Euro Schulgeld ausgegeben haben (16 667 mal 30 Prozent ist 5 000). Kosten für Unterkunft (zum Beispiel in einem Internat), Betreuung und Verpflegung, Schulbücher oder Schulkleidung berücksichtigt das Finanzamt nicht.

Begünstigt sind nicht nur Schulen in Deutschland, sondern auch Schulen im EU-Ausland und deutsche Schulen weltweit. In **Zeile 61** gehören die Adresse der Privatschule und alle abzugsfähigen Aufwendungen. Tragen Sie das gesamte Schulgeld ein; das Finanzamt kürzt von sich aus auf 30 Prozent. Elternteile, die keine gemeinsame Steuererklärung abgeben, tragen in **Zeile 62** den von ihnen tatsächlich gezahlten Betrag ein. Sie können den Höchstbetrag in **Zeile 63** unter sich beliebig aufteilen. Das Finanzamt will dazu aber einen von beiden unterschriebenen Antrag auf einem beigefügten Blatt sehen. Stellen sie keinen Antrag, ordnet das Finanzamt die Ausgaben jedem Elternteil zur Hälfte zu. Ob Studiengebühren einer privaten, staatlich anerkannten Fachhochschule Sonderausgaben sind, muss der Bundesfinanzhof entscheiden (→ ab Seite 228).

Zeile 64 bis 66: Behinderten- und Hinterbliebenen-Pauschbeträge übertragen

Die Einzelheiten zum Behinderten- und Hinterbliebenen-Pauschbetrag lesen Sie auf Seite 53. Wenn Kinder keine nennenswerten eigenen Einkünfte haben, bringen ihnen diese Pauschbeträge steuerlich nichts. Deshalb können Eltern solche Freibeträge des Kindes auf sich selbst übertragen lassen. In **Zeile 64** gehören Status und Behinderungsgrad entsprechend den Dokumenten (zum Beispiel Ausweis des Versorgungsamts), deren Gültigkeitsdaten in **Zeile 65** abgefragt werden. Das Ausstellungsdatum spielt keine Rolle mehr.

Fügen Sie Kopien der Dokumente bei, wenn dem Finanzamt dazu bisher nichts vorliegt.

Die Pauschbeträge von Kindern sind auf Eltern, Groß- oder Stiefeltern übertragbar, wenn denen für das Kind ein Kinderfreibetrag oder Kindergeld zusteht. Väter und Mütter, die keine gemeinsame Steuererklärung abgeben, können die Pauschbeträge einvernehmlich per formlosen Antrag untereinander aufteilen. Der Prozentsatz, der dabei berücksichtigt werden soll, gehört in **Zeile 66**.

Zeile 67 bis 73: Kinderbetreuungskosten

Elternpaare und Alleinerziehende dürfen bis 6 000 Euro pro Kind und Jahr als Kinderbetreuungskosten steuerlich geltend machen. Von den Betreuungskosten übernimmt das Finanzamt zwei Drittel, also maximal 4 000 Euro. Voraussetzung: Das Kind hat seinen 14. Geburtstag noch nicht gefeiert. Für behinderte Kinder gelten keine Altersgrenzen (→ Info-Kasten Seite 142). Seit 2012 dürfen alle Eltern Kinderbetreuungskosten von der Geburt bis zum 14. Geburtstag des Kindes als Sonderausgaben geltend machen. Den Begriff „Kinderbetreuungskosten" engt das Finanzamt aber weiterhin auf den Aufwand für unmittelbar betreuende Tätigkeiten ein, etwa auf Ausgaben für Kinderkrippe, Kindergarten, Hort, Tagesmutter, Internat oder Babysitter. Sachleistungen wie Essen und Aktivitäten, die nicht der unmittelbaren Betreuung dienen, bleiben ungefördert.

In **Zeile 67** gehören Name und Anschrift der Kita, Tagesmutter, oder anderer betreuende Personen oder Einrichtungen, der Zeitraum der Betreuung und die abzugsfähigen Gesamtkosten. Sollte eine Zeile nicht ausreichen, weil es sich um unterschiedliche Betreuer oder Zeiträume handelt, hilft eine formlose Anlage mit allen Angaben weiter. Haben Eltern zum Beispiel 3 000 Euro Elternbeitrag an die Kita gezahlt, schreiben sie 3 000 Euro in **Zeile 67**. Das Finanzamt berücksichtigt zwei Drittel davon, also 2 000 Euro. **Zeile 68** fragt nach dem steuerfreien Ersatz von Betreu-

INFO: Tipps zu den Kinderbetreuungskosten

- **Alleinerziehende**
  Sie dürfen Kinderbetreuungskosten in gleicher Höhe wie zusammenlebende Eltern geltend machen.
  Sie sollten besonders darauf achten, dass ein Kind auch offiziell zu ihrem Haushalt gehört. Dazu muss es im Haushalt leben und in der Regel dort auch gemeldet sein.
  Ist das Kind an mehreren Stellen gemeldet, gehört es üblicherweise zum Haushalt desjenigen, der das Kindergeld erhält.
  Auch wenn jemand mit seinem Kind bei den Eltern, Großeltern oder in einer WG wohnt, gehört das Kind zu seinem eigenen Haushalt.
- **Betreuungspersonal**
  Wer ein Kind betreut, ist dem Finanzamt egal, solange es sich um jemanden handelt, der die Betreuung leisten kann. Das gilt auch für nahe Verwandte (zum Beispiel Oma und Opa).
  Damit das Finanzamt bei innerfamiliären Abmachungen mitspielt, sollte es klare (am besten schriftliche) Vereinbarungen über Leistung und Gegenleistung geben, wie sie auch unter Fremden üblich sind.
- **Behinderte Kinder**
  Für behinderte Kinder gibt es keine Altersbegrenzung. Voraussetzung ist ein Behinderungsgrad von mindestens 50 Prozent, der bis zum Alter von 25 Jahren eingetreten sein muss (vor 2007 bis zum 27. Geburtstag). Als Nachweis dient in der Regel der Schwerbehindertenausweis.
- **Höchstbetrag**
  Eine Kürzung der höchstens absetzbaren zwei Drittel von 6 000 Euro erfolgt auch dann nicht, wenn die Betreuung weniger als 12 Monate im Jahr stattfand. Wer beispielsweise nur von April bis Juni Betreuungskosten hatte, kann ebenfalls bis 6000 Euro geltend machen.
- **Nachweise**
  Eltern dürfen Betreuungskosten nicht bar bezahlen, sondern müssen sie überweisen. Als Nachweise gegenüber dem Finanzamt brauchen sie eine Rechnung der betreuenden Stelle, zum Beispiel der Tagesmutter, und den Überweisungsbeleg der Bank. Sie müssen diese Nachweise der Steuererklärung nicht mehr automatisch beifügen, brauchen sie aber, wenn das Finanzamt sie sehen will.

ungskosten, beispielsweise durch den Arbeitgeber. Der kann Kosten für die Betreuung des Nachwuchses seiner Mitarbeiter in unbegrenzter Höhe übernehmen, solange die Kinder sich im Vorschulalter befinden. Wenn alle Voraussetzungen stimmen, bleibt diese Unterstützung lohnsteuer- und sozialversicherungsfrei. Eltern, die keine gemeinsame Steuererklärung abgeben, tragen in **Zeile 69** die Höhe der vom ausfüllenden Elternteil getragenen Kosten ein.

→ **TIPP:** Übernimmt der Arbeitgeber die Kindergartenkosten des Arbeitnehmers, bringt das sowohl den Eltern als auch der Firma finanzielle Vorteile (→ Seite 196).

Mit **Zeile 70 bis 72** prüft das Finanzamt, ob und wie lange ein gemeinsamer Haushalt bestand und ob und wie lange das Kind dazugehörte. Bei nicht zusammenlebenden Eltern darf derjenige Kinderbetreuungskosten absetzen, bei dem das Kind lebt. Dabei ist der Steuervorteil bei demjenigen am größten, der die höhere Einkommensteuer zahlt. In **Zeile 73** können Eltern, die keine gemeinsame Steuererklärung abgeben, den Höchstbetrag der Betreuungskosten für ein gemeinsames Kind einvernehmlich aufteilen. Das empfiehlt sich zum Beispiel dann, wenn ein Elternteil einen pauschal versteuerten Minijob hat und der andere sozialversicherungspflichtig beschäftigt ist. Nur Letzterer kann den Steuervorteil überhaupt nutzen. Dazu muss ein von beiden unterschriebener formloser Antrag beigelegt werden. Hier ist aber Vorsicht geboten. Der Bundesfinanzhof hat entschieden, dass bei nicht verheirateten Eltern nur der Elternteil, der den Vertrag mit der Betreuungseinrichtung abgeschlossen hat und die Gebühren zahlt, die Kosten auch absetzen darf (Az. III R 79/09). Die Finanzverwaltung hat sich dem im Prinzip angeschlossen. Elternpaare ohne Trauschein sollten auf der Hut sein und rechtzeitig untereinander regeln, dass möglichst der Elternteil mit dem höheren Einkommen den Betreuungsvertrag abschließt und die Kosten von seinem Konto überweist.

Anlage AV: Für Riester-Verträge

Die Anlage AV (**A**ltersvorsorge) füllen Arbeitnehmer und Beamte aus, die mindestens einen Riester-Vertrag abgeschlossen haben. Sie haben in der Regel bereits ihre Altersvorsorgezulage über den Anbieter von Riester-Verträgen beantragt und die Zulage ist (hoffentlich) auch auf ihr Sparkonto geflossen.

Mit der Anlage AV beantragen Sie beim Finanzamt zusätzlich den Sonderausgabenabzug für die Riester-Beiträge und die Zulagen. Die Riester-Förderung läuft nämlich doppelgleisig. Für 2017 gibt es 154 Euro Grundzulage pro Sparer und Jahr. Für jedes Kind kommen jährlich 185 Euro Kinderzulage hinzu, für ab 2008 geborene Kinder sogar 300 Euro. Für die Zulage ist die Anlage AV nicht erforderlich. Zusätzlich steht aber ein Sonderausgabenabzug bis 2100 Euro zur Verfügung und den gibt es nur per Anlage AV. Damit prüft das Finanzamt, ob Zulage oder Sonderausgabenabzug mehr entlasten und gewährt die günstigere Förderung. Voraussetzung ist natürlich, dass der Behörde eine Anlage AV überhaupt vorliegt.

An mehreren Stellen geht es hier um „unmittelbare" und „mittelbare" Begünstigung. Jeder pflichtversicherte Arbeitnehmer und jeder Beamte ist unmittelbar begünstigt. Dazu kommen weitere Menschen, die alle in der Anleitung zur Anlage AV zu finden sind, beispielsweise pflichtversicherte Selbstständige, Arbeitslose oder Erwerbsminderungsrentner. Die „mittelbar Begünstigten" sind zum Beispiel Gewerbetreibende, Freiberufler, Hausfrauen, Hausmänner, freiwillig Versicherte, Altersrentner, pauschal versicherte Minijobber. Sie können derzeit nur in ihrer Eigenschaft als Ehe- oder Lebenspartner die Riester-Förderung nutzen, wenn ihr Partner zu den unmittelbar begünstigten Personen zählt. Das wird wohl erstmal so bleiben, denn der Bundesfinanzhof hat entschieden, dass die Einstufung dieses Personenkreises als „mittelbar Begünstigte" nicht grundgesetzwidrig sei (Az. X R 11/13).

Den Sonderausgabenabzug bekommt außerdem nur, wer der Datenübermittlung nicht widersprochen hat (→ dazu auch das ausgefüllte Formular Seite 263).

Zeile 1 bis 8: Grunddaten

Zeile 1 bis 5 lassen sich relativ einfach ausfüllen. Die in **Zeile 4 und 5** erfragten Nummern finden sich normalerweise auf der Zulagenbescheinigung des Anbieters.

In **Zeile 6** gehört lediglich die Anzahl der Riester-Verträge, gegebenenfalls getrennt nach Partnern. **Zeile 7** fragt nach den tatsächlich geleisteten eigenen Zahlungen in Riester-Verträge, einschließlich Tilgungsleistungen von Eigenheimbesitzern im Rahmen des sogenannten „Wohn-Riester". Riester-Zulagen haben hier nichts zu suchen. Für eventuelle Änderungen von Vertragsdaten, für einen Neuvertrag oder die erstmalige Abgabe der Anlage AV steht die Ziffer „1" (ja) in **Zeile 8**. Blieben die Vertragsdaten unverändert gegenüber der letzten Steuererklärung: Ziffer „2" einfügen. Eine Änderung der Beitragshöhe gilt nicht als Vertragsänderung.

Zeile 9 bis 19: Einnahmen

In **Zeile 9** tragen ausschließlich unmittelbar Begünstigte die Ziffer „1" ein. Nur sie müssen bis **Zeile 18** Angaben zu ihren Einnahmen machen. Die will das Amt kontrollieren, weil es die volle Förderung nur gewährt, wenn die unmittelbar Begünstigten mindestens 4 Prozent ihres rentenversicherungspflichtigen Bruttolohns des Vorjahrs in einen Riester-Vertrag eingezahlt haben. Hatte ein alleinstehender, kinderloser Arbeitnehmer 2016 einen Bruttolohn von 35 000 Euro, trägt er den in **Zeile 10** ein.

	– Bei Zusammenveranlagung: Bitte die Art der Begünstigung (unmittelbar / mittelbar) beider Ehegatten / Lebenspartner angeben. –				
9	**Ich bin für das Jahr 2017 unmittelbar begünstigt.** **(Bitte die Zeilen 10 bis 18 ausfüllen.)**	106	1 1 = Ja	306	1 = Ja
			EUR		EUR
10	Beitragspflichtige Einnahmen i. S. d. inländischen gesetzlichen Rentenversicherung **2016**	100	35000,–	300	,–
11	Inländische Besoldung, Amtsbezüge und Einnahmen beurlaubter Beamter **2016** **(Ein Eintrag ist nur erforderlich, wenn Sie eine Einwilligung gegenüber der zuständigen Stelle abgegeben haben.)**	101	,–	301	,–

Was Arbeitnehmer hier eintragen müssen, ergibt sich aus der Meldung des Arbeitgebers an die Sozialversicherung. Lohnersatzleistungen (→ Seite 203) gehören nicht hierher, sondern separat in **Zeile 12**. Für Beamte sind vor allem **Zeile 11 und 15** wichtig. **Zeile 11** füllen aktive und beurlaubte Beamte, Richter und Berufssoldaten mit den entsprechenden Bezügen des Jahres 2016 aus.

Der Hintergrund für die Fragen nach den Einnahmen ist folgender: Für die volle Förderung müsste der Arbeitnehmer im Beispiel mindestens 4 Prozent von 35 000 Euro in einen Riester-Vertrag einzahlen. Das sind 1400 Euro. Tatsächlich zahlen muss er aber nur 1246 Euro, weil die Zulage in Höhe von 154 Euro von den 1400 Euro abgezogen wird (1400 minus 154 ist 1246). Zahlt der Arbeitnehmer weniger ein, gibt es weniger Zulage. Würde er etwa anstelle des für ihn erforderlichen Mindestbeitrags von 1246 Euro nur die Hälfte einzahlen (623 Euro), würde die Zulage ebenfalls auf die Hälfte gekürzt (77 statt 154 Euro). Zahlt der Arbeitnehmer mehr ein, sind zusätzliche 700 Euro als Sonderausgaben abzugsfähig (2100 Euro geförderter Höchstbetrag minus 1400).

Mittelbar begünstigte Ehe- oder Lebenspartner tragen hier bis einschließlich **Zeile 18** gar nichts ein, denn ihr Einkommen hat auf die Förderung keinen Einfluss. Sie stimmen erst wieder in **Zeile 19** mit „Ja“ ab (Ziffer „2“). Seit 2012 müssen übrigens alle mittelbar begünstigten Partner einen Mindestbetrag von 60 Euro einzahlen.

Zeile 20 bis 23: Zulagen für Kinder

Miteinander verheiratete Elternehepaare sowie eingetragene Lebenspartner füllen **Zeile 20 bis 21** aus, und zwar unterschieden danach, ob das Kind (wie üblich, **Zeile 20**) der Mutter zugeordnet ist oder (auf Antrag der Eltern, **Zeile 21**) dem Vater. In den beiden Spalten rechts wird außerdem nach Geburtsdatum unterschieden, weil 2008 und später geborene Kinder eine höhere Zulage bekommen. Alle anderen Eltern nutzen **Zeile 22 bis 23**. Der „erste Anspruchszeitraum 2017“ ist in der Regel der Januar. Mit dieser Vorgabe in **Zeile 22** versucht die Verwaltung, bei Wechseln des Kindergeldberechtigten die Übersicht zu behalten.

Anlage Unterhalt: Für Helfer

Unterhalt an Bedürftige

Für den Unterhalt an unterhaltsberechtigte Verwandte, etwa an Kinder, Enkel oder Eltern, gilt 2017 ein Höchstbetrag von 8820 Euro. Es geht dabei um Hilfe zum Lebensunterhalt, etwa für Nahrung, Kleidung, Unterkunft oder Ausbildung (→ ausgefülltes Formular Seite 264). Diese Abzugsmöglichkeit ist neben der Unterhaltsverpflichtung an weitere Voraussetzungen gebunden, vor allem muss der Empfänger „bedürftig" sein. Er darf kein eigenes Vermögen über 15500 Euro haben. Selbstgenutztes Wohneigentum spielt aber bei dieser Höchstgrenze keine Rolle, wenn es der Situation angemessen und kein „Palast" ist. Auch das eigene Einkommen des Unterstützten muss gering sein. Es wirkt sich nicht aus, wenn es maximal 624 Euro im Jahr beträgt. Jeder Euro mehr mindert aber den als Unterhalt abzugsfähigen Betrag. Erreicht das eigene Einkommen des Unterstützten 9444 Euro (8820 plus 624), ist kein Unterhalt mehr absetzbar. Ausnahme: Beiträge zur Kranken- und Pflegeversicherung zählen zusätzlich. Ferner darf niemandem Kindergeld oder ein Kinderfreibetrag für den Unterstützten zustehen. Eltern können Unterhaltszahlungen an ihre Kinder in der Regel erst dann geltend machen, wenn diese 18 bzw. 25 Jahre alt sind (→ Seite 130). Zum Einkommen des Unterstützten gehört fast alles, was ihm an Geld- oder Sachleistungen zufließt, auch Sozial- oder Lohnersatzleistungen wie Elterngeld, Arbeitslosengeld oder auch der Lohn aus einem Minijob. Für jeden unterstützten Haushalt ist eine gesonderte Anlage Unterhalt erforderlich.

TIPP: Zusätzlich zum Höchstbetrag von 8 820 Euro dürfen für den Unterstützten gezahlte Beiträge zur Kranken- und Pflegeversicherung als Unterhalt geltend gemacht werden.

→ Zum Beispiel Elvira E.

Die alleinstehende Beamtin unterstützt ihren 28-jährigen, auswärts studierenden Sohn Erik mit 400 Euro im Monat. Kindergeld bekommt sie nicht mehr, weil der Sohn älter als 25 ist. Erik arbeitet an Wochenenden als angestellter Kellner, dafür erhält er im Jahr insgesamt 3 000 Euro Einkünfte aus nichtselbstständiger Tätigkeit. Andere Einkünfte hat er nicht. Elvira kann die 4 800 Euro (400 mal 12), die sie Erik im Jahr zukommen lässt, voll als außergewöhnliche Belastung geltend machen, weil sie den ihr zustehenden Höchstbetrag von 6 444 Euro nicht ausschöpft.

Eriks Einkünfte	**3 000**
minus pauschaler anrechnungsfreier Betrag	– 624
Eriks anzurechnende Einkünfte	2 376
Unterhaltshöchstbetrag	8 820
minus Eriks anzurechnende Einkünfte (3000 minus 624)	– 2 376
Elviras höchstmöglicher Abzugsbetrag (8 820 minus 2 376)	6 444
tatsächlich von Elvira gezahlter Unterhalt (400 mal 12)	4 800
von Elvira absetzbarer Unterhalt	**4 800**

(alle Angaben in Euro)

Als Unterhalt gelten nicht nur Geldzahlungen, sondern auch Sachleistungen. Würde Erik kostenlos bei Elvira leben und wohnen, ginge das Finanzamt in der Regel ohne weiteren Nachweis vom Unterhaltshöchstbetrag von 8 820 Euro aus und Elvira würde so ihren höchstmöglichen Abzugsbetrag erhalten.

Übrigens dürfen seit 2010 Sozialversicherungsbeiträge des Unterstützten bei der Berechnung seiner Einkünfte und Bezüge nicht mehr abgezogen werden. Dafür darf der Unterstützer Beiträge zur Kranken- und Pflegeversicherung des Unterstützten zusätzlich zum Höchstbetrag geltend machen.

Auch Menschen, die nicht unterhaltsberechtigt sind, können ausnahmsweise steuersparend unterstützt werden, etwa Lebenspartner ohne Trauschein, denen wegen der Partnerschaft staatliche Zuwendungen wie Sozialhilfe gekürzt oder gestrichen wurden. Es kann sich übrigens lohnen, in Sachen Unterhalt beim ersten Antrag einen Steuerprofi zu befragen, denn einige Regeln sind ziemlich verzwickt und unübersichtlich, besonders die Bestimmungen zur Anrechnung der eigenen Einkünfte und Bezüge des Unterstützten, zur Bewertung seines Vermögens und zu Unterhaltszahlungen ins Ausland. Arbeitnehmer füllen die Anlage Unterhalt aus, wenn sie ihre Unterstützung für Bedürftige als außergewöhnliche Belastung absetzen wollen (→ auch das ausgefüllte Musterformular auf Seite 264).

Zeile 1 bis 6: Allgemeine Angaben

Name und Steuernummer des Unterstützers gehören in **Zeile 1 bis 3**. Für jeden unterstützten Haushalt ist eine gesonderte Anlage Unterhalt erforderlich. Wer mehrere Anlagen Unterhalt abgibt, schreibt in das rechte Feld in **Zeile 3** die laufende Nummer der entsprechenden Anlage. In **Zeile 4** gehört die Anschrift des unterstützten Haushalts. Nur wenn der im Ausland liegt, ist eine Eintragung in **Zeile 5** erforderlich. In **Zeile 6** kommt die Anzahl der Menschen, die im unterstützten Haushalt leben, egal ob sie unterhaltsberechtigt sind oder nicht.

Zeile 7 bis 16: Unterhaltsleistungen

In **Zeile 7** schreiben Sie, von wann bis wann Sie 2017 Unterhalt gezahlt haben. Die Summe kommt in das rechte Feld. **Zeile 8** will den genauen Zeitpunkt der ersten Zahlung wissen. War der zum Beispiel Weihnachten 2016, wird die Zahlung für 2017 nicht anerkannt. Kam die erste Zahlung im März 2017, verringert sich der Höchstbetrag auf maximal zehn Zwölftel von 8 820 Euro, das wären in diesem Fall 7 350 Euro (8 820 durch 12 mal 10). Je eher die Zahlung beginnt, umso mehr ist absetzbar. Eine Kürzung gibt es nicht, wenn der im Ausland lebende Ehegatte unterstützt wird.

Zeile 9 bis 10 ist nur auszufüllen, wenn die Unterhaltszahlung einmal im Jahr unterbrochen und wieder aufgenommen wurde. Häufigere Unterbrechungen gehören auf ein separates Blatt. Für die Zahlungen will das Amt in der Regel Nachweise sehen.

Seit 2010 dürfen zusätzlich zum Höchstbetrag für den Unterstützten gezahlte Beiträge zur Kranken- und Pflegeversicherung als Unterhalt geltend gemacht werden. Das passiert in **Zeile 11 bis 16**, und zwar in der Weise und mit den Beschränkungen, die generell gelten und bei den Erläuterungen zur Anlage Vorsorgeaufwand ab Seite 74 beschrieben sind.

Zeile 17 bis 26: Zahlungen ins Ausland

Hier geht es allein um Unterhaltszahlungen an Personen im Ausland. Es wird etwas komplizierter, denn es gelten teilweise andere Bestimmungen und erhöhte Nachweispflichten.

Das Amt hat die Welt in vier Ländergruppen aufgeteilt. Wie viel Unterhalt abzugsfähig ist, hängt davon ab, in welchem Land der Unterstützte wohnt. In **Zeile 17 bis 20** müssen Unterstützer genau angeben (und mit beigefügten Nachweisen belegen), wie, wann und wie viel sie gezahlt haben. In **Zeile 21 bis 25** geht es ausschließlich um Zahlungen an den Ehe-/Lebenspartner, die im Rahmen von Besuchreisen erfolgt sind. Hier sind Nachweise nötig, dass die Reise tatsächlich stattfand. In **Zeile 26** trägt der Unterstützer seinen Nettolohn ein. Das Amt will prüfen, ob die Unterhaltszahlung nicht so hoch ausfällt, dass der eigene Lebensunterhalt des Unterstützers gefährdet wird.

TIPP: Wie viel Unterhalt für Personen in ihrem jeweiligen Aufenthaltsland abzugsfähig ist, lässt sich mit der sogenannten Ländergruppeneinteilung des Bundesfinanzministeriums (BMF) ermitteln, siehe www.test.de/Steuerratgeber-Extra oder www.bundesfinanzministerium.de (Eingabe im Suchfeld: Ländergruppeneinteilung). Ab 2017 gilt laut einem BMF-Schreiben vom 20. Oktober 2016 eine neue Einteilung.

Zeile 31 bis 44: Angaben zum Unterstützten

Die Fragen in **Zeile 31 bis 35** beziehen sich auf die unterstützte Person und sind relativ übersichtlich. Wer Menschen im Ausland unterstützt, muss eine „Bedürftigkeitserklärung" der dortigen Behörden vorlegen und die entsprechende Ziffer in **Zeile 34** eintragen. Muster gibt es unter www.formulare-bfinv.de. Betroffene sollten sich rechtzeitig beim Finanzamt oder einem Steuerprofi erkundigen, welche Unterlagen erforderlich sind und wie man die beschaffen kann. **Zeile 35** meint den Partner des Unterstützten.

Lebt die unterstützte Person im Haushalt des Unterstützers, geht das Amt ohne Nachweis davon aus, dass Unterhaltsaufwand bis zum absetzbaren Höchstbetrag entstanden ist (**Zeile 36**). Wer **Zeile 37** bejaht, darf keinen Unterhalt absetzen, wenn und solange ihm oder irgendjemandem für das Kind ein Kinderfreibetrag oder Kindergeld zusteht. Eltern dürfen für ihre Kinder in der Regel erst Unterhaltszahlungen geltend machen, wenn der Nachwuchs älter als 18 beziehungsweise 25 Jahre ist (→ Seite 130). In **Zeile 38 bis 42** wird abgefragt, ob eine der hier aufgeführten Unterhaltsverpflichtungen vorliegt. Das betrifft geschiedene oder getrennt lebende Ehepaare oder Partner einer aufgehobenen Lebenspartnerschaft (**Zeile 38**), den Partner, der im Ausland lebt (**Zeile 39**), die Mutter oder den Vater des gemeinsamen Kindes, die gesetzlich unterhaltsberechtigt sind (**Zeile 40**). In **Zeile 41** geht es um Menschen, die zwar nicht unterhaltsberechtigt sind, denen aber wegen der Partnerschaft Zuwendungen wie Sozialhilfe gekürzt oder gestrichen wurden. In **Zeile 42** gehört das Vermögen, das ein Unterstützter nur begrenzt haben darf (→ Seite 147).

Zeile 43 bis 44 betrifft den Fall, dass sich mehrere Menschen am Unterhalt beteiligt haben. Wenn beispielsweise mehrere Geschwister Unterhalt an ihre Eltern geleistet haben, wird der Höchstbetrag aufgeteilt, und zwar nicht pro Kopf, sondern entsprechend der Höhe der Unterhaltsleistungen.

Zeile 45 bis 54: Einkünfte und Bezüge des Unterstützten

Hierher gehört ziemlich alles, was dem Unterstützten an Einkünften und Bezügen zufließt. Jeder Euro oberhalb von 624 Euro verringert das Abzugsvolumen von Unterhaltsaufwendungen. Zahlt etwa ein Sohn seiner bedürftigen Mutter 8 820 Euro Unterhalt im Jahr, wirken sich davon 5 944 Euro steuerlich aus, wenn die Mutter selbst 3 500 Euro Einkünfte hat (8 820 minus 3 500 plus 624, → auch Beispiel auf Seite 148). Wenn Unterstützte im Ausland leben, verringert sich auch der Betrag von 624 Euro entsprechend der Ländergruppeneinteilung (→ Tipp Seite 151). Die Fragen hier sind relativ gut nachvollziehbar. Unter „Versorgungsbezügen" versteht das Amt Pensionen (**Zeile 45 bis 46**, 5. bis 7. Spalte von links).

Bei Zinsen und anderen Kapitaleinkünften wird seit 2012 danach gefragt, ob sie mit der „normalen" Einkommensteuer besteuert wurden (**Zeile 49 und 50**) oder mit der Abgeltungsteuer (**Zeile 51 und 52**). Worauf es hier ankommt, lesen Sie ab Seite 153.

Mit „öffentlichen Ausbildungshilfen" ist unter anderem der Teil des BAföG gemeint, der als Zuschuss gezahlt wurde (**Zeile 53 und 54**). Zu den Einkünften und Bezügen des Unterstützten gehört übrigens auch das gesamte Elterngeld, nicht nur der Teil des Elterngeldes, der den Sockelbetrag von 300 Euro übersteigt (Az. VI R 57/15). Auf Seite 3 und 4 der Anlage Unterhalt lassen sich die Daten von zwei weiteren Unterhaltsempfängern desselben Haushalts in der gleichen Weise eintragen. Für mehr als drei Unterhaltsempfänger in einem Haushalt ist eine weitere Anlage Unterhalt erforderlich.

Anlage KAP: Für Sparer und Anleger

Die Anlage KAP (wie „Einkünfte aus **Kap**italvermögen") kann für alle Arbeitnehmer interessant sein, die neben Lohn, Gehalt, Dienst- und Amtsbezügen noch ein paar Zinsen und andere Kapitalerträge haben. Die werden seit 2009 in der Regel gleich an der Quelle mit Abgeltungsteuer belegt, sind somit „abgegolten" und erledigt. Im Prinzip bedeutet das, die Bank behält von steuerpflichtigen Kapitalerträgen 25 Prozent Steuer ein (plus 5,5 Solidaritätszuschlag und gegebenenfalls Kirchensteuer). Das alles überweist sie direkt an das Finanzamt. Von Zinsen und anderen Kapitalerträgen bleiben 801 Euro steuerfrei. Dieser Sparerpauschbetrag verdoppelt sich für Ehe-/Lebenspartner auf 1 602 Euro. Sparer und Anleger erreichen per Freistellungsauftrag an Banken und andere Finanzinstitute, dass die ihnen Zinsen & Co. bis in diese Höhe steuerfrei auszahlen.

Damit sollte eigentlich alles einfacher und übersichtlicher werden. Die Anlage KAP dokumentiert das Gegenteil. Sie ist der Versuch, das riesige Universum der Kapitalerträge auf zwei Formularseiten zu quetschen. Heraus kam ein schwer verständliches und unübersichtliches Formular. Für viele Sparer hat die Abgeltungsteuer leider gar nichts vereinfacht. Wer das glaubt, kann sogar ordentlich draufzahlen, wenn er nicht aufpasst.

Hier soll es vor allem um ganz praktische Ausfüllhilfen in den Bereichen gehen, die für viele Arbeitnehmer zutreffend und überschaubar sind. Das funktioniert mit etwas Anleitung in der Regel „unfallfrei". Bei betrieblichen Vorgängen, speziellen Kapitalanlagen oder Verlustverrechnungen ist professionelle Beratung dringend geboten. Wir weisen an den entsprechenden Stellen darauf hin (→ ausgefülltes Musterformular Seite 266).

Wichtige Ausfüllhilfen sind die Steuerbescheinigungen, die Banken und andere Finanzdienstleister ihren Kunden ausstellen. Die Anbieter von Finanzprodukten sind dazu zwar nicht mehr verpflichtet, die meisten tun es aber in der Regel von sich aus. Auf Antrag sollen es alle machen. Auf den Bescheinigungen sind Kapitalerträge, einbehaltene Steuern und andere Informationen vermerkt und ein ganz wichtiger Hinweis: in welche Zeile der Anlage KAP gehören welche Beträge. Bei Unklarheiten helfen oft Nachfragen bei der Bank, beim Finanzamt oder bei einem Steuerprofi.

Zeile 1 bis 6: Abgabepflicht und Abgabekür

Arbeitnehmer und Beamte, die Zinsen und andere Kapitalerträge bis zum Sparerpauschbetrag von 801 Euro kassiert haben (Ehepaare/Lebenspartner 1602 Euro), können sich die Anlage im Prinzip sparen. Aber es gibt Ausnahmen: Wurden im Jahresverlauf trotzdem Steuern auf Kapitalerträge abgezogen, sollten Sie sie unbedingt abgeben. Das konnte beispielsweise passieren, wenn Freistellungsaufträge bei der Bank nicht oder nicht richtig gestellt wurden oder wenn bestimmte ausländische Quellensteuer einbehalten wurde. Dann hilft nur die Anlage KAP, um zu viel gezahlte Steuern zurückzuholen. Auch Menschen mit Zinsen oberhalb des Sparerpauschbetrags müssen keine Anlage KAP mehr abgeben, wenn die Bank von ihren Kapitalerträgen Steuern abgeführt hat. Von dieser Regel gibt es allerdings viele Ausnahmen. Die schreiben einerseits eine Abgabe der Anlage KAP vor, zum Beispiel, wenn von bestimmten Zinsen keine Abgeltungsteuer einbehalten wurde. Andererseits kann sich auch in solchen Fällen die freiwillige Abgabe lohnen, wenn zu viel Steuer einbehalten wurde.

Füllen Sie **Zeile 1 bis 3** mit den persönlichen Angaben aus und kreuzen rechts den Zweck an (in der Regel „zur Einkommensteuererklärung") und die Person, um die es geht. Bei Ehepaaren/Lebenspartnerschaften werden in der Regel zwei Anlagen KAP fällig, auch wenn ein Partner alle und der andere gar keine Kapitaleinkünfte hat. In **Zeile 4 bis 6** geht es um die Abgabegründe. Die Eintragung der Ziffer „1" in **Zeile 4** beantragt die „Günstigerprüfung". Das Finanzamt prüft dann, ob die Abgeltungsteuer günstiger war als die Versteuerung der Kapitaleinkünfte mit dem persönlichen Steuersatz des Sparers. Hier ist der Grenzsteuersatz entscheidend. Das ist der Steuersatz, mit dem der letzte steuerpflichtige Euro versteuert wird. Hat etwa ein Ehepaar ein zu versteuerndes Einkommen von 41 000 Euro, so wird der 41 000ste Euro mit rund 27 Prozent Grenzsteuersatz versteuert: Der Fiskus holt sich davon also 27 Cent Einkommensteuer (→ Seite 244). Liegt der persönliche Grenzsteuersatz unter 25 Prozent, zahlt das Finanzamt via Steuererklärung bereits abgeführte Abgeltungsteuer zurück. Das klappt aber nur, wenn das hier mit der Ziffer „1" beantragt wird. Sonst findet keine Günstigerprüfung statt, denn von sich aus tut das Amt nichts.

Wenn das zu versteuernde Einkommen ohne die Kapitaleinkünfte unterhalb von rund 16 050/32 100 Euro (alleinstehend/verheiratet) liegt, ist der persönliche Grenzsteuersatz geringer als 25 Prozent. Dann lohnt sich in der Regel die Günstigerprüfung. Wer wissen will, wie hoch sein persönlicher Grenzsteuersatz ist, kann das mithilfe der Tabelle auf Seite 244 überschlagen und unter www.bmf-steuerrechner.de („Berechnungen und Informationen zur Einkommensteuer") genau feststellen. Hilfe finden Sie auch unter www.test.de. Dort nacheinander „Steuern+Recht", „Steuererklärung", „Grenzsteuersatz" anklicken. Wer im Bereich des Grenzsteuersatzes von 25 Prozent liegt, sollte stets die Günstigerprüfung beantragen. Verlieren kann man dabei nie, manchmal aber gewinnen.

Bis 2013 konnten Arbeitnehmer, Beamte und Pensionäre maximal 410 Euro Zins- und andere Kapitaleinkünfte zusätzlich zum Sparerpauschbetrag steuerfrei kassieren, wenn sie eine Günstigerprüfung beantragt haben. Bis 820 Euro wurden im Rahmen des „Härteausgleichs" milder besteuert. Dieser Vorteil wurde 2014 gestrichen (→ ab Seite 197).

→ Zum Beispiel Ulli und Undine U.

Undine ist Hotelangestellte, Ulli schlägt sich als Jazz-Musiker durch. Das Ehepaar kommt auf ein zu versteuerndes Einkommen von 20 000 Euro. Darauf zahlen sie 358 Euro Einkommensteuer und keinen Solidaritätszuschlag. Mithilfe einer Erbschaft hatten sie ordentlich angespart. Ihr gemeinsames Depot warf 5 000 Euro Zinsen und andere Kapitalerträge ab. Nach Abzug des Sparerpauschbetrags von 1 602 Euro führt die Bank von den verbleibenden 3 398 Euro Kapitaleinkünften rund 896 Euro an das Finanzamt ab. So werden sie zunächst mit insgesamt 1 254 Euro zur Kasse gebeten (358 plus 896). Per Anlage KAP holt sich Ehepaar U. 282 Euro der bereits abgeführten Steuern zurück. Grund: Der Grenzsteuersatz von Familie U. (→ Seite 246) liegt mit rund 20 Prozent deutlich unterhalb des Abgeltungsteuersatzes von 25 Prozent.

zu versteuerndes Einkommen ohne Zinsen	**20 000**
Einkommensteuer auf 20 000 Euro	358
Zinsen	5 000
Abgeltungsteuer auf 3 398 Euro plus Soli (5 000 minus 1 602)	896
gezahlte Einkommensteuer insgesamt (358 plus 896)	1 254
zu versteuerndes Einkommen mit Zinsen (20 000 plus 5 000 minus 1 602)	23 398
Einkommensteuer auf 23 398 Euro	972
Steuererstattung nach Günstigerprüfung (1 254 minus 972, alle Angaben in Euro)	**282**

Höhere Kapitaleinkünfte bleiben für Arbeitnehmer steuerfrei, wenn sie 65 Jahre oder älter sind und den Altersentlastungsbetrag für Zins & Co. verwenden können (→ Seite 174 und 239). Bis 1900 Euro sind auf diese Weise steuerfrei, und zwar zusätzlich zum Sparerpauschbetrag.

Wer in **Zeile 5** die Ziffer „1" in das Kästchen schreibt, erreicht die Überprüfung seiner im Jahresverlauf bereits an das Finanzamt abgeführten Steuern auf Kapitaleinkünfte. Das kann beispielsweise sinnvoll sein, wenn

Abgeltungsteuer abgeführt wurde, obwohl der Sparerpauschbetrag von 801 Euro (Ehepaare 1602 Euro) nicht ausgeschöpft wurde, weil etwa die Freistellungsaufträge nicht richtig verteilt waren oder weil beim Bank- oder Depotwechsel etwas schiefgelaufen ist. Auch ausländische Quellensteuer lässt sich so zurückholen.

In **Zeile 6** markieren kirchensteuerpflichtige Menschen mit der Ziffer „1", dass für ihre laufenden Kapitalerträge von der Bank keine Kirchensteuer abgeführt wurde und dass sie das im Rahmen der Steuererklärung nachholen (auch Mantelbogen Zeile 2 ankreuzen, → Seite 39).

Das betrifft jetzt noch weniger Menschen als vorher. Denn seit 2015 führen Banken und andere Finanzinstitute die Kirchensteuer, die sie im Rahmen der Abgeltungsteuer einbehalten haben, automatisch an den Fiskus ab.

Finanzinstitute und alle anderen, die zum Steuerabzug verpflichtet sind, müssen den Religionsstatus ihrer Kunden oder Zahlungsempfänger zum Stichtag 31. August beim Bundeszentralamt für Steuern (BZSt) abfragen. Die Abfrage erfolgt in der Regel jährlich neu in den Monaten September bis Oktober. Das Ergebnis bildet die Grundlage für den Abzug der Kirchensteuer im Folgejahr. Für das Jahr 2017 gilt damit das Abfrageergebnis des Jahres 2016.

Wer keiner Religionsgemeinschaft angehört, bleibt ohne Abzug. Ob das tatsächlich funktioniert hat, sollten Betroffene aber unbedingt mithilfe der Mitteilungen der Kreditinstitute überprüfen. Kirchensteuerpflichtige, die bis 30. Juni 2016 eine „Sperrvermerkserklärung" beim BZSt eingereicht hatten, konnten die Datenübermittlung für 2017 verhindern. Der Sperrvermerk löste aber in jedem Fall eine Information des BZSt an das zuständige Finanzamt aus und ist in der Regel ein Grund für die Pflichtabgabe einer Steuererklärung.

Die Möglichkeit einer Sperrvermerkserklärung besteht weiter. Sie ist bis zum 30. Juni des Vorjahres abzugeben und bis auf Widerruf gültig, muss also nicht jährlich erneuert werden. Das Formular dafür finden Sie unter www.formulare-bfinv.de. Dort klicken Sie nacheinander die Begriffe Formularcenter, Formulare A-Z, Kirchensteuer an.

Es gibt weitere, in **Zeile 4 bis 6** nicht genannte Gründe, die Sparer und Anleger verpflichten, eine Anlage KAP abzugeben: etwa ausländische Kapitaleinkünfte, die nicht der Abgeltungsteuer unterlagen, oder Zinsen aus bestimmten privaten Darlehen (→ Seite 160).

Zeile 7 bis 11: Abgeltungsteuer abgeführt

In **Zeile 7** schreiben Sie zusammengefasst sämtliche Kapitalerträge, für die im Jahresverlauf Abgeltungsteuer abgeführt wurde. Dazu gehören auch die per Freistellungsauftrag im Rahmen des Sparerpauschbetrags freigestellten Beträge bis 801/1602 Euro (alleinstehend/verheiratet oder verpartnert). Hier geht es unter anderem um laufende Kapitalerträge wie etwa Zinsen und Dividenden. Die genauen Beträge ergeben sich aus den Steuerbescheinigungen von Banken, Fondsgesellschaften und anderen Finanzdienstleistern (→ Seite 162). Hierher gehören auch Erträge aus Lebensversicherungen, die nicht steuerbegünstigt sind (→ auch Seite 83). Außerdem gehören hierher Gewinne aus dem Verkauf von Wertpapieren aller Art, etwa Aktien, Anleihen oder Zertifikate, aus Termingeschäften oder aus dem Verkauf von „gebrauchten" Lebensversicherungen. Was hier einzutragen ist, ergibt sich in der Regel aus den vorliegenden Steuerbescheinigungen. In **Zeile 8** müssen Gewinne aus Aktienverkäufen (aus **Zeile 7**) nochmals separat erscheinen, weil sie steuerlich etwas anders als andere Kapitalerträge behandelt werden. In **Zeile 9** fragt das Amt nach der sogenannten Ersatzbemessungsgrundlage. Das sind 30 Prozent der Einnahmen aus einem Wertpapiergeschäft. Die Bank erhebt die Steuer auf dieser pauschal angenommenen Grundlage, wenn sie die genauen Anschaffungskosten des Wertpapiers nicht kennt. Betroffene können eine zu hoch veranschlagte Ersatzbemessungsgrundlage hier korrigieren, wenn sie entsprechende Nachweise haben. Das funktioniert in der rechten Spalte der **Zeile 9** („korrigierte Beträge"). In dieser rechten Spalte der **Zeilen 7 bis 11** lassen sich außerdem Verluste von Konten bei unterschiedlichen Banken berücksichtigen oder Kosten von Veräußerungsgeschäften, die die Bank in ihre Abrechnung nicht einbezogen hat. In **Zeile 10 bis 11** fragt das Formular nach Verlusten aus Wertpapiergeschäften (unterteilt nach Aktien- und anderen Verlusten). Wer sich erstmals damit herumschlagen muss, sollte einen Steuerprofi konsultieren.

Kapitalerträge, die dem inländischen Steuerabzug unterlegen haben

			Beträge lt. Steuerbescheinigung(en) EUR		korrigierte Beträge (lt. gesonderter Aufstellung) EUR
7	Kapitalerträge	10	1952,–	20	,–
8	In Zeile 7 enthaltene Gewinne aus Aktienveräußerungen i. S. d. § 20 Abs. 2 Satz 1 Nr. 1 EStG	12	,–	22	,–
9	Ersatzbemessungsgrundlage i. S. d. § 43a Abs. 2 Satz 7, 10, 13 und 14 EStG (enthalten in Zeile 7)	14	,–	24	,–
10	Nicht ausgeglichene Verluste **ohne** Verluste aus der Veräußerung von Aktien	15	,–	25	,–
11	Nicht ausgeglichene Verluste aus der Veräußerung von Aktien i. S. d. § 20 Abs. 2 Satz 1 Nr. 1 EStG	16	,–	26	,–

Zeile 12 bis 13: Sparerpauschbetrag

Ob und in welcher Höhe der Sparerpauschbetrag genutzt wurde, ergibt sich im Regelfall aus den vorliegenden Steuerbescheinigungen. **Zeile 12** fragt nach dem Teil des Sparerpauschbetrags, der für die in Zeile **7 bis 11** und erstmals in **Zeile 23** aufgeführten Kapitalerträge verwendet worden ist. Normalerweise erscheint hier der gesamte genutzte Sparerpauschbetrag von 801 Euro. In **Zeile 13** kommt eine Ausnahme. Hierher gehört der Teil des Sparerpauschbetrags, der für Kapitalerträge genutzt wurde, die nicht in den hier genannten Zeilen auftauchen. Ein solcher Fall kann beispielsweise dann eintreten, wenn die Bank bereits ordnungsgemäß und unter Berücksichtigung des Freistellungsauftrags Abgeltungsteuer abgeführt hat und der Sparer daran auch nachträglich überhaupt nichts ändern möchte.

Die Verwaltung lässt den Abzug von Werbungskosten oberhalb des Sparerpauschbetrags von 801/1 602 Euro (alleinstehend/verheiratet, verpartnert) nicht zu. Finanzgerichte gestatten inzwischen in Einzelfällen den Abzug höherer Werbungskosten trotzdem. Der Bundesfinanzhof (BFH) hat sich bisher auf die Seite der Verwaltung geschlagen, beispielsweise bei der Frage, ob Werbungskosten oberhalb des Sparerpauschbetrags absetzbar sind, wenn ein persönlicher Steuersatz unterhalb des Abgeltungsteuersatzes von 25 Prozent vorliegt (Az. VIII R 13/13), ob hohe Steuerberaterkosten im Zusammenhang mit Kapitaleinkünften geltend gemacht werden dürfen, die vor 2009 zugeflossen sind (Az. VIII R 34/13) oder ob die Ersetzung des tatsächlichen Werbungskostenabzugs durch den Sparerpauschbetrag generell gerechtfertigt ist.

TIPP: Sparer und Anleger sorgen in der Regel durch die Erteilung eines Freistellungsauftrags an Banken, Fondsgesellschaften oder andere Auszahler dafür, dass ihre Kapitalerträge bis zur Höhe des Sparerpauschbetrags steuerfrei bleiben. Achtung: Freistellungsaufträge ohne Steueridentifikationsnummer gelten seit dem 1. Januar 2016 nicht mehr! Dabei geht es vor allem um Alt-Aufträge, die bereits vor 2011 erteilt wurden und seither unverändert fortbestehen. Betroffene können sich einbehaltene Abgeltungsteuer in solchen Fällen nur per Steuererklärung zurückholen. Sie sollten den auszahlenden Institutionen außerdem ihre Steueridentifikationsnummer zügig mitteilen.

Zeile 14 bis 47: Ohne Abgeltungsteuer, Beteiligungen

In **Zeile 14 bis 19** werden Kapitalerträge abgefragt, die nicht der Abgeltungsteuer unterlegen haben. Dabei kann es sich zum Beispiel um ausländische Zinsen handeln oder auch um Kreditzinsen aus bestimmten Privatdarlehen. Alle diese Kapitalerträge gehören zusammengefasst in **Zeile 14** (Inland) oder **Zeile 15** (Ausland). In **Zeile 16** will das Finanzamt eine gesonderte Aufstellung der bereits in **Zeile 14 und 15** enthaltenen Gewinne (beziehungsweise Verluste) aus Aktiengeschäften sehen. Ausgenommen von der Zusammenfassung in **Zeile 14 und 15** sind Zinsen für Steuererstattungen, die das Finanzamt (obwohl es sie genau kennt) in **Zeile 19** ebenfalls separat sehen will und die im letzten Steuerbescheid zu finden sind. Verluste aus Wertpapiergeschäften gehören separat nochmals in **Zeile 17 und 18** (Aktien).

TIPP: Das Bundesverfassungsgericht muss in mehreren Verfahren darüber entscheiden, ob Erstattungszinsen steuerpflichtig sind (zum Beispiel Az. 2 BvR 482/14). Betroffene können mit Bezug auf das Aktenzeichen Einspruch gegen ihren Steuerbescheid einlegen (→ Seite 228).

Bei Kapitalerträgen, die nicht mit der Abgeltungsteuer, sondern mit dem persönlichen Steuersatz versteuert werden müssen (**Zeile 20 bis 25**), geht es vor allem um Erträge, die im betrieblichen Bereich anfallen und für Normalsteuerzahler in der Regel kein Thema sind. In **Zeile 21** gehören übrigens auch Zinsen aus Darlehen an Verwandte. Die unterliegen dem persönlichen Steuersatz, wenn sie beim Schuldner als Werbungskosten oder als Betriebsausgaben absetzbar sind. Der Bundesfinanzhof sieht das großzügiger. Er hat in mehreren Urteilen entschieden, dass die Nutzung der Abgeltungsteuer auch in diesen Fällen möglich ist, wenn kein Beherrschungsverhältnis zwischen den beteiligten Seiten vorliegt und das Darlehen einem Fremdvergleich standhält (zum Beispiel Az. VIII R 44/13). In die neue **Zeile 23** gehören Erträge aus steuerlich begünstigten Lebensversicherungen, die nach dem 31.12.2004 abgeschlossen wurden (→ ab Seite 83).

Der Umgang mit Steuersparmodellen nach § 15b Einkommensteuergesetz erfordert in der Regel einen Steuerexperten (**Zeile 26**). Auch bei Beteiligungen & Co. sollte ein Steuerprofi helfen (**Zeile 31 bis 47**). Es handelt sich dabei um Erbengemeinschaften, geschlossene Gesellschaften oder andere Zusammenschlüsse von Personen im In- oder Ausland, meist aber um höhere Beträge und verzwickte Regelungen. Das Finanzamt stellt dafür besondere Feststellungsbescheide aus, deren Angaben übernommen werden können, wenn sie nachvollziehbar sind.

Zeile 48 bis 60: Steuerabzug, Verluste & Co.

In **Zeile 48 bis 56** will das Amt sehen, wie viel Steuern auf Kapitalerträge bereits abgeführt wurden beziehungsweise welche Steuern anrechenbar sind. Welche Kapitalerträge jeweils gemeint sind, findet sich in den Zeilenangaben der Überschrift. So gehört beispielsweise die insgesamt abgeführte Abgeltungsteuer in **Zeile 48**, und zwar separat nach der in den Steuerbescheinigungen aufgeführten Steuer und der Steuer, die auf Beteiligungen abgeführt wurde (rechte Spalte). In **Zeile 49 bis 52** wiederholt sich die Prozedur für andere Steuerarten.

	Steuerabzugsbeträge zu Erträgen in den Zeilen 7 bis 18 und zu Beteiligungen in den Zeilen 31 bis 43		lt. Bescheinigung(en) EUR Ct		aus Beteiligungen EUR Ct
48	Kapitalertragsteuer	80	87,50	90	
49	Solidaritätszuschlag	81	4,81	91	

Die fiktive Quellensteuer (**Zeile 52**) gilt für manche Anleihen ausländischer Staaten. Der deutsche Fiskus rechnet sie dem Anleger trotzdem an, als wäre sie einbehalten worden. Das erhöht die Rendite der Anleihen.

Mit **Zeile 57** will die Finanzverwaltung die Erstattung von Kapitalertragsteuer bei bestimmten Wertpapiergeschäften einschränken, etwa bei „cum/cum-Geschäften" zwischen Banken und Großanlegern. Einzelheiten finden Sie in der Anleitung zur Anlage KAP. Wer hier etwas einzutragen hat, sollte vorher einen Steuerprofi konsultieren. Das gilt auch für ausländische Familienstiftungen (**Zeile 58 bis 60**).

→ **NEU:** Steuerbescheinigungen über inländische Kapitalerträge wollte das Finanzamt bisher in der Regel im Original sehen. Ab 2017 müssen sie der Steuererklärung grundsätzlich nicht mehr beigefügt werden. Von dieser Regel gibt es aber Ausnahmen. So müssen bei Eintragungen in den Zeilen 10 und/oder 11 (Verluste) sowie in den Zeilen 54 bis 56 Steuerbescheinigungen weiterhin unaufgefordert eingereicht werden.

Weitere Anlagen: Zusatzeinkünfte

Die meisten Arbeitnehmer und Beamten kommen mit den bisher dargestellten Anlagen zu ihrer Steuererklärung aus. Wer aber neben Lohn und Zinsen weitere steuerpflichtige Einnahmen hat, beispielsweise als Vermieter, Rentner oder im Zusammenhang mit einer selbstständigen Nebentätigkeit, braucht weitere Anlagen. Die gibt es hier im Überblick.

Anlage SO: Sonstige Einkünfte

In Anlage SO (**So**nstige Einkünfte) fragt das Finanzamt ein Sammelsurium von Einkünften ab, die anderswo nicht unterzubringen waren. In **Zeile 4** geht es um sehr spezielle Zahlungen, zum Beispiel Altenteilsleistungen in der Land- und Forstwirtschaft oder bestimmte Schadensersatzrenten. Hier geht ohne Steuerprofi gar nichts.

Zeile 5 bis 23: Unterhalt & Co.

In die 2015 neu eingeführte **Zeile 5** schreiben geschiedene Ehegatten oder getrennt lebende Lebenspartner Leistungen, die sie von ihren Expartnern zur Vermeidung eines Versorgungsausgleichs erhalten haben (→ Seite 44).

In **Zeile 6** trägt der Empfänger die vom Expartner erhaltenen Unterhaltsleistungen ein, wenn der andere sie als Sonderausgaben absetzt (→ Seite 44). Der Zahler hat den Vorteil, dass die Unterhaltszahlung bei ihm steuerlich gefördert wird. Wenn Expartner sich auf eine faire Verteilung des Steuervorteils einigen können, bringt dieses sogenannte Realsplitting beiden Vorteile. Beide müssen gemeinsam die Anlage U ausfüllen. Der Zahler darf übrigens zusätzlich zu den maximal 13 805 Euro Unterhalt im Jahr die von ihm übernommenen Beiträge zur Kranken- und Pflegeversicherung des Unterstützten als Sonderausgaben absetzen. Die sind beim Empfänger ebenso steuerpflichtig wie der Unterhalt selbst und sie gehören deshalb mit in die **Zeile 6**. Der Empfänger darf sie aber als eigene Sonderausgaben in seine Anlage Vorsorgeaufwand schreiben (→ Seite 73).

Zeile 31 bis 51: Private Veräußerungsgeschäfte

Unter den Begriff „Private Veräußerungsgeschäfte" kann der Verkauf aller möglicher Dinge fallen, von Grundstücken über Kunstgegenstände, Schmuck, Edelmetallen, Briefmarken bis hin zu Büchern. Früher hieß so etwas „Spekulationsgeschäft". Der Gewinn ist steuerpflichtig, wenn Kauf und Verkauf innerhalb einer bestimmten Frist liegen: Bei Immobilien sind es zehn Jahre, bei den meisten anderen Gegenständen ist es ein Jahr. Ob das Finanzamt tatsächlich etwas abbekommt, ist eine andere Frage, denn Spekulationsgewinne bis 599 Euro im Jahr bleiben steuerfrei. Ein Euro mehr ändert aber die Lage. Erreicht der Gewinn 600 Euro, wird alles steuerpflichtig, auch die bis dahin steuerfreien 599 Euro. Für Ehepaare/Lebenspartnerschaften verdoppelt sich die Freigrenze nicht. Nutzen kann sie nur der Partner, der die entsprechenden Einkünfte hat. Gehört aber ein veräußerter Gegenstand beiden, können beide auch von der Freigrenze profitieren. Der Veräußerungsgewinn ist außerdem nicht die erzielte Verkaufssumme. Von der dürfen die für den Verkauf erforderlichen Aufwendungen als Werbungskosten abgezogen werden (**Zeile 37 und 45**).

Wer ein Grundstück verkauft (**Zeile 31 bis 40**), sollte das immer mithilfe eines Steuerexperten tun. Das kann manchmal auch für den eigentlich steuerfreien Verkauf eines Eigenheims wichtig sein. Wer zum Beispiel einen Raum seines verkauften Hauses als häusliches Arbeitszimmer nutzte oder an die Enkelin vermietete, hat diese oder andere Teile seines Hauses nicht zu „eigenen Wohnzwecken" genutzt. Das hat zur Folge, dass ein Verkaufsgewinn, der auf diese Teile entfällt, steuerpflichtig sein kann.

Auch der Verkauf anderer Gegenstände aus dem Privatvermögen kann steuerliche Folgen haben (**Zeile 41 bis 48**). Das betrifft etwa Schmuck, Edelmetalle, Oldtimer, Kunstgegenstände, Sammlungen, wertvolle Bücher und andere Vermögenswerte. Der Verkauf alltäglicher Gebrauchsgegenstände, etwa Autos, ist nicht mehr steuerpflichtig, wenn diese Gegenstände nach dem 13. Dezember 2010 angeschafft wurden. Damit wirken sich Verluste, die sich aus Kauf und Verkauf von Pkw innerhalb eines Jahres regelmäßig ergeben, steuerlich nicht mehr aus. Gewinne bei Verkäufen von Jahreswagen bleiben nun günstigerweise auch unbesteuert. Der Verkauf von Wertpapieren unterliegt in der Regel der Abgeltungsteuer (→ Seite 153) und gehört nicht mehr hierher.

In **Zeile 41 bis 46** kann man nur ein einziges privates Veräußerungsgeschäft eintragen. Wenn es um mehrere Veräußerungsgeschäfte geht, kommt das Ergebnis des ersten Geschäfts zusammen mit dem Ergebnis aller anderen Veräußerungsgeschäfte in **Zeile 47**. Die Einzelheiten aller anderen Geschäfte will das Finanzamt möglichst nach dem Muster der **Zeilen 41 bis 46** auf Extrablättern sehen.

Die **Zeilen 49 bis 50** drehen sich um Anteile aus einem Verkauf, beispielsweise an Grundstücksgemeinschaften. Das ist schwieriges Gelände und ohne professionelle steuerliche Beratung kaum unfallfrei zu passieren. Gleiches gilt für die Begrenzung der Verlustverrechnung aus privaten Veräußerungsgeschäften in **Zeile 51**.

Anlagen G und S: Für Nebenerwerbsunternehmer

Wenn sich Arbeitnehmer und Beamte nebenbei als Gewerbetreibende oder Freiberufler etwas hinzuverdienen, tun sie das in der Regel als Kleinunternehmer. Gewerbetreibende füllen die Anlage G aus, Freiberufler die Anlage S (Gewerbebetrieb, Selbstständige Tätigkeit). Wer Gewerbetreibender und wer Freiberufler ist, steht indirekt im Einkommensteuergesetz (§ 18). Dort sind die Berufsgruppen definiert, die das Finanzamt als Freiberufler akzeptiert. Wer dort nicht steht, gilt in der Regel als Gewerbetreibender, wobei die Grenze fließt. Ärzte, Anwälte, Ingenieure, Architekten und

Journalisten können fraglos Freiberufler sein. Der steuerlich wichtigste Unterschied: Freiberufler müssen keine Gewerbesteuer zahlen. Für Angestellte, die sich als Nebenberufsunternehmer etwas hinzuverdienen, dürfte das aber ohnehin ein Randthema sein, denn Gewerbesteuer wird erst oberhalb eines Freibetrags von 24 500 Euro Jahresgewinn fällig.

Kleinunternehmer sind Menschen, deren Umsatz im vergangenen Kalenderjahr nicht über 17 500 Euro lag und im laufenden Jahr voraussichtlich 50 000 Euro nicht übersteigen wird. Sie bleiben von Umsatzsteuer, Gewerbesteuer und Bilanzierungspflicht verschont. Erzielen Arbeitnehmer Einkünfte aus gewerblicher und freiberuflicher Tätigkeit bis 410 Euro im Jahr, ist dafür weder eine Steuererklärung noch Steuer fällig (→ Seite 197).

→ **NEU:** Bis 2016 durften Kleinunternehmer ihren Gewinn formlos durch eine einfache Gegenüberstellung von Umsätzen und Betriebsausgaben ermitteln. Ab 2017 müssen sie die amtliche „Anlage EÜR" (Einnahmenüberschussrechnung) elektronisch ausfüllen und übermitteln. Ausnahmen davon gibt es nur noch in wenigen „Härtefällen", etwa wenn Computer oder Internetzugang fehlen.

Kleinunternehmer haben bei der Umsatzsteuer ein Wahlrecht. Sie können sich gegen die Umsatzsteuer entscheiden, müssen dann keine Umsatzsteuer an das Finanzamt abführen und keine Umsatzsteuer anmelden. Allerdings bekommen sie die von ihnen selbst gezahlte Umsatzsteuer auch nicht vom Finanzamt zurück. Das ist nicht immer günstig, denn wer beispielsweise gerade seine Unternehmerkarriere startet, hat in der Regel höhere Ausgaben (Investitionen) und bescheidene Einnahmen. Fällt in dieser Phase die Entscheidung pro Umsatzsteuer, bleibt unter dem Strich oftmals mehr in der Kasse.

Überschreitet der Umsatz den Kleinunternehmerbereich, sollten auch „Nebenberufsunternehmer" regelmäßig einen Steuerberater konsultieren, der ihnen über die Klippen der Anlagen G, S, EÜR und der Umsatzsteuer hilft.

Besonders wichtig kann die Hilfe eines Steuerprofis zum Beispiel vor oder zu Beginn der unternehmerischen Tätigkeit sein, um die wichtigsten Steuerprobleme zu erkennen und um künftig eine professionelle Steuererklärung fortschreiben zu können. Bei Verkauf oder Aufgabe des Unternehmens kann Profirat ebenfalls nützlich sein, denn damit sind immer besondere Steuerprobleme (und Steuervorteile) verbunden.

Arbeitnehmer, die sich in kleinerem Rahmen freiberuflich betätigen, können ihre Betriebskosten manchmal pauschal abrechnen. Das ist nicht nur einfacher als die Aufstellung der einzelnen Ausgaben, sondern kann auch vorteilhaft sein, wenn die tatsächlichen Kosten unterhalb der Pauschale bleiben.

Bei wissenschaftlicher, künstlerischer, schriftstellerischer oder lehrender Nebentätigkeit sind es 25 Prozent der Einnahmen, maximal 614 Euro, die ohne Nachweis als Betriebskostenpauschale geltend gemacht werden können. Wenn Pauschalen höher sind als die tatsächlichen Betriebsausgaben, lohnt sich die Pauschalmethode in jedem Fall. Weniger bürokratischen Aufwand beschert sie außerdem. Macht zum Beispiel ein Student mit Nachhilfeunterricht 2000 Euro Jahresumsatz, kann er 25 Prozent davon, das sind 500 Euro, ohne Nachweis als Betriebsausgaben geltend machen. Lagen seine tatsächlichen Kosten, etwa für Fahrten oder Lehrmaterial, nur bei 200 Euro, kann er seinen steuerpflichtigen Gewinn auf diese Weise erheblich drücken. Hebammen dürfen ebenfalls 25 Prozent ihrer Einnahmen pauschal als Betriebsausgaben abziehen, allerdings nur bis zu einer Höhe von 1535 Euro. Für Tagesmütter gibt es je nach Zeitaufwand eine Betriebsausgabenpauschale bis zu 3600 Euro im Jahr pro Kind.

Bei der Gewinnermittlung spielt die Abschreibung eine zentrale Rolle. Oft ist sie für Nebenerwerbsunternehmer ein Buch mit sieben Siegeln. Arbeitnehmer kennen aus ihrer angestellten Tätigkeit die Möglichkeit, Arbeitsmittel abzuschreiben (→ Seite 96). Im unternehmerischen Bereich funktioniert das ähnlich, es gibt aber mehr Möglichkeiten. Unternehmer dürfen den Kaufpreis sogenannter geringwertiger Wirtschaftsgüter (GWG) im Jahr des Kaufs voll als Werbungskosten geltend machen. Sie müssen es aber nicht tun. Als geringwertig gelten Wirtschaftsgüter, wenn sie ohne Umsatzsteuer nicht mehr als 410 Euro gekostet haben, mit Umsatzsteuer nicht mehr als 487,90 Euro. Alles was teurer ist, müssen Sie über die vorgegebene Nutzungsdauer abschreiben, Computer beispielsweise über drei Jahre, Büromöbel über 13 Jahre.

Diese sogenannte betriebsübliche Nutzungsdauer hat die Finanzverwaltung in Tabellen festgelegt. Sie sind unter „www.bundesfinanzministerium.de" zu finden, wenn Sie im Suchfeld den Begriff „AfA-Tabellen" eingeben. Die Tabellen sind aber ziemlich umfangreich und entsprechend unhandlich. Einfacher ist es in der Regel, sich beim Finanzamt nach der betriebsüblichen Nutzungsdauer zu erkundigten. Die Verwaltungsvorschriften sind außerdem „nicht in Stein gemeißelt". Bei nachweislich intensiver Nutzung eines Wirtschaftsgutes ist auch eine schnellere Abschreibung möglich.

Nebenbei selbstständige Arbeitnehmer haben eine zusätzliche Wahlmöglichkeit. Sie können einen „jahresbezogenen Sammelposten" einrichten. In diesen Posten gehen alle im Verlauf eines Jahres angeschafften Wirtschaftsgüter ein, deren Anschaffungs- oder Herstellungskosten zwischen 150 und 1000 Euro (ohne Umsatzsteuer) liegen. Der gesamte Sammelposten ist über fünf Jahre gleichmäßig verteilt mit jeweils 20 Prozent abzuschreiben. Das bedeutet, alle Wirtschaftsgüter innerhalb des Sammelpostens werden steuerlich wie ein einziges Wirtschaftsgut behandelt. Kaufte sich ein Nebenerwerbsunternehmer zum Beispiel einen PC für 900 Euro, ist es in der Regel nicht sinnvoll, ihn in den Sammelposten einzustellen, denn dann muss er den PC fünf Jahre lang abschreiben. Normalerweise ist ein Computer in drei Jahren komplett abgeschrieben.

Anders sieht es etwa bei einem Schreibtisch für 900 Euro aus. Im Sammelposten dauert die Abschreibung fünf Jahre, normal dauert sie 13 Jahre. Kleine und mittlere Unternehmen haben weitere Abschreibungsvorteile, etwa den Investitionsabzugsbetrag und Sonderabschreibungen. Wer damit erstmals umgehen möchte, sollte sich Profihilfe holen.

Menschen, die selbstständig in Vereinen oder in anderen Einrichtungen arbeiten, die gemeinnützigen, mildtätigen oder kirchlichen Zwecken dienen, können bis zu 2 400 Euro steuerfreie Aufwandsentschädigung erhalten. Die Einnahmen gehören in die **Zeilen 44 und 45**. Dort benennen Sie die Tätigkeit, die Gesamteinnahmen daraus und die steuerfreie Aufwandsentschädigung. Diesen sogenannten Übungsleiter-Freibetrag gibt es für nebenberuflich ausbildende, erzieherische, betreuende, künstlerische oder pflegerische Arbeiten.

Seit 2011 gehören auch ehrenamtliche Vormünder und rechtliche Betreuer zum begünstigten Personenkreis. Für andere gemeinnützige Tätigkeiten, etwa für den Kassenwart oder für Bürokräfte im Verein, bleiben seit 2013 Zahlungen bis 720 Euro pauschal steuerfrei. Für dieselbe Tätigkeit gibt es aber immer nur die eine oder die andere Förderung, ein Zusammenfassen auf 3 120 Euro funktioniert nicht (→ auch Seite 89). Ist aber der Vereinsvorstand beispielsweise auch der Trainer der Jugendmannschaft, stehen ihm oder ihr sowohl der 2 400-Euro-Übungsleiter-Freibetrag, als auch die 720-Euro-Pauschale zu, weil es sich um zwei unterschiedliche Tätigkeiten handelt.

→ **TIPP:** Erfolgt die begünstigte Tätigkeit im Rahmen eines Minijobs (→ Seite 89 und auch 200), kann ein sogenannter Übungsleiter bis 650 Euro im Monat steuerfrei kassieren: 450 Euro aus dem Minijob plus 200 Euro Aufwandsentschädigung (2 400 durch 12).

Anlage R: Für Rentner

Viele Arbeitnehmer, die im Laufe des Jahres 2017 Rentner geworden sind, müssen eine Steuererklärung abgeben, auch wenn sie bisher davon verschont waren und später in vielen Fällen wieder darauf verzichten können. Der Grund: Wer neben Lohn und Gehalt weitere Einkünfte über 410 Euro im Jahr hatte, ist zur Abgabe einer Steuererklärung verpflichtet (→ Seite 20 und 197). Zu den weiteren Einkünften gehören auch Renteneinkünfte, die im Jahr des Ruhestandsbeginns oftmals zwangsläufig mit Lohn zusammentreffen.

→ Zum Beispiel Viktor V.

Der ledige, kinderlose Arbeitnehmer ist am 1. Juli 2017 in Rente gegangen, hat also jeweils ein halbes Jahr Lohn sowie Rente bezogen. Er kommt um eine Steuererklärung nicht herum, weil er neben seinem Lohn mehr als 410 Euro weitere Einkünfte hatte, nämlich aus seiner Rente. Bezieht er als Exarbeitnehmer und Neu-Rentner nur eine durchschnittliche Rente und hat er keine oder nur geringe andere Einkünfte, kann er ab 2018 wieder auf eine Steuererklärung verzichten. Seine Rente ist nur zu 74 Prozent steuerpflichtig (→ Tabelle Seite 237). Wenn Viktor eine Jahresbruttorente von 13 200 Euro bekommt, bleibt er 2018 von Steuererklärung und Steuer verschont. Er kann von seinem steuerpflichtigen Rentenanteil von 9768 Euro (13 200 mal 74 Prozent) in jedem Fall 102 Euro Werbungskostenpauschale, 36 Euro Sonderausgabenpauschale und 1 479 Euro Kranken- und Pflegeversicherungsbeitrag abziehen (11,2 Prozent von 13 200). Allein damit bleibt er deutlich unterm Grundfreibetrag von dann 9 000 Euro.

Viele Ehepaare und Lebenspartner haben über einen längeren Zeitraum das gleiche Problem, wenn einer der beiden Rentner ist und der andere Arbeitnehmer. Geben sie eine gemeinsame Steuererklärung ab, ist das für das Amt ein einheitlicher Steuerfall, bei dem Arbeitslohn und andere Einkünfte zusammentreffen. Damit wird allein deshalb eine Steuererklärung

Pflicht, weil neben Lohn und Gehalt in der Regel Renteneinkünfte über 410 Euro eine Rolle spielen.

Pensionäre müssen sich mit der Anlage R zunächst nicht befassen, denn Beamtenpensionen und vom Arbeitgeber finanzierte Werkspensionen gelten als Arbeitslohn und gehören nicht hierher, sondern auf die Anlage N. Aber auch bei Pensionären können andere Einkünfte hinzukommen, etwa aus einer Rente des Ehepartners oder aus einer eigenen Rente. Dann kommen sie in der Regel nicht um die Anlage R herum. Eine Steuererklärung müssen die meisten Pensionäre ohnehin machen, weil ihre Versorgungsbezüge im Unterschied zu Renten bereits jetzt voll steuerpflichtig sind und auch ihre Steuervorteile weiter abschmelzen (→ Seite 240).

Zeile 1 bis 13: Gesetzliche Renten & Co.

Neben den allgemeinen Angaben gehört rechts in **Zeile 3** ein Kreuz. Wenn beide Ehepartner Rente beziehen, muss jeder von ihnen eine eigene Anlage R abgeben. Sie tragen die Ziffern „1", „2", „3", „4" oder „9" in die Kästchen der **Zeile 4** ein.

In **Zeile 5 bis 10** kommen Renten aus der gesetzlichen Rentenversicherung und steuerlich gleichbehandelte Renten. Bei berufsständischen Versorgungseinrichtungen (Ziffer „3") handelt es sich etwa um Versorgungswerke von Ärzten, Anwälten oder anderen Freiberuflern. Ziffer „4" meint die Rürup-Rente. Die erste Rente kommt in die erste Spalte, eine zweite, etwa eine gesetzliche Witwenrente, die Sie neben der eigenen Altersrente bekommen, tragen Sie in die zweite Spalte ein.

	Leibrenten / Leistungen	1. Rente	2. Rente	3. Rente
4	1 = aus **inl. gesetzlichen Rentenversicherungen** 2 = aus **inl. landwirtschaftlicher Alterskasse** 3 = aus **inl. berufsständischen Versorgungseinrichtungen** 4 = aus eigenen **zertifizierten Basisrentenverträgen** 9 = aus **ausl. Versicherungen / Rentenverträgen**	100 1 Bitte 1, 2, 3, 4 oder 9 eintragen.	150 Bitte 1, 2, 3, 4 oder 9 eintragen.	200 Bitte 1, 2, 3, 4 oder 9 eintragen.
5	Rentenbetrag (einschließlich Einmalzahlung und Leistungen)	101 EUR 7250,–	151 EUR ,–	201 EUR ,–
6	Rentenanpassungsbetrag (in Zeile 5 enthalten)	102 ,–	152 ,–	202 ,–

In **Zeile 5** gehört die jährliche Bruttorente, einschließlich der eigenen Beiträge zur Kranken- und Pflegeversicherung. Die Höhe ergibt sich aus der Leistungsmitteilung des Rentenversicherungsträgers. Beitragszuschüsse des Versicherungsträgers sind steuerfrei und bleiben hier unberücksichtigt.

In **Zeile 6** gehören alle Rentenerhöhungen, die es nach dem Jahr gegeben hat, in dem der persönliche Rentenfreibetrag festgelegt worden ist. Hintergrund: Rentenerhöhungen sind voll steuerpflichtig und nicht nur mit dem durch den Rentenbeginn festgelegten Prozentsatz (→ Seite 237).

Die **Zeilen 7 bis 10** sind relativ nachvollziehbar. In **Zeile 8** ist mit der „vorhergehenden Rente" zum Beispiel die Rente eines verstorbenen Ehepartners oder eine eigene Erwerbsunfähigkeitsrente gemeint, die die Grundlage der gegenwärtigen Rente bildet. **Zeile 11 bis 13** betrifft nur Rentner, die vor 2005 mindestens zehn Jahre lang Beiträge oberhalb des Höchstbetrags zur gesetzlichen Rentenversicherung (West) eingezahlt haben. Das sind in der Regel Freiberufler, zum Beispiel Ärzte oder Anwälte. Sie müssen sich bei ihrem Versorgungswerk eine Bescheinigung besorgen und den Prozentsatz in **Zeile 11** eintragen.

Zeile 14 bis 21: Private Renten

Hier geht es um Renten, die überwiegend aus bereits versteuerten Mitteln finanziert wurden. Sie sind mit dem Ertragsanteil steuerpflichtig (→ Seite 238). Beispielsweise kann es sich um eine Rente aus einer privaten Rentenversicherung handeln (Ziffer „6") oder um eine private Erwerbsminderungsrente (Ziffer „7"). Auch Renten, die aus privaten Vermögensübertragungen entstanden sind (Ziffer „8"), gehören hierher.

Typisches Beispiel: Ein Grundstück oder Betriebsvermögen wurde gegen die Zahlung einer lebenslangen Rente verkauft. Dafür ist professioneller steuerlicher Rat erforderlich.

Die Rentenversicherungsträger informieren in ihren Mitteilungen in der Regel nicht nur über die Höhe der Bezüge, sondern auch darüber, wie sie steuerlich zu behandeln sind. Bei Unklarheiten können Betroffene dort nachfragen. Werden Renten zwischen Privatpersonen vereinbart, zum Beispiel nach einer Vermögensübertragung, sollte die Steuererklärung zumindest beim ersten Mal von einem Profi gemacht und der entsprechende Vertrag beigelegt werden.

In der **Zeile 21** geht es um Rentenzahlungen, die mit Verlustzuweisungsgesellschaften und anderen komplexen Steuersparmodellen zusammenhängen. Wer solche Renten bezieht, hat in der Regel (und braucht!) einen Steuerberater.

Zeile 31 bis 51: Riester & Co.

Hier wird nach Riester-Renten, nach bestimmten Leistungen aus Pensionsfonds, Pensionskassen und nach anderen Formen der geförderten betrieblichen Altersvorsorge gefragt. Empfänger solcher Leistungen, zum Beispiel aus Lebensversicherungen oder anderen Geldanlagen, erhalten einen amtlichen Vordruck, auf dem die unterschiedlichen Arten der Besteuerung solcher Leistungen aufgeführt sind. Die Beträge dieser Leistungsmitteilung können in die jeweils dafür vorgesehene Zeile der Anlage R übertragen werden. Die **Zeilen 36 bis 37** wurden 2016 durch die **Zeilen 38 bis 39** erweitert, um Beginn und Ende einer voran gegangenen Leistung abzufragen (→ auch Seite 237). Bei Zweifeln an der Richtigkeit der Leistungsmitteilung hilft in der Regel nur eine Nachfrage beim Finanzamt oder ein Gang zum Steuerprofi weiter.

Zeile 52 bis 59: Werbungskosten & Co.

Das Finanzamt berücksichtigt von sich aus pauschal 102 Euro für Werbungskosten im Zusammenhang mit der Rente, egal ob welche angefallen sind oder nicht. Rentner, die mehr ausgeben mussten, können hier mehr

→ INFO: Altersentlastungsbetrag

Für viele Rentner und Pensionäre spielt der Altersentlastungsbetrag eine wichtige Rolle. Er ist ein Freibetrag, der allen zusteht, die 65 Jahre und älter sind. Er wird nicht extra beantragt, sondern das Finanzamt berücksichtigt ihn von sich aus, wenn die Voraussetzungen stimmen. Sie sollten allerdings den Steuerbescheid immer auch daraufhin kontrollieren, ob er richtig berücksichtigt wurde.

Um den Altersentlastungsbetrag für das Jahr 2017 nutzen zu können, muss man vor dem 2. Januar 1953 geboren sein. Er ist auf alle Einkünfte anwendbar, außer auf Renten und Pensionen. Wer aber beispielsweise Arbeitslohn, Zinsen, Mieten oder Gewinne zu versteuern hat, kann ihn nutzen. Dieser Freibetrag beläuft sich auf maximal 40 Prozent der begünstigten Einkünfte, höchstens aber auf 1 900 Euro im Jahr. Seit 2005 schmilzt er für jeden neuen Nutzerjahrgang. Hat beispielsweise ein Arbeitnehmer 2017 seinen 65. Geburtstag gefeiert, bekommt er 20,8 Prozent der begünstigten Einkünfte steuerfrei, maximal 988 Euro. Er behält den Freibetrag in dieser Höhe lebenslang (→ Seite 239).

Berechnungsgrundlage für den Altersentlastungsbetrag sind in der Regel die Einkünfte (→ Seite 10), beim Arbeitslohn ist es der Bruttolohn. Ehepartner erhalten den Altersentlastungsbetrag nur, wenn sie selbst die entsprechenden Einkünfte haben. Sind beispielsweise beide Eigentümer eines Depots mit Bundesschatzbriefen, können beide ihren jeweiligen Altersentlastungsbetrag für die Zinsen nutzen. Ist nur einer Depoteigentümer, geht der andere auch beim Altersentlastungsbetrag leer aus. Vermögen verteilen kann sich also auch steuerlich lohnen.

nachweisen. Die Zeilen beziehen sich jeweils auf bestimmte Renten beziehungsweise auf Angaben aus den vorangegangenen Zeilen.

Hier müssen Sie auf die richtige Zuordnung achten. Werbungskosten sind Kosten für den Erwerb und die Sicherung der Rente. Dazu gehören zum Beispiel Aufwendungen für Telefon, Fahrten oder Porto, die bei Beantragung der Rente anfallen. Auch Ausgaben für eine Rentenberatung oder juristische Auseinandersetzungen um die Rente lassen sich absetzen, ebenso Gewerkschaftsbeiträge. Finanzierungskosten im Zusammenhang mit einer sofort beginnenden Rente sind unter bestimmten Voraussetzungen abzugsfähig. Eine solche Konstruktion sollte aber mit der Hilfe eines Steuerexperten angegangen werden.

TIPP: Gesetzliche Unfallrenten, Kriegs- und Wehrdienstbeschädigtenrenten sind steuerfrei und gehören nicht hierher.

Vorsicht, Finanzamt!

Die Finanzämter fordern immer mehr Rentner schriftlich auf, Steuererklärungen abzugeben. Die Ämter können nunmehr Rentenbezugsmitteilungen, die sie von staatlichen, berufsständischen und privaten Versicherungsträgern über die Jahre seit 2005 erhalten haben, per Computer auswerten und mithilfe der persönlichen Steueridentifikationsnummern auch den Rentnern zuordnen, die bisher keine Steuererklärung abgegeben haben. Auch die Einführung der „Elektronischen Lohnsteuerabzugsmerkmale" (ELSTAM) bringt den Ämtern seit 2013 neue Erkenntnisse. Außerdem führt die neue Rentenbesteuerung dazu, dass mit jedem neuen Rentnerjahrgang der steuerpflichtige Rentenanteil wächst. Alle, die 2005 oder früher Rentner wurden, erhielten 50 Prozent ihrer damaligen Rente steuerfrei. Wer 2017 Rentner wurde, bekommt nur noch 26 Prozent seiner Rente steuerfrei. Bei Rentenbeginn 2040 wird die gesamte Rente steuerpflichtig sein (→ Seite 237).

TIPP: Alles zur Besteuerung von Renten und Pensionen finden Sie im Ratgeber der Stiftung Warentest „Steuererklärung 2017/2018 Rentner, Pensionäre“ (Bestelladresse → Seite 272).

Eine weitere Entwicklung führt dazu, dass es immer mehr Rentner mit dem Finanzamt zu tun bekommen. Das sind die Rentenerhöhungen, die in der Regel jährlich erfolgen. Das waren 2017 in den alten Bundesländern 1,9 Prozent und 3,59 Prozent in den neuen Bundesländern. Diese sogenannten Rentenanpassungen sind voll steuerpflichtig, erhöhen also automatisch den steuerpflichtigen Teil der Gesamtrente.

- Lassen Sie sich von dieser Amtspost möglichst nicht nervös machen. Ob Sie etwas falsch gemacht haben oder ob Sie tatsächlich zur Kasse gebeten werden, steht nämlich noch gar nicht fest. Lassen Sie sich jedenfalls nicht einreden, Sie hätten Steuern verkürzt oder Steuern hinterzogen, wenn Ihnen unklar war, dass und in welchem Umfang Sie steuerpflichtig sind.
- Versuchen Sie, sich anhand Ihrer Unterlagen einen Überblick über Ihre steuerpflichtigen Einkünfte zu verschaffen, ebenso über Werbungskosten und weitere abzugsfähige Ausgaben, etwa die Beiträge zur Kranken- und Pflegeversicherung.
- Reagieren Sie auf jeden Fall auf die Amtspost, am besten durch die Übersendung der geforderten Steuererklärung oder durch einen Antrag auf Fristverlängerung. Kommt gar keine Reaktion, schätzt das Finanzamt Ihre Steuerschuld, und das fällt in der Regel zu Ihren Ungunsten aus.

- Nutzen Sie erforderlichenfalls professionelle Unterstützung durch einen Lohnsteuerhilfeverein oder einen Steuerberater. Fragen Sie Verwandte und Bekannte nach Erfahrungen mit Steuerprofis in der Umgebung (→ ab Seite 216).
- Die Deutsche Rentenversicherung Bund (DRV) schickt Rentnern, die das schriftlich beantragen, eine kostenfreie Aufstellung über alle im Jahr gezahlten Leistungen mit exakten Hinweisen, was wo in den Steuerformularen einzutragen ist. Das erleichtert die Übersicht und hilft, Fehler zu vermeiden.

Anlage V: Für Vermieter

Arbeitnehmer mit Vermietungseinkünften sollten wenigstens ab und zu professionelle steuerliche Hilfe nutzen. Wer die Anlage V allein schaffen will, muss sich richtig gut auskennen und immer am Ball bleiben, denn auf diesem Gebiet sind Gesetzgebung, Verwaltung und Rechtsprechung besonders aktiv, Änderungen an der Tagesordnung. Haben Arbeitnehmer und Beamte Vermietungseinkünfte bis 410 Euro pro Jahr, bleiben die steuerfrei (→ Seite 197).

Auf Vermietungsverluste reagiert das Finanzamt zunehmend kritischer. Wenn eine Vorausschau ergibt, dass über die gesamte Dauer der Vermietung keine Einnahmeüberschüsse erreicht werden können, vermutet es steuerlich unbeachtliche „Liebhaberei" und streicht die Verluste. Vermieter sollten möglichst alles vermeiden, was den Fiskus misstrauisch machen könnte: zum Beispiel befristete Mietverträge, extrem verbilligte Mieten oder vertraglich vereinbarte kurzfristige Selbstnutzungs- oder Verkaufsabsichten. Bei einer langfristigen Vermietungsabsicht muss das Finanzamt aber in der Regel nachvollziehbare Verluste anerkennen.

→ **TIPP:** Wer nur gelegentlich vermietet oder untervermietet, kann mit Zustimmung des Finanzamts bis 520 Euro Miete im Jahr steuerfrei einnehmen.

Für die verbilligte Vermietung von Wohnraum gelten seit 2012 neue Regeln. Sie sind einfacher und sogar etwas steuerzahlerfreundlicher geworden. Verlangt ein Vermieter vom Mieter mindestens zwei Drittel der ortsüblichen Marktmiete (66 Prozent der Kaltmiete plus Nebenkosten), darf er alle Werbungskosten geltend machen. Verlangt der Vermieter weniger, akzeptiert das Finanzamt die Werbungskosten nicht komplett, sondern nur im Verhältnis zur Höhe der verlangten Miete. Wer beispielsweise nur die Hälfte der ortsüblichen Marktmiete verlangt, darf auch nur die Hälfte seiner Werbungskosten absetzen. Zweiter Vorteil: Lag die verlangte Miete zwischen 56 und 75 Prozent der Marktmiete, war früher eine aufwendige Überschussprognose fällig. Die entfällt seit 2012. Trotzdem lohnt es sich, die Entwicklung der ortsüblichen Marktmiete im Auge zu behalten und die verbilligte Miete für Angehörige rechtzeitig anzupassen.

TIPP: Ein Vermieter sollte unbedingt auch mit einem ihm nahestehenden Mieter einen schriftlichen Mietvertrag abschließen, der einem Vertrag zwischen Fremden entspricht. Auch Nebenkosten sollten so abgerechnet werden, wie es unter Fremden üblich ist.

Aufwendungen für Baumaßnahmen können Vermieter als Werbungskosten absetzen. Wie hoch der Steuervorteil ausfällt, hängt aber davon ab, ob die Maßnahmen als Modernisierung, Renovierung, Instandsetzung oder als Herstellung zu bewerten sind. Herstellungsaufwand darf nur über die gesamte Nutzungsdauer des Gebäudes abgeschrieben werden. Kosten für Modernisierung, Renovierung und Instandsetzung sind auf einen Schlag oder wahlweise gleichmäßig über einen Zeitraum von zwei bis fünf Jahren absetzbar. In der Praxis liegen Modernisierung und Herstellung manchmal dicht beieinander und die richtige Formulierung kann Abschreibungsvorteile bringen. Solche Fälle sollten besser mit einem Steuerberater besprochen werden. Das gilt auch für die Frage, ob ein Sofortab-

zug von Erhaltungsaufwand günstiger ist oder ein über bis zu fünf Jahren verteilter Abzug.

Leerstand ist fast immer schlecht für Vermieter. Bei allem Ärger kann er aber wenigstens zu einem Nachlass bei der Grundsteuer führen. Tritt eine „wesentliche Ertragsminderung" einer vermieteten Immobilie ein, weil zum Beispiel hohe Arbeitslosigkeit in der Region zu einem Überangebot an Wohnungen führte, kann der Vermieter Grundsteuererlass beantragen. Es gibt 25 Prozent Erlass bei einer Ertragsminderung von mehr als 50 Prozent und 50 Prozent Grundsteuererlass bei einer Ertragsminderung von 100 Prozent. Die Ertragsminderung darf aber nicht vom Vermieter verschuldet sein und der Antrag für 2017 muss spätestens am 31. März 2018 beim Finanzamt eingehen.

Anlage WA-ESt: Auslandsprobleme

Diese neue Anlage heißt so, weil sie „Weitere Angaben und Anträge" im Rahmen der Einkommensteuer abfragt. Die Anlage ist aus der Umgestaltung der Seite 4 des Hauptbogens entstanden. Die meisten der dort abgehandelten Fragen mit Auslandsbezug tauchen in der Anlage WA-ESt wieder auf. Sie betreffen beispielsweise Menschen, die 2017 ganz oder teilweise im Ausland gewohnt haben. Die haben unter bestimmten Voraussetzung die Möglichkeit, in Deutschland als „unbeschränkt steuerpflichtig" behandelt zu werden. Dadurch können sie Steuervorteile wie den Grundfreibetrag, den Steuertarif für Ehegatten oder andere familienbezogene Vergünstigungen nutzen. Es geht um die Besteuerung in- und ausländischer Einkünfte und um weitere Spezialprobleme mit Auslandsbezug. Wer hier etwas auszufüllen hat, braucht professionelle steuerliche Hilfe (→ auch Seite 216 und 247).

Weitere Spartipps

Sind die Formulare endlich erledigt, hält sich der Bedarf an weiteren Steuerinformationen vermutlich in Grenzen. Aber: Die nächste Steuererklärung kommt bestimmt. Und damit die noch besser klappt, gibt es in diesem Kapitel Tipps und Hinweise, die über das unmittelbare Ausfüllen der Formulare hinausgehen. Sie bringen Zusatzinformationen und können schon für das nächste Jahr Entlastung und Orientierung bieten.

So kann ein geschickter Umgang mit Einnahmen und Ausgaben im Jahresverlauf steuersenkend wirken. Freibeträge für höhere Werbungskosten, und weitere abzugsfähige Ausgaben können dafür sorgen, dass Arbeitnehmer und Beamte sofort mehr Netto in der Tasche haben und nicht ein Jahr oder länger auf eine Steuererstattung warten müssen.

Eheleute und eingetragene Lebenspartner können mit der richtigen Steuerklassenwahl ihre laufende Lohnsteuerbelastung senken sowie höhere Lohnersatzleistungen kassieren.

Das alles funktioniert aber nur, wenn rechtzeitig die richtigen Weichen gestellt werden.

Das Jahresprinzip

Die Steuer ist vor allem ein „Jahresgeschäft". Sie kommt und geht mit dem Kalenderjahr. So läuft das auch mit Freibeträgen, Freigrenzen, Höchstbeträgen und mit der Berechnung der Einnahmen und Ausgaben.

Ausgaben für den Job

Arbeitnehmern und Beamten steht der Arbeitnehmerpauschbetrag von 1000 Euro zu, und das Jahr für Jahr (→ Seite 90). Etwa die Hälfte der Arbeitnehmer kommt mit dieser Pauschale aus, weil sie im Jahresverlauf keine höheren Werbungskosten haben. Mit etwas guter Planung und mit dem Blick auf das Jahresprinzip lassen sich bei gleicher Ausgabenhöhe manchmal trotzdem höhere Werbungskosten geltend machen.

→ Zum Beispiel Wanda W.

Die alleinstehende Arbeitnehmerin hat außer der Entfernungspauschale von 350 Euro keine Werbungskosten. In diesem Jahr plant sie jedoch eine Fortbildung, die sie 500 Euro kosten wird. Im nächsten Jahr folgt ein Anschlusskurs zum gleichen Preis. Wanda könnte in beiden Jahren jeweils 850 Euro an Werbungskosten geltend machen (350 plus 500). In beiden Jahren würden die Fortbildungskosten im Arbeitnehmerpauschbetrag „verschwinden" und steuerlich wirkungslos bleiben. Wanda verhindert das: Sie zahlt in diesem Jahr die Kursgebühren für beide Jahre. Das bringt ihr 1 350 Euro Werbungskosten (2 mal 500 plus 350) und damit 350 Euro oberhalb der Pauschale (1 350 minus 1 000). Bei einem Grenzsteuersatz von 30 Prozent (→ Seite 244) spart sie dadurch gut hundert Euro Steuern.

Einnahmen verschieben

Ein geschickter Umgang mit Einnahmen kann ebenfalls steuersenkend wirken. Arbeitnehmer und Beamte haben hier aber relativ geringen Spiel-

raum, denn reguläre Lohnzahlungen lassen sich zeitlich kaum beeinflussen. Bei Sonderzahlungen, etwa Prämien, lässt sich der Chef manchmal auf eine zeitliche Verschiebung ein. Die könnte zweckmäßig sein, wenn jemand in diesem Jahr relativ viel und im nächsten Jahr voraussichtlich relativ wenig verdient. Kommt die Prämie erst im nächsten Jahr, sorgt das für einen Belastungsausgleich und damit unter dem Strich über beide Jahre für weniger Steuern. Bei Abfindungen kann sich das erheblich auswirken. Verlässt ein Angestellter im Dezember seinen Job mit einer ordentlichen Abfindung, ist es manchmal zweckmäßig, dass diese erst im Januar darauf ausgezahlt wird. In solchen Fällen sollte aber ein Steuerprofi alles vorher durchrechnen.

Private Kosten

Krankheitskosten sind als außergewöhnliche Belastung absetzbar. Sie bewirken aber nur dann eine steuerliche Entlastung, wenn sie die sogenannte zumutbare Belastung überschreiten. Das ist eine Rechengröße, die je nach Verdienst und Familiensituation zwischen 1 und 7 Prozent der Einkünfte liegt. Wie das genau funktioniert, steht ab Seite 56 und 234. Auch hier gilt wieder das Jahresprinzip: Wenn die Krankheits- und Gesundheitskosten eines Jahres die Hürde der zumutbaren Belastung nicht überspringen, bleiben sie steuerlich unwirksam.

Im nächsten Jahr steht dieselbe Hürde in gleicher oder in ähnlicher Höhe wieder da. Krankheiten lassen sich nicht „planen", Krankheitskosten manchmal schon, etwa bei (teurem) Zahnersatz, bei Kuren, neuen Brillen oder größeren Medikamentenbestellungen. Gelingt das Zusammenschnüren von Kosten in einem Jahr, wirkt sich das steuerlich vorteilhaft aus (→ Beispiel Seite 57). Ansonsten „verschwindet" Jahr für Jahr alles in der zumutbaren Belastung.

Für Handwerkerleistungen in der Privatwohnung gibt es pro Jahr eine Steuererstattung von bis zu 1200 Euro (→ ab Seite 65). Sanieren beispielsweise Maler, Klempner und Fliesenleger im selben Jahr Räume des Eigenheims und stellen dafür 10 000 Euro Personalkosten in Rechnung, wären im Prinzip maximal 20 Prozent davon, also 2 000 Euro, absetzbar. Praktisch ist aber bei 1200 Euro im Jahr Schluss mit der Steuererstattung für Handwerkerkosten. Würde in diesem Jahr nur ein Teil der Arbeiten in Rechnung gestellt, der andere Teil im nächsten Jahr, wären insgesamt 800 Euro Steuererstattung mehr möglich. Eine Überlegung sollte es wert sein, auch wenn es nach doppeltem Sanierungsstress klingt.

Prüftermin 1. Advent

Wegen des Jahresprinzips ist Silvester ein entscheidender Steuertermin. Alles, was bis Mitternacht an Einnahmen und Ausgaben geflossen ist, gehört grundsätzlich zum abgelaufenen Jahr. Was danach fließt, wirkt sich bereits für das nächste Jahr aus. Um den 1. Advent herum empfiehlt sich neben weihnachtlicher Einkehr auch eine steuerliche. Dann ist es ganz gut möglich, das alte Jahr zu überblicken und das neue Jahr bereits ins Visier zu nehmen. Bis Silvester bleibt noch etwas Zeit, zum Beispiel um noch in Arbeitsmittel zu investieren, um die Zahnarztrechnung zu bezahlen oder den Maler zu beauftragen und seine Rechnung anzuzahlen. Es ist auch die Zeit, um zu überprüfen, ob die gewählte Lohnsteuerklasse optimal ist, ob der Freistellungsauftrag bei der Bank reicht oder wie sich mit Freibeträgen der laufende Lohnsteuerabzug verringern lässt.

Fazit: Es kommt nicht darauf an, ständig mit der „Steuerbrille" durch die Gegend zu schauen. Das schaffen nicht mal Steuerberater. Es kann sich aber für Arbeitnehmer auszahlen, ein paar steuerliche Grundmuster im Hinterkopf zu haben. Das Jahresprinzip gehört dazu.

Freibeträge für Arbeitnehmer

In den meisten Fällen fordert das Finanzamt von Arbeitnehmern und Beamten zunächst mehr, als ihm zusteht. Warum das so ist, steht ab Seite 16. Um das zu ändern, haben Angestellte nur eine Möglichkeit: Sie können ihre voraussichtlich anfallenden Werbungskosten, Sonderausgaben oder außergewöhnlichen Belastungen in sogenannte Freibeträge umwandeln. Wenn sie angeben, dass ihnen im Jahresverlauf bestimmte Aufwendungen entstehen werden, berücksichtigt die Finanzverwaltung die voraussichtlichen Kosten als Freibeträge und teilt seit 2013 diese sogenannte Lohnsteuerermäßigung dem Arbeitgeber per Datenübertragung mit. Der Arbeitgeber behält dann entsprechend weniger Lohnsteuer ein und zahlt mehr Nettolohn aus. Damit verringern Angestellte ihre Steuerzahlung schon im Jahresverlauf und müssen nicht auf die späte Erstattung zu viel gezahlter Steuern per Steuererklärung warten.

Unter dem Strich zahlen sie dann zwar auch nicht weniger Steuern, aber sie haben sofort mehr Netto in der Tasche und das hilft manchmal schon sehr viel weiter. Und sei es nur, um den Dispo-Kredit nicht unnötig zu strapazieren.

Weil Freibeträge die (unsichere) Zukunft betreffen, will das Finanzamt manchmal Nachweise darüber, dass die beantragten Kosten mit hoher Wahrscheinlichkeit auch auftreten werden. Das ist in vielen Fällen kein Problem. So können zum Beispiel Angestellte mit einem langen Arbeitsweg, mit einem auswärts studierenden Kind oder einer erheblichen Kirchensteuerbelastung klar belegen, dass ihnen eine laufende Entlastung zusteht. Andere Fälle sind schwieriger, etwa wenn eine aufwendige Ausbildung oder der Kauf von teuren Arbeitsmitteln geplant ist. Dann müssen Arbeitnehmer und Beamte künftige Ausgaben „glaubhaft machen", indem sie erklären, dass sie anstehen. Normalerweise akzeptiert das Amt solche Erklärungen, wenn sie nachvollziehbar sind. Arbeitnehmer mit eingetragenem Freibetrag müssen grundsätzlich eine Steuererklärung abgeben. Ausnahmen: Bei Bruttolöhnen bis 11 200/21 500 Euro (alleinstehend/verheiratet, verpartnert) sowie beim Behinderten- und Hinterbliebenenpauschbetrag entfällt die Abgabepflicht.

Hürde beachten

Das Finanzamt trägt aber nicht jeden Minifreibetrag ein. Es wird erst aktiv, wenn im Jahr insgesamt mehr als 600 Euro an Freibeträgen aller Art zusammenkommen. Das ist die sogenannte allgemeine Antragsgrenze, und die hat Folgen. So müssen Arbeitnehmer mehr als 1 600 Euro Werbungskosten haben, bevor das Amt einen Freibetrag für Werbungskosten berücksichtigt. Grund: Sie müssen zunächst den Arbeitnehmerpauschbetrag von jetzt 1 000 Euro überwinden, denn der wird bereits beim laufenden Lohnsteuerabzug automatisch berücksichtigt. Haben sie das geschafft, müssen sie zusätzlich die 600-Euro-Hürde der allgemeinen Antragsgrenze nehmen. Beispielsweise muss ein Arbeitnehmer, der ausschließlich Fahrtkosten zwischen Wohnung und Betrieb als Freibetrag geltend machen kann, bei 230 Arbeitstagen im Jahr mindestens 24 Kilometer entfernt vom Betrieb wohnen. Er kommt so auf 1 656 Euro (230 Tage mal 24 km mal 0,30 Euro, → Seite 91). Bei 23 Kilometer Entfernung würde er mit 1 587 Euro den Freibetrag knapp verfehlen.

Zum Glück gilt die allgemeine Antragsgrenze für einige „freibetragsträchtige" Positionen nicht. So dürfen beispielsweise der Hinterbliebenenpauschbetrag, der Behindertenpauschbetrag, Verluste, Verlustvorträge, Ausgaben für Handwerkerleistungen im Haushalt, Ausgaben für haushaltsnahe Dienstleistungen oder Kinderfreibeträge für im Ausland lebende Kinder, für die es kein Kindergeld gibt, auch dann als Freibetrag berücksichtigt werden, wenn sie unter der 600-Euro-Marke bleiben.

Ausgaben für den Job

Für Arbeitnehmer und Beamte sind Werbungskosten aller Art in der Regel die wichtigste Quelle von Freibeträgen, vor allem die Entfernungspauschale von 30 Cent für jeden Entfernungskilometer zwischen Wohnung und Betrieb. In dieser Entfernungspauschale sind grundsätzlich sämtliche Fahrzeugkosten eingerechnet. Unfallkosten dürfen aber zusätzlich zur Pauschale geltend gemacht werden (→ Seite 94).

Auch wer im Job viel unterwegs ist, kann das Finanzamt an Kosten für Fahrt, Unterkunft und Verpflegung beteiligen. Arbeitnehmer, die beispielsweise vorübergehend in einen Filialbetrieb beordert werden, auf Dienstreise sind oder regelmäßig weitere Arbeitsplätze aufsuchen, können die tatsächlichen Fahrt- und Übernachtungskosten unabhängig von der jeweiligen Tätigkeitsdauer am gleichbleibenden Einsatzort in der Regel zeitlich unbefristet als Werbungskosten abrechnen. Auch hier gibt es für jeden gefahrenen Kilometer mit dem privaten Pkw pauschal 30 Cent und je nach Abwesenheitsdauer für maximal drei Monate im Inland Verpflegungspauschalen von 12 oder 24 Euro (→ Seite 118).

Ausgaben für Fortbildung, Fachbücher, Fachzeitschriften, Werkzeug, Computer, Büromöbel, Arbeitsbekleidung und andere Arbeitsmittel sorgen ebenfalls für Freibeträge. Kosten für ein häusliches Arbeitszimmer spielen in Sachen Freibetrag nun wieder eine größere Rolle, ebenso Ausgaben für eine doppelte Haushaltsführung (weitere Einzelheiten zu den Werbungskosten → ab Seite 90).

Entlastung für Eltern

Eltern dürfen pro Kind maximal 6 000 Euro Kinderbetreuungskosten geltend machen. Weil das Finanzamt zwei Drittel dieser Summe akzeptiert, können bis zu 4 000 Euro pro Kind als Freibetrag eingetragen werden. Kinderbetreuungskosten werden als Freibetrag immer bis 4 000 Euro berücksichtigt, egal ob sie ganzjährig anfallen oder nur in einem Teil des Jahres.

Seit 2012 werden Kinderbetreuungskosten nicht mehr „wie Werbungskosten" berücksichtigt, sondern als Sonderausgaben. Sie gelten für jedes Kind bis zum 14. Geburtstag; für behinderte Kinder ohne Altersbegrenzung. Die Einschränkungen für nicht erwerbstätige Eltern sind entfallen (→ Seite 141).

Eltern dürfen Schulgeld für Privatschulen in einen Freibetrag umwandeln (bis 5 000 Euro) sowie erhöhte Aufwendungen bei auswärtiger Ausbildung eines Kindes (→ Seite 138 und 139). Der Kinderfreibetrag und der Betreuungsfreibetrag spielen beim laufenden Lohnsteuerabzug in der Regel keine Rolle, weil die Kinderförderung zunächst über das Kindergeld läuft. Erst wenn sich nach Ablauf des Jahres herausstellt, dass Eltern mit den Freibeträgen besser fahren als mit dem Kindergeld, bekommen sie die dann höhere Entlastung per Freibetrag im Rahmen von Steuererklärung/Steuerbescheid. Deshalb taugen diese Freibeträge nicht zur laufenden Lohnsteuerentlastung.

Besonderes und Außergewöhnliches

Sonderausgaben wie Spenden, Kirchensteuer, Unterhaltszahlungen an den Ex-Ehe-/Lebenspartner oder Ausbildungskosten für eine erstmalige Berufsausbildung können zu Freibeträgen führen (→ ab Seite 43). Freibetragsfähig sind aber auch außergewöhnliche Belastungen wie Krankheits-, Behinderungs- und Pflegekosten.

Wenn absehbar ist, dass bestimmte Krankheitskosten (chronische Leiden, Kur, Gebisssanierung) anstehen, kann man dafür einen Freibetrag beim Finanzamt beantragen. Wichtig ist, dass man es belegen oder zumindest glaubhaft darlegen kann. Und dann entscheidet das Amt, ob es mitgeht oder ablehnt. Da man die Kosten letztlich per Steuererklärung durchboxen muss, lohnt sich der Aufwand einer Klage an dieser Stelle in der Regel nicht. Auch

- Behindertenpauschbeträge,
- Freibeträge für Kinder über 18, die auswärts wohnen,
- sowie Unterhaltszahlungen an Angehörige

lassen sich für die Verringerung der laufenden Lohnsteuer nutzen. So kann etwa die geplante finanzielle Unterstützung der 27-jährigen Tochter als Freibetrag eintragen werden (→ ab Seite 52 und 147).

Aber: Ihre Beiträge zur Sozialversicherung können Arbeitnehmer nicht zu Freibeträgen machen, weil die schon als Vorsorgeaufwand den laufenden Lohnsteuerabzug senken.

Rund um den Haushalt

Für Dienstleistungen rund um den Haushalt fallen die einzutragenden Freibeträge besonders üppig aus. Grund: Hier handelt es sich nicht um Abzugsbeträge vom steuerpflichtigen Einkommen, sondern um eine Verringerung der tatsächlich zu zahlenden Steuer um maximal 4 000 Euro (→ ab Seite 61). Der Freibetrag beläuft sich deshalb auf das Vierfache der voraussichtlichen Steuererstattung, also maximal auf 16 000 Euro (4 mal 4 000 Euro).

Bei Handwerkerleistungen sind es 4 800 Euro (4 mal 1 200). Für eine Haushaltshilfe mit Minijob gibt es einen Freibetrag von bis zu 2 040 Euro im Jahr (4 mal 510) und das sogar zusätzlich zu den Freibeträgen für haushaltsnahe Dienst- und Handwerkerleistungen.

→ Zum Beispiel Andrea und Andreas A.

Beide sind Arbeitnehmer, beide haben die Lohnsteuerklasse IV. Andreas verdient 3 000 Euro brutto im Monat, Andrea 1 500 Euro. Sie sind verheiratet und haben zwei Kinder von 5 und 10 Jahren. Beide fahren gemeinsam den täglichen Arbeitsweg von 10 Kilometern zu ihrem Betrieb.

Wie schaut es in diesem Fall mit den möglichen Freibeträgen aus?

- Kinderbetreuungskosten: Für Kindergarten, Tagesmutter, Hort und Hausaufgabenbetreuung muss Familie A. voraussichtlich 5 400 Euro Kinderbetreuungskosten zahlen. Das Finanzamt berücksichtigt zwei Drittel davon, also 3 600 Euro, als Freibetrag für Andreas.
- Reparaturen: Für Reparaturarbeiten am Dach ihres Einfamilienhauses hat die Baufirma Personalkosten von 5 500 Euro veranschlagt. Davon 20 Prozent, das sind 1100 Euro, winken als Steuererstattung. Als Freibetrag für Andreas berücksichtigt das Finanzamt hier das Vierfache, also 4 400 Euro.
- Fahrtkosten: Die Fahrtkosten zum Betrieb führen in diesem Fall nicht zu einem Freibetrag, denn 10 Kilometer mal 230 Tage mal 0,30 Euro bringen Andreas nur 690 Euro Werbungskosten und die „verschwinden" im Arbeitnehmerpauschbetrag von 1 000 Euro. Zusammen mit den 690 Euro Kilometerpauschale von Andrea würde er die Hürde nehmen. Das funktioniert aber nicht, weil für einen Freibetrag Werbungskosten immer nur derjenige geltend machen kann, dem sie tatsächlich entstanden sind. Diese strikte Trennung gilt auch bei Ehepaaren.

Andreas erhält einen Freibetrag von 8 000 Euro (3 600 Euro Kinderbetreuung plus 4 400 Euro Dachsanierung). Das bringt Familie A. rund 208 Euro mehr Netto pro Monat, denn sie zahlen im Jahresverlauf dank Freibetrag etwa 2 496 Euro weniger Lohnsteuer und Solidaritätszuschlag.

Lohnersatzleistungen

Freibeträge können in manchen Fällen auch zu mehr Lohnersatzleistungen führen. Sie erhöhen bei der Berechnung von Krankengeld, Mutterschaftsgeld & Co. das Nettoeinkommen und damit die Berechnungsgrundlage dieser Leistungen. Beim Elterngeld funktionierte das bis zum Jahr 2012 ebenfalls. Für ab 2013 geborene Kinder sieht das leider anders aus. Das „Gesetz zur Vereinfachung des Elterngeldvollzugs" passierte im Juli 2012 die parlamentarischen Hürden. Es legt unter anderem fest, dass individuelle Freibeträge bei der Berechnung des Elterngeldes nicht mehr berücksichtigt werden. Dieser neuen Einschränkung können verheiratete Eltern aber entgehen, wenn sie das sogenannte Faktorverfahren nutzen (→ Seite 207). Das berücksichtigt Freibeträge auch weiterhin.

Richtig beantragen

Wer zum ersten Mal einen Freibetrag beantragt oder den alten Freibetrag erhöhen will, muss den sechsseitigen „Antrag auf Lohnsteuerermäßigung" ausfüllen. Bis zum 30. November kann der Antrag für das laufende Jahr direkt beim Finanzamt gestellt werden. (Die Gemeindeverwaltungen und Bürgerbüros sind seit 2011 in keinem Fall mehr für die Eintragung von Freibeträgen zuständig.) Ein Freibetrag wirkt sich immer zum nächsten Monatsersten aus. Wenn der Finanzbeamte den Antrag im Juni genehmigt, gibt es ab Juli mehr Nettogehalt. Wer im November beantragt, erhält im Dezember die Entlastung für das ganze Jahr und organisiert sich so ein zusätzliches Weihnachtsgeld. Soll derselbe Freibetrag des Vorjahres erneut eingetragen werden oder ein geringerer, reicht der zweiseitige und deutlich übersichtlichere Kurzantrag aus. Die Formulare gibt es beim Finanzamt oder im Internet unter www.formulare-bfinv.de, dort nacheinander anklicken: „Steuern" und den Buchstaben „L". Unter „Lohnsteuer" sind der „Antrag auf Lohnsteuerermäßigung" und der „Vereinfachte Antrag auf Lohnsteuerermäßigung" zu finden.

→ **TIPP:** Seit 2016 können Arbeitnehmer Freibeträge auf Lohnsteuerermäßigung mit zweijähriger Gültigkeitsdauer beantragen. Vorher mussten die Anträge jedes Jahr neu gestellt werden. Aber Achtung: Wenn sich die Verhältnisse während der ein- oder zweijährigen Gültigkeitsdauer zuungunsten der Arbeitnehmer ändern, zum Beispiel weil weniger Werbungskosten anfallen als beantragt, sind Arbeitnehmer verpflichtet, dem Finanzamt solche Änderungen umgehend mitzuteilen.

Gehalts-Extras vom Chef

Wenn Arbeitnehmer beim Chef wegen höherer Bezüge anklopfen, ernten sie in der Regel wenig Begeisterung. Da könnten schlüssige Argumente helfen, und die liefert ausgerechnet das Finanzamt. Es gibt eine ganze Reihe von Leistungen, die Arbeitgeber ihren Mitarbeitern ganz oder teilweise steuerfrei zukommen lassen können, in vielen Fällen auch frei von Sozialabgaben. Davon profitieren unter dem Strich beide Seiten, denn steuerbegünstigte Gehalts-Extras bringen Arbeitnehmern deutlich mehr als übliche Gehaltserhöhungen und der Arbeitgeber spart bei seinen Sozialabgaben. Zusatzargument: Extras können das Betriebsklima fördern. Sie können auch das Familienklima verbessern, etwa wenn sich der Ehepartner über einen Zusatzvorteil vom „Ehegatten-Chef" freut.

Die Regelungen zu Gehalts-Extras sind seit 2011 etwas flexibler geworden. Arbeitnehmer dürfen wählen, ob sie eine Gehaltserhöhung ganz oder teilweise in bar oder als steuerbegünstigte Arbeitgeberleistung möchten. Voraussetzung für einen Steuerbonus bleibt aber, dass die Arbeitgeberleistung zusätzlich zum geschuldeten Lohn erfolgt. Eine begünstigte Gehaltsumwandlung gibt es nur ausnahmsweise. Im Folgenden finden Sie eine Auswahl

Arbeitgeberdarlehen

Kleinkredite vom Chef bis 2 600 Euro lösen keine Belastung mit Steuer oder Sozialversicherung aus. Sie dürfen sogar zinslos sein. Für höhere Darlehensbeträge fallen ebenfalls keine Abgaben an, wenn der Arbeitgeber marktübliche Zinsen verlangt. Bei einem niedrigeren Effektivzins muss der Arbeitnehmer nur die Differenz zwischen dem marktüblichen Zins und dem geringeren Zinssatz des Arbeitgeberkredits versteuern.

→ Beispiel

Bei einem Arbeitgeberdarlehen von 100 000 Euro zu einem Zins von 2 Prozent zahlt der Arbeitnehmer im Jahr 2 000 Euro Zinsen an seinen Chef. Da der Zinssatz nur die Hälfte eines für die Darlehensart angenommenen marktüblichen Zinssatzes von 4 Prozent beträgt, berechnet der Fiskus 2 000 Euro als steuerpflichtigen Vorteil (2 Prozent von 100 000). Bei einem Grenzsteuersatz von 25 Prozent erhöht das die Steuerlast um 500 Euro (2 000 mal 25 Prozent). Unter dem Strich bleiben 2,5 Prozent Steuerbelastung (plus Sozialversicherungsbeitrag) für den Angestellten trotzdem günstig. Beschäftigte bei Banken oder Sparkassen können von einem Zusatzbonus profitieren. Dank eines Personalrabattes (→ Seite 196) werden auch bei deutlich verbilligten Zinsen nicht in jedem Falle Steuern fällig.

BahnCard

Der Arbeitgeber kann für Mitarbeiter, die dienstlich viel unterwegs sind, die Kosten einer BahnCard steuer- und beitragsfrei übernehmen. Auch die private Mitnutzung der BahnCard durch den Arbeitnehmer löst unter bestimmten Voraussetzungen keine Abgabenbelastung aus. Nutzt ein Mitarbeiter eine BahnCard ausschließlich für Fahrten zwischen Wohnung und Betrieb, kann der Arbeitgeber die Kosten der BahnCard übernehmen und ist mit 15 Prozent Pauschalsteuer „preiswerter“ dran als mit einer klassischen Gehaltserhöhung.

Betreuungsleistungen

Der Arbeitgeber kann seit 2015 Betreuungsleistungen bis 600 Euro im Jahr für Kinder oder pflegebedürftige Angehörige von Arbeitnehmern

steuer- und beitragsfrei übernehmen, wenn solche Leistungen durch berufliche Sondersituationen erforderlich geworden sind.

Entfernungspauschale

Der Arbeitgeber kann die Entfernungspauschale von 30 Cent pro Kilometer einfacher Entfernung für Fahrten zwischen Wohnung und Betrieb übernehmen. Dafür zahlt der Arbeitgeber 15 Prozent Pauschalsteuer. Weitere Steuern und Sozialversicherungsbeiträge fallen nicht an. Die Kosten eines Monatstickets für Bus und Bahn kann der Arbeitgeber bis zu 44 Euro im Monat sogar völlig abgabenfrei ersetzen.

Erholungsbeihilfen

Wenn der Arbeitgeber seinem Arbeitnehmer bis 156 Euro im Jahr Erholungsbeihilfe zahlt, bis 104 Euro für dessen Ehepartner und bis 52 Euro pro Kind, bleibt das versicherungsfrei. Der Arbeitgeber muss die Zahlung allerdings pauschal mit 25 Prozent versteuern.

Firmenwagen

Einen Dienstwagen schätzen viele Arbeitnehmer mehr als eine Gehaltserhöhung. Sie können den Wagen auch privat nutzen und der Arbeitgeber übernimmt nicht nur den Kauf, sondern begleicht auch die Tankfüllungen, zahlt die Versicherung, Kfz-Steuer und die Werkstattkosten. Die Mitarbeiter haben am Monatsende zwar etwas weniger in der Lohntüte, sparen sich damit aber die Kosten eines Privatwagens. Das Finanzamt berechnet den steuerpflichtigen privaten Nutzen in der Regel nach der 1-Prozent-Methode. Dabei gelten monatlich 1 Prozent vom Listenpreis des Autos plus eine Pauschale für jeden Fahrtkilometer zwischen Wohnung und Arbeitsstelle als fiktiver Zusatzlohn, auf den Einkommensteuer erhoben wird. Alternativ kann per Fahrtenbuch abgerechnet werden.

Gesundheitsförderung

Für Massagen, Rückenschulen, Raucherentwöhnung, Stressbewältigungskurse und andere Gesundheitsmaßnahmen innerhalb und außerhalb der Firma kann der Arbeitgeber seinem Mitarbeiter pro Jahr 500 Euro spendieren. Die Ausgaben bleiben steuer- und versicherungsfrei. Achtung: Beiträge an Sportvereine oder an Fitness-Studios sind nicht begünstigt.

Gutscheine

Der Arbeitgeber kann seinem Mitarbeiter pro Monat Sachleistungen von maximal 44 Euro steuer- und versicherungsfrei zuwenden. Dabei kann es sich beispielsweise um Benzin- oder andere Warengutscheine handeln.

Mitarbeiterbeteiligungen

Belegschaftsaktien und andere Formen der Vermögensbeteiligung am Unternehmen des Arbeitgebers bleiben bis 360 Euro im Jahr steuer- und beitragsfrei. Der Arbeitnehmer hat hier sogar die Möglichkeit, bis 360 Euro seines regulären Lohns in eine Mitarbeiterbeteiligung umwandeln zu lassen. Dann hat er zwar weniger Lohn, aber dafür die Hoffnung, dass sich seine Beteiligung ordentlich entwickelt. Und er zahlt weniger Abgaben.

PC & Co.

Nutzt ein Arbeitnehmer einen PC des Arbeitgebers (samt Drucker und anderen Peripheriegeräten) sowie Telekommunikationsgeräte des Arbeitgebers privat im Betrieb oder außerhalb, bleibt das steuer- und beitragsfrei. Bei einer Schenkung solcher Geräte an den Mitarbeiter kann der Arbeitgeber den geldwerten Vorteil pauschal mit 25 Prozent versteuern. Der Mitarbeiter bleibt unbelastet.

Personalrabatt

Überlässt der Chef seinem Arbeitnehmer Waren oder Dienstleistungen aus seiner Produktion oder aus seinem Angebot, bleiben im Kalenderjahr bis zu 1 080 Euro davon steuer- und beitragsfrei. Auf Waren und Leistungen gibt es außerdem 4 Prozent Abschlag.

Kinderbetreuung

Übernimmt der Arbeitgeber Kosten für die Betreuung des Nachwuchses seiner Mitarbeiter im Vorschulalter, fallen weder für ihn noch für den Arbeitnehmer Lohnsteuer und Sozialversicherung an. Die Betreuung muss aber außerhalb des eigenen Haushalts der Eltern erfolgen.

→ Zum Beispiel Bettina B.

Die alleinerziehende Angestellte mit 3 000 Euro Monatsgehalt (Steuerklasse II) zahlt monatlich 280 Euro Kindergartengebühr. Sie verhandelt mit dem Chef, ob der statt einer Gehaltserhöhung die monatliche Kindergartengebühr übernimmt. Die einfache Rechnung unten überzeugt ihn. Er hat dadurch 55 Euro weniger Lohnnebenkosten (335 minus 280) und Bettina B. hat so 134 Euro mehr „in der Tasche" als durch die Gehaltserhöhung (2 263 minus 2 129).

Vergleichsrechnung für Bettina B.	Mit Kindergarten-zuschuss	Mit Gehalts-erhöhung
Bruttogehalt vorher	3 000	3 000
Nettogehalt vorher	1 983	1 983
Bruttogehalt nachher	3 000	3 280
Nettogehalt nachher	1 983	2 129
Kindergartenzuschuss	280	0
Netto insgesamt (Nettogehalt nachher plus Zuschuss)	2 263	2 129
Zusatzkosten des Arbeitgebers (alle Angaben in Euro)	**280**	**335**

Nebeneinkünfte

Wenn Arbeitnehmer neben ihrem Lohn weitere Einkünfte haben, können sie insgesamt bis zu 410 Euro im Jahr steuerfrei kassieren. Das sind beispielsweise

- freiberufliche Einkünfte,
- Einkünfte aus Gewerbebetrieb,
- Mieteinkünfte,
- Renteneinkünfte.

Vermietet etwa ein Arbeitnehmer eine Ferienwohnung, die ihm nach Abzug von Abschreibung, Zinsen und anderen Werbungskosten jährlich 400 Euro steuerpflichtige Einkünfte beschert, bleiben diese steuerfrei. Das ist ein Vorteil, den nur Arbeitnehmer, Beamte und Pensionäre haben, und sie müssen wegen solcher Zusatzeinkünfte bis 410 Euro auch keine Steuererklärung abgeben.

Sobald die Nebeneinkünfte über 410 Euro liegen, verändert sich die Lage: Die Nebeneinkünfte des Arbeitnehmers sind nicht mehr steuerfrei und er muss eine Steuererklärung abgeben. Aber der Vorteil ist nicht gleich komplett verloren, er schmilzt nur langsam dahin – wie Schnee in der Sonne. Dieser Schmelzvorgang, den ebenfalls nur Arbeitnehmer, Beamte und Pensionäre nutzen dürfen, heißt „Härteausgleich". Er bewirkt, dass Nebeneinkünfte bis 820 Euro etwas milder besteuert werden.

Das passiert durch eine einfache Formel: 820 Euro minus Nebeneinkünfte ergibt den Freibetrag für die Nebeneinkünfte. Hätte der Arbeitnehmer und Nebenerwerbsvermieter aus dem Beispiel oben nicht 400 Euro, sondern 500 Euro Mieteinkünfte, würde das Finanzamt zunächst die 820-Euro-Grenze um die Mieteinkünfte von 500 Euro verringern. Das Ergebnis wären 320 Euro (820 minus 500).

Diese 320 Euro mindern das Einkommen. Unter dem Strich wären nicht alle 500 Euro Mieteinkünfte steuerpflichtig, sondern nur 180 Euro (500 minus 320). Je mehr sich die Nebeneinkünfte der 820-Euro-Grenze nähern, umso geringer wird der steuerfreie Betrag. Erreichen sie 820 Euro, beträgt er null und sämtliche Nebeneinkünfte sind voll steuerpflichtig.

Für Ehepaare gilt übrigens die gleiche Grenze von 410 Euro. Sie verdoppelt sich nicht, obwohl die Nebeneinkünfte beider Partner zusammengerechnet werden. Ehepaare und Lebenspartner sollten überlegen, ob sich deswegen zwei getrennte Steuererklärungen lohnen. Hat zum Beispiel die Ehefrau 400 Euro Nebeneinkünfte und der Ehemann 600 Euro, müssten sie das zusammen voll versteuern, weil mit 1000 Euro Nebeneinkünften die 820-Euro-Hürde gerissen wäre. Bei getrennten Steuererklärungen blieben die Nebeneinkünfte der Ehefrau dagegen ganz steuerfrei, weil sie unter 410 Euro liegen. Der Ehemann könnte den Härteausgleich nutzen und damit einen Freibetrag von 220 Euro (820 minus 600). In diesem Fall sollte ein Steuerprofi helfen, denn getrennte Steuererklärungen können Ehepaaren an anderer Stelle Nachteile bringen (→ Seite 41 und 205).

Auch Nebeneinkünfte sind Einkünfte, wie sie das Steuerrecht versteht (→ Seite 10). Es geht hier immer um Einnahmen minus Werbungskosten oder Betriebsausgaben. Außerdem werden der Altersentlastungsbetrag und der Freibetrag für Einkünfte aus Land- und Forstwirtschaft berücksichtigt (→ Seite 174). Hätte der Arbeitnehmer und Nebenerwerbsvermieter aus dem Beispiel oben im Jahr 2010 seinen 65. Geburtstag gefeiert und wäre Rentner geworden, stünde ihm ein Altersentlastungsbetrag von 32 Prozent seiner Mieteinkünfte von 500 Euro zu (→ Seite 239). Das wären 160 Euro und somit blieben nur 340 Euro steuerpflichtige Mieteinkünfte übrig (500 minus 160). Weil die Nebeneinkünfte damit unterhalb von 410 Euro liegen würden, blieben sie komplett steuerfrei und eine Steuererklärung könnte sich der Arbeitnehmer auch sparen. Das ist sicher kein alltäglicher Fall, er zeigt aber, dass auch eher geringe Entlastungen spürbare Steuerersparnisse bringen können.

Bei Zins & Co. galten die Steuerfreiheit bis 410 Euro und der Härteausgleich bis 2013 ebenfalls. Dadurch blieben für Arbeitnehmer, Beamte und Pensionäre bis zu 1211 Euro steuerfrei (801 Euro Sparerpauschbetrag plus 410 Euro). Das funktionierte aber nur für Kapitaleinkünfte, die nicht mit der Abgeltungsteuer besteuert wurden. Angestellte konnten diese

Möglichkeit nutzen, wenn sie die Günstigerprüfung beantragt hatten (→ ab Seite 153). Das galt auch für den Härteausgleich für Kapitalerträge bis 1621 Euro (801 Euro Sparerpauschbetrag plus 820 Euro Obergrenze beim Härteausgleich).

Seit 2014 können Arbeitnehmer, Beamte und Pensionäre die Steuerfreiheit bis 410 Euro und den Härteausgleich bis 820 Euro für Zinsen und andere Kapitaleinkünfte nicht mehr nutzen. Die Verwaltung hat es geschafft, eine entsprechende Gesetzesänderung im „Gesetz zur Anpassung des nationalen Steuerrechts an den Beitritt Kroatiens zur EU und zur Änderung weiterer steuerlicher Vorschriften" unterzubringen. Das geschah im Umfeld der Endphase der Fußball-Weltmeisterschaft relativ geräuschlos. Hintergrund ist wohl die Absicht der Finanzverwaltung, eine größere Anzahl von Günstigerprüfungen bei den Kapitaleinkünften (→ ab Seite 153) und damit bürokratischen Aufwand zu sparen.

Steuerexperten kritisieren, dass die Gesetzesänderung einseitig zugunsten der Finanzverwaltung und zulasten der Arbeitnehmer ausgefallen ist. Ob die Neuregelung Bestand hat, wird sich zeigen. Bis auf Weiteres gilt sie aber.

Mini-, Midi-, Maxijobs

Seit 2013 bleiben Minijobs bis zu 450 Euro im Monat steuerfrei. Das sind 50 Euro mehr als vorher. Achtung: Begann ein Minijob nach dem 1. Januar 2013 neu, ist er automatisch rentenversicherungspflichtig. „Neue" Minijobber können sich aber schriftlich beim Arbeitgeber von der Versicherungspflicht befreien lassen. Das kann zweckmäßig sein, wenn sie anderweitig versichert sind, etwa über einen Hauptjob. Für „alte" Minijobber ändert sich nichts. Sollte der Arbeitgeber aber ihren bisherigen Lohn von 400 Euro bis auf höchstens 450 Euro aufstocken, gilt auch für sie das neue Recht. Mehr Informationen erhalten Minijobber und Arbeitgeber bei der Minijobzentrale unter www.minijobzentrale.de.

Für Minijobber ohne Rentenversicherungspflicht zahlt der Arbeitgeber pauschal sämtliche Abgaben: 2 Prozent Lohnsteuer, 15 Prozent Rentenversicherung, 13 Prozent Krankenversicherung und etwa 1 bis 2,5 Prozent weitere Beiträge und Umlagen. Zusammen sind das mindestens 31 Prozent. Minijobs in Privathaushalten erfordern weniger Abgaben. Neben 2 Prozent Lohnsteuer sind für die Rentenversicherung statt 15 nur 5 Prozent zu zahlen und für die Krankenversicherung statt 13 ebenfalls nur 5 Prozent. Mit weiteren Umlagen und Beiträgen sind das insgesamt 14,8 Prozent Abgaben.

Minijobs

Manche Arbeitnehmer sind ausschließlich in einem oder in mehreren Minijobs beschäftigt. Egal wie viele es sind, zusammengerechnet darf der Arbeitsverdienst aus allen Minijobs 450 Euro im Monat nicht überschreiten. Kommt mehr zusammen, ist die Abgabenfreiheit für den Arbeitnehmer in der Regel dahin.

Bei sozialversicherungspflichtig angestellten Arbeitnehmern ist das anders. Sie dürfen neben ihrem Hauptjob in nur einem für sie abgabenfreien Minijob arbeiten. Jeder weitere Minijob ist nicht mehr begünstigt. Verdient sich beispielsweise eine angestellte Altenpflegerin mit zwei Putzjobs für 450 Euro und für 200 Euro etwas hinzu, kann der erste Putzjob für sie abgabenfrei bleiben. Die 200 Euro aus dem zweiten Minijob werden dem Altenpflegerinnengehalt zugeschlagen und sind im Prinzip wie dieses steuer- und beitragspflichtig.

Noch etwas anders läuft es bei Beamten. Hier werden nebenbei verdiente Minilöhne unabhängig von ihrer Anzahl immer zusammengerechnet. Liegt der Arbeitsverdienst insgesamt nicht über 450 Euro, bleibt er abgabenfrei. Wenn die Minilöhne, wie im Beispiel, zusammen 450 Euro übersteigen, werden sie steuer- und abgabepflichtig. Eine Unterscheidung nach (begünstigtem) Minijob 1 und (nicht begünstigtem) Minijob 2 findet nicht statt. Das gilt auch für alle anderen Menschen, die nicht pflichtversichert sind.

Da der Arbeitgeber pauschal 15 Prozent vom Lohn in die Rentenversicherung zahlt, muss ein versicherungspflichtiger Minijobber die Differenz zum Beitragssatz von 18,7 Prozent zahlen. Das sind 3,7 Prozent Eigenanteil oder 16,65 Euro, wenn er monatlich 450 Euro verdient. Für Minijobber in Privathaushalten fällt der Eigenanteil mit 13,7 Prozent höher aus, weil Arbeitgeber nur 5 Prozent in die Rentenkasse einzahlen (18,7 minus 5 ist 13,7), maximal 61,65 Euro monatlich. Per Eigenanteil erreichen Minijobber etwas höhere Rentenansprüche und besseren Schutz, etwa bei Erwerbsminderung.

Begünstigte Extras

Die 450-Euro-Grenze darf grundsätzlich nicht überschritten werden, ein Cent mehr Lohn verringert oder vernichtet den Abgabenvorteil.

Trotzdem ist mit 450 Euro im Monat das Ende der Fahnenstange noch nicht erreicht. Menschen mit Minijob können nämlich, genau wie andere Arbeitnehmer auch, steuerfreie Arbeitgeberleistungen erhalten. Das sind beispielsweise Kinderbetreuungskosten für Vorschulkinder in unbegrenzter Höhe, Benzingutscheine oder andere Sachzuwendungen bis 44 Euro monatlich (→ Seite 192). Diese Arbeitgeberleistungen zählen bei der Berechnung der 450-Euro-Grenze nicht mit und bringen die Abgabenfreiheit nicht in Gefahr.

Midijob

Wenn Arbeitnehmer und Beamte mit versicherungspflichtigem Hauptjob zusätzlich einen Minijob haben, endet ihre Abgabenfreiheit für die Nebentätigkeit genau bei 450 Euro. Anders sieht das bei Arbeitnehmern aus, die keinen Hauptjob haben, sondern nur einen (oder mehrere) Minijobs. Für sie gibt es eine Übergangsregelung, eine sogenannte Gleitzone. Die wurde 2013 um 50 Euro nach oben erweitert und gilt nun für Löhne von 450,01 bis 850 Euro. In diesem Bereich unterliegt der Arbeitslohn dem normalen Lohnsteuerabzug. Es ist ein sogenannter Midijob. Der Arbeitgeber zahlt seinen Beitragsteil zur Renten-, Kranken-, Pflege- und Arbeitslosenversicherung ohne Abstriche ein. Das sind derzeit knapp 20 Prozent. Der Sozialversicherungsbeitrag (SV-Beitrag) des Arbeitnehmers wird nach einer ziemlich komplizierten Formel errechnet (→ Tabelle Seite 236).

Bei einem Monatsverdienst von beispielsweise 500 Euro übernimmt der Arbeitgeber rund 97 Euro SV-Beitrag. Dank Gleitzone zahlt der Arbeitnehmer rund 64 Euro SV-Beitrag. Ohne diese Übergangsregelung wären es rund 103 Euro. Für den Arbeitnehmer bedeutet das unter dem Strich etwa 38 Euro Entlastung. Die schmilzt aber, je mehr sich der Lohn der 850-Euro-Grenze annähert, und dort endet der Vorteil ganz. An dieser Stelle schließt sich an den Midijob ein ganz normal steuer- und versicherungspflichtiger „Maxijob" an.

Besonders ungünstig läuft es für Arbeitnehmer mit Midijob in der Lohnsteuerklasse V. Hier baut sich nicht nur die SV-Belastung schrittweise auf, sondern es kommt auch Lohnsteuer hinzu, die in den anderen Steuerklassen bei dieser Einkommenshöhe noch keine Rolle spielt. Menschen in Steuerklasse V sollten deshalb überlegen, ob sie sich überhaupt auf einen Midijob einlassen. Bis zu einer Lohnhöhe von rund 600 Euro fahren Sie finanziell mit einem Minijob für 450 Euro besser als mit einem Midijob, bleiben aber ohne soziale Absicherung.

Lohnersatz

Wenn Angestellte nichts verdienen, weil sie krank oder arbeitslos sind, weil der Betrieb pleite ist oder weil sie ein Baby betreuen, erhalten sie anstelle von Lohn in der Regel eine sogenannte Lohnersatzleistung. Die ist zwar steuerfrei, kann sich steuerlich aber trotzdem auswirken. Die erste und überschaubare Auswirkung: Arbeitnehmer, die zusätzlich zum Arbeitslohn Lohnersatzleistungen von über 410 Euro im Jahr erhalten haben, müssen eine Steuererklärung abgeben. Die 410-Euro-Grenze gilt übrigens für Alleinstehende sowie für Ehepaare und Lebenspartnerschaften. Sie verdoppelt sich für Paare also nicht. Jeder hat für sich eine eigene, auch nicht auf den Partner übertragbare 410-Euro-Grenze.

Die zweite Auswirkung: Lohnersatzleistungen können die Steuerbelastung erhöhen, obwohl sie steuerfrei sind. Um diesen Widerspruch zu benennen, war ein ganz besonderer Begriff erforderlich. Er lautet „Progressionsvorbehalt" und ist eine echte Stilblüte deutscher Steuerlyrik. Aus sich heraus erklärt er gar nichts, aber was er im Zusammenhang mit Lohnersatz bedeutet, lässt sich kurz beschreiben: Zum zu versteuernden Einkommen wird eine im Jahresverlauf bezogene Lohnersatzleistung hinzugezählt. Das Finanzamt ermittelt den Steuersatz auf die Summe. Das ist der sogenannte besondere Steuersatz. Danach ziehen die Beamten die Lohnersatzleistung vom zu versteuernden Einkommen wieder ab und wenden den besonderen Steuersatz auf das zu versteuernde Einkommen an. Das Ergebnis ist in der Regel eine höhere Steuerbelastung als vorher (→ auch Beispiel Seite 204).

Die Höhe der Lohnersatzleistungen hängt auch von der Lohnsteuerklasse ab. Viele Lohnersatzleistungen werden auf der Grundlage des Nettoeinkommens berechnet und damit in Abhängigkeit von der Lohnsteuerklasse. Ehepaare und Lebenspartner können über den Wechsel der Steuerklassenkombination Einfluss auf die Höhe von Lohnersatzleistungen nehmen. Wie das funktioniert, wird ab Seite 208 beschrieben.

→ Zum Beispiel Chiara C.

Die alleinstehende und kinderlose Arbeitnehmerin hatte nach allen Abzügen 22 000 Euro zu versteuerndes Einkommen. Zusätzlich erhielt sie 3 000 Euro Kurzarbeitergeld von der Bundesagentur für Arbeit. Die steuerfreie Lohnersatzleistung erhöhte Chiaras Steuerbelastung um rund 379 Euro, wie die folgende Rechnung zeigt.

zu versteuerndes Jahreseinkommen (ohne Kurzarbeitergeld)	**22 000**
Einkommensteuer (Durchschnittssteuersatz: 13,9273 Prozent)	3 064
Chiaras zu versteuerndes Jahreseinkommen mit Kurzarbeitergeld (22 000 plus 3 000)	25 000
Einkommensteuer (Durchschnittssteuersatz: 15,6520 Prozent)	3 913
22 000 Euro zu versteuern mit dem besonderen Steuersatz von 15,6520 Prozent	3 443
Mehrbelastung (ohne Soli) (3 443 minus 3 064, alle Angaben in Euro)	**379**

Lohnersatz ist aber nicht gleich Lohnersatz. Es gibt erstens Leistungen, die den Progressionsvorbehalt auslösen, und zweitens Leistungen, bei denen er keine Rolle spielt.

Zur ersten Gruppe gehören zum Beispiel Arbeitslosengeld (ALG I), Elterngeld, Insolvenzgeld, Krankengeld von Arbeitnehmern, die in der gesetzlichen Versicherung freiwillig oder pflichtversichert sind, Kurzarbeitergeld, Mutterschaftsgeld, Zuschuss zum Mutterschaftsgeld, Verletztengeld, Winterausfallgeld.

Alle Lohnersatzleistungen, die dem Progressionsvorbehalt unterliegen, sind in § 32b Absatz 1 des Einkommensteuergesetzes benannt.

Was dort nicht steht, bleibt frei vom Progressionsvorbehalt und gehört zur zweiten Gruppe, zum Beispiel Arbeitslosengeld II, Ein-Euro-Jobs, Krankengeld einer privaten Krankenversicherung, Sozialhilfe, Wohngeld, Zuschuss und Überbrückungsgeld für Existenzgründer.

Trauschein mit Steuereffekt

Ehepaaren gönnt der Fiskus ein paar Extravorteile. Die gelten genauso für eingetragene Lebenspartnerschaften. Jeder Verweis auf Ehepartner, den Sie in diesem Ratgeber finden, bezieht sich ebenfalls auf Lebenspartner, auch wenn das nicht immer ausdrücklich danebensteht (→ Seite 15). Der wirksamste Vorteil ist wohl ein spezieller Steuertarif. Der heißt „Splittingtarif" und bringt Ehe- und Lebenspartnern in der Regel einen Steuernachlass. Der fällt umso höher aus, je unterschiedlicher die steuerpflichtigen Einkünfte beider Partner sind.

Splitting-Vorteil

Haben zum Beispiel Ehepaare/Lebenspartner zusammen ein zu versteuerndes Einkommen von 50 000 Euro, werden dafür 7 826 Euro Einkommensteuer fällig, wenn beide Partner eine gemeinsame Steuererklärung abgeben („Zusammenveranlagung" → Seite 41). Wie sich das Einkommen auf beide verteilt, spielt keine Rolle.

Gibt aber jeder von ihnen eine eigene Steuererklärung ab („Einzelveranlagung"), werden die Partner im Prinzip wie zwei Alleinstehende besteuert und da zeigen sich die Unterschiede. Verdient einer alles und der andere nichts, würden bei einer Einzelveranlagung 12 561 Euro an Einkommensteuer fällig, also 4 735 Euro mehr als bei einer Zusammenveranlagung. Hätten beide ein gleiches zu versteuerndes Einkommen von 25 000 Euro, zahlte jeder bei einer Einzelveranlagung 3 913 Euro Einkommensteuer. Es wäre in diesem Fall zunächst egal, ob man gemeinsam oder einzeln seine Steuererklärung macht.

Paare haben ein Wahlrecht, ob sie eine gemeinsame Steuererklärung abgeben möchten oder einzelne. Das Beispiel oben ist ein klarer Fall für Zusammenveranlagung, weil unter dem Strich rund ein Drittel Steuerersparnis steht. Andere Fälle sind weniger eindeutig. Wenn beispielsweise das Einkommen einigermaßen gleich verteilt ist und es kommen nennenswerte Einnahmen hinzu, die dem Progressionsvorbehalt unterliegen (→ Seite 203), oder Verluste eines Partners, Abfindungen oder Nebeneinkünfte bis 410 Euro pro Jahr (→ Seite 197), hilft nur genaues Rechnen – und das sollte am besten ein Steuerprofi übernehmen (→ Seite 216).

→ **TIPP:** Der Splittingtarif steht nur zusammenlebenden Ehe- und Lebenspartnern zu. Wenn aber getrennt lebende Partner einen Versöhnungsversuch unternehmen und einige Zeit wieder zusammenleben, drückt das Finanzamt für das betreffende Jahr ein Auge zu. Egal wie der Versuch endete, gilt der Splittingtarif.

Steuerklassenwahl

Was Lohnsteuerklassen sind und wie sie funktionieren, finden Sie ab Seite 14. Paare dürfen zwischen mehreren Kombinationen wählen. So entscheiden sie mit darüber, wie viel Lohnsteuer im Jahresverlauf an das Finanzamt geht. Dabei ist die Kombination IV/IV in der Regel die richtige Wahl, wenn beide Partner etwa gleich viel verdienen. Liegen die Löhne weit auseinander, sorgt die Kombination III/V für den geringsten laufenden Steuerabzug. Der Partner mit dem höheren Lohn nimmt Klasse III, wenn er mindestens 60 Prozent des „Gesamtlohns" beider Partner hat, so eine Daumenregel. Unter www.test.de/Steuerratgeber-Extra finden Sie eine erläuterte Tabelle zur Lohnsteuerklassenwahl. Dort steht auch, bei welchem Einkommensverhältnis Ehepaare/Lebenspartner mit welcher Kombination am besten fahren (→ Seite 15 und 231).

Besteuerung per Faktor

Paare haben seit 2010 noch eine dritte Kombinationsmöglichkeit. Die läuft unter dem Begriff „Faktorverfahren". Es verringert die hohe Steuerbelastung in der Klasse V etwas zulasten der besonders günstigen Klasse III. Damals entschieden sich gut drei Millionen Arbeitnehmerpaare für die Steuerklassenklassenkombination III/V. In der Steuerklasse V betrug der Anteil der Frauen etwa 90 Prozent. Mit dem Faktor wird unter anderem erreicht, dass für beide Partner mindestens die persönlichen Entlastungsfaktoren bereits während des laufenden Lohnsteuerabzugs berücksichtigt werden, etwa der Grundfreibetrag oder der Arbeitnehmerpauschbetrag. Mit der Steuerklassenkombination III/V kann es zu Steuernachzahlungen kommen, die bei großen Lohnunterschieden ansteigen. Wer höhere Nachzahlungen vermeiden will, kann das über die Wahl der Steuerklassenkombination IV/IV mit Faktor erreichen. Bei dieser Kombination entspricht der Lohnsteuerabzug annähernd der tatsächlich zu zahlenden Einkommensteuer. Das Finanzamt ermittelt dafür einen Faktor aus den jeweiligen Arbeitslöhnen der Partner, indem es die Lohnsteuerbelastung in den Steuerklassen IV/IV mit der voraussichtlich zu zahlenden Einkommensteuer ins Verhältnis setzt. Der so ermittelte Faktor wird dem Arbeitgeber mitgeteilt. Der zieht die Lohnsteuer zunächst auf der Grundlage der Steuerklasse IV ab und multipliziert die Steuer danach mit einem Faktor, der kleiner als eins ist. So wird erreicht, dass die bisher hohe Lohnsteuerbelastung in der Lohnsteuerklasse V des gering verdienenden Partners deutlich sinkt. An der Gesamtbelastung des Paars ändert sich nichts.

TIPP: Gehen Sie auf die Seite www.bmf-steuerrechner.de. Dort klicken Sie an: „Berechnung der Lohnsteuer", danach „Faktorverfahren" 2017 oder 2018. Dort können Sie Ihre Daten eingeben und ermitteln, wie sich der Faktor bei Ihrer Lohnsteuerklassenwahl auswirkt.

Wenn Ehe- oder Lebenspartner die Steuerklasse IV/IV mit Faktor wählen, müssen sie mit einem gemeinsamen Antrag beim Finanzamt auch die voraussichtlichen Jahresarbeitslöhne aus ihrem Hauptarbeitsverhältnis angeben. Arbeitslöhne aus weiteren Jobs, die nach Steuerklasse VI besteuert werden, bleiben bei der Faktor-Berechnung unberücksichtigt. Paare können den Faktor für das laufende Kalenderjahr bis zum 30. November beim zuständigen Finanzamt eintragen lassen oder bis zu diesem Termin einmal im Jahr ändern lassen. Arbeitnehmer, die sich für das Faktorverfahren entschieden haben, müssen eine Steuererklärung abgeben. Ab 2019 soll der Faktor nicht nur für ein Jahr, sondern für zwei Jahre beantragt werden können, hat der Gesetzgeber entschieden.

Spielräume bei Lohnersatz

Mit der Wahl der Lohnsteuerklasse können Paare die Höhe von Lohnersatzleistungen beeinflussen. Die Klasse III führt zur höchstmöglichen Lohnersatzleistung, die Klasse V zur geringsten. Wenn ein Partner mit Lohnersatzleistung rechnet, sollte er möglichst nicht in Klasse V bleiben, sondern zügig in Klasse III oder IV wechseln. Verdient beispielsweise eine verheiratete werdende Mutter 2 500 Euro brutto in der Steuerklasse V, zahlt ihr „Vater Staat" monatlich rund 835 Euro Elterngeld. Wechselt sie rechtzeitig in die Steuerklasse III, bekommt sie 338 Euro mehr: 1 170 Euro.

→ **TIPP:** Künftige Eltern sollten jetzt möglichst langfristig planen. Damit die Familienkasse den „elterngelderhöhenden" Wechsel eines Elternteils in eine günstigere Lohnsteuerklasse mit Sicherheit anerkennt, müssen Mütter seit 2013 in der Regel acht Monate vor dem errechneten Geburtstermin die Steuerklasse wechseln, Väter spätestens sechs Monate vorher.

Eine einmal bezogene höhere Lohnersatzleistung bleibt dem Paar in jedem Fall netto erhalten. Die höhere Steuerbelastung durch den Steuerklassen-Kombinationswechsel lässt sich später per Steuererklärung zurückholen. Beide sollten aber auch eine andere Folge bedenken: Wechselt der mehr verdienende Partner in eine ungünstigere Steuerklasse, erhöht sich seine Lohnsteuer sofort und das kann zu plötzlicher Ebbe in der Haushaltskasse führen. Die Steuerrückerstattung vom Finanzamt kommt erst nach einem Jahr oder später. Rechnen Sie das vorher durch: etwa unter www.bmf-steuerrechner.de oder mithilfe eines Steuerprofis.

Steuerklassenwechsler sollten mit behördlichem Argwohn rechnen. Beim Elterngeld hat sich das inzwischen erledigt, seitdem das Bundessozialgericht den Wechsel aus der Klasse V in die Klasse III oder IV als legale Gestaltungsmöglichkeit bewertet, auch wenn der Wechsel „nur" das Ziel hatte, mehr Elterngeld zu bekommen. Die Arbeitsverwaltung stellt sich weiter quer. Erfolgt der Wechsel eines Partners in eine günstigere Steuerklasse im Jahr der Arbeitslosigkeit, prüft das Amt, ob der Wechsel „zweckmäßig" war. Zweckmäßig ist im Amtsverständnis ein Verhältnis der Arbeitslöhne der Partner, wie es die Finanzverwaltung in ihren Tabellen (→ Seite 15) ausgerechnet hat. Verdient beispielsweise ein Ehepartner 3 000 Euro und der andere 1 500 Euro und haben sie bisher die Kombination III/V, lehnt das Amt einen Wechsel in Kombinationen IV/IV und V/III als „unzweckmäßig" ab. Es berechnet das Arbeitslosengeld so, als hätte es keinen Wechsel gegeben. Das Amt hält sich dabei an die Lohnsteuerklassenkombination, die am 1. Januar des Jahres galt. Hätte das Arbeitnehmerehepaar bereits vorher die Kombination gewechselt, hätte das Amt mitspielen müssen. Wenn Paare die Kombination wechseln wollen, weil ein Partner absehbar Lohnersatz beziehen wird, sollten sie das möglichst bis Silvester des Vorjahres tun.

Arbeitnehmerinnen, die sich per Steuerklassenwechsel mehr Mutterschaftsgeld vom Arbeitgeber holen wollen, brauchen dazu in der Regel sein Einverständnis. Verweigert er das, haben sie vor Gericht schlechte Karten.

Tod des Partners

Ist ein Ehe- oder Lebenspartner 2017 verstorben, sind die steuerlichen Folgen wahrscheinlich der geringste Kummer. Der überlebende Partner sollte dennoch auf ein paar Dinge achten. Im Jahr 2017 und im Jahr 2018 steht ihm weiterhin der Splittingtarif zu. Im Prinzip werden 2017 die **Zeilen 1 bis 24** des Mantelbogens (→ Seite 39) genau so ausgefüllt, als würde der Partner noch leben. Weil zum Jahresbeginn 2017 noch beide Partner lebten, kreuzt der überlebende Partner in **Zeile 24** „Zusammenveranlagung" an (linkes Kästchen). Auf Seite 4 des Mantelbogens sollte der verwitwete Partner neben seiner Unterschrift im Feld für den Verstorbenen vermerken: „Ehegatte/Lebenspartner verstorben am …", und das Sterbedatum einfügen. So gibt es keine Nachfragen wegen der fehlenden Unterschrift.

Im Folgejahr (2018) füllt der überlebende Partner die **Zeilen 7 bis 14** mit den eigenen Daten aus, fügt in **Zeile 15** ein, seit wann er verwitwet ist. Die Daten des verstorbenen Partners sind dann nicht mehr erforderlich.

Für die Besteuerung von Hinterbliebenenbezügen, beispielsweise Witwenrenten oder Werkspensionen, gelten die steuerlichen Bedingungen, die für den verstorbenen Partner galten. Wurde etwa der verstorbene Ehemann vor 2006 Rentner, ist eine erstmals 2017 gezahlte Witwenrente zu 50 Prozent steuerpflichtig, nicht zu 74 Prozent, wie das ein Rentenbeginn 2017 eigentlich vorschreiben würde (→ Seite 237). Gleiches gilt für den Versorgungsfreibetrag und seinen Zuschlag für Pensionäre (→ Seite 240).

Freibeträge und andere Steuervergünstigungen, die als Jahresbeträge gewährt werden, können im Todesjahr vom überlebenden Partner noch doppelt genutzt werden. Das betrifft zum Beispiel den Sparerpauschbetrag von 1602 Euro (für beide) oder den Altersentlastungsbetrag, wenn die entsprechenden Einkünfte und das Alter bei beiden vorliegen (→ Seite 174). Für das Folgejahr gibt es solche Vergünstigungen nicht mehr.

Tipps für Beamte

Beamte, Richter und Soldaten behandelt das Finanzamt als Arbeitnehmer. Ihre Amtsbezüge gehören zu den „Einkünften aus nichtselbstständiger Tätigkeit“ und damit auf die Anlage N (→ ab Seite 10 und ab Seite 85). Beamtete Staatsdiener sollten trotzdem auf ein paar steuerliche Besonderheiten achten. Die ergeben sich vor allem daraus, dass sie in der gesetzlichen Sozialversicherung nicht pflichtversichert sind.

Altersvorsorge

In die gesetzliche Rentenversicherung müssen Beamte selbst nichts einzahlen. Sie haben aber die Möglichkeit, zusätzlich mit Steuerförderung vorzusorgen. So sind sie bei der Riester-Förderung „unmittelbar Begünstigte“ und können für sich und ihren Ehegatten/Lebenspartner die Zulagen beziehungsweise den Sonderausgabenabzug nutzen (→ Seite 144). Beamte müssen bei ihrer Besoldungsstelle schriftlich einwilligen, dass ihre Daten der zuständigen Stelle übermittelt werden dürfen. Ansonsten fällt die Riester-Förderung flach. Alle anderen Arbeitnehmer erklären nur ihre Einwilligung zur elektronischen Datenübertragung gegenüber dem Anbieter ihres Vorsorgevertrags.

Beamte können ebenfalls mit der sogenannten Basis-Rente, auch „Rürup-Rente“ genannt, steuerbegünstigt vorsorgen (→ Seite 73). Es ist eine private Rentenversicherung, die Beiträge werden aber steuerlich genauso behandelt wie Beiträge in die gesetzliche Rentenversicherung. Sie sind teilweise als Sonderausgaben abzugsfähig. Das Finanzamt erkennt 84 Prozent der 2017 eingezahlten Beiträge als Sonderausgaben an. Förderfähig sind 2017 maximal 23 362 Euro (→ Seite 235). Der Höchstbetrag wird für Beamte auf besondere Weise ermittelt, wie das folgende Beispiel zeigt.

→ Zum Beispiel Studienrat Ludwig L.

Die Bezüge des alleinstehenden Lehrers belaufen sich auf 50 000 Euro brutto. Um seine spätere Pension aufzubessern, zahlt er 5 000 Euro in eine Basis-Rente. Davon darf er 4 200 Euro als Sonderausgaben absetzen. Die Zusatzvorsorge beschert ihm später mehr Einkommen und jetzt pro Jahr rund 1 600 Euro weniger Einkommensteuer und Solidaritätszuschlag.

Beitrag zur Basisrente	**5 000**
Höchstbetrag im Jahr	23 362
Kürzung des Höchstbetrags um 18,7% von 50 000*	–9 350
gekürzter Höchstbetrag (23 362 minus 9 350)	14 012
abzugsfähige Sonderausgaben (84 % von 5 000, alle Angaben in Euro)**	**4 200**

* Um eine Gleichbehandlung mit Arbeitnehmern herzustellen, kürzt das Finanzamt den abzugsfähigen Höchstbetrag um den Beitrag, den der Beamte (einschließlich Arbeitgeberanteil) in die gesetzliche Rentenversicherung einzahlen müsste, wenn er dazu verpflichtet wäre.

** Das Amt vergleicht den tatsächlich gezahlten Beitrag zur Basis-Rente (5 000 Euro) mit dem gekürzten Höchstbetrag (14 012 Euro). Vom niedrigeren der beiden Beträge, hier von 5 000 Euro, sind 84 Prozent als Sonderausgaben absetzbar.

Kranken- und Pflegeversicherung

Die meisten Beamten sind privat kranken- und pflegeversichert. Sie können ihre Beitragszahlungen an die Kranken (KV)- und Pflegeversicherung (PV) im gleichen Umfang wie Arbeitnehmer als Sonderausgaben per Anlage Vorsorgeaufwand geltend machen (→ ab Seite 74). Der Arbeitgeber berücksichtigt beim laufenden Lohnsteuerabzug die KV- und PV-Beiträge, die ihm gemeldet wurden, oder eine Pauschale von 1 900 Euro im Jahr. Ausnahme: Steuerklasse III, hier sind es pauschal 3 000 Euro.

Zahlt Studienrat Ludwig L. aus dem Beispiel auf der linken Seite 2 500 Euro KV-Beitrag für eine Basisabsicherung und 180 Euro in die Pflegeversicherung, schreibt er das in Zeile 23 beziehungsweise Zeile 24 der Anlage Vorsorgeaufwand. Diese Beiträge sind komplett absetzbar. In der Mitteilung der Krankenkasse sind die 4 Prozent für die Versicherung des Krankengeldes bereits berücksichtigt (→ Seite 77). Ludwig L. liegt mit seinen KV- und PV-Beiträgen über 1 900 Euro. Deshalb kann er keine weiteren abzugsfähigen Versicherungsbeiträge geltend machen (→ Seite 81). Dennoch sollte er darauf achten, ob der Selbstbehalt von 500 Euro, den er mit seiner privaten KV vereinbart hat und der seinen KV-Beitrag etwas ermäßigt, immer noch vorteilhaft ist. Seit 2010 darf er nämlich mehr KV-Beitrag als Sonderausgaben geltend machen und seitdem wirkt sich manchmal der Steuervorteil per Sonderausgabenabzug unter dem Strich vorteilhafter aus als eine geringere Beitragszahlung, die durch Selbstbehalte oder Beitragserstattungen erreicht werden konnte (→ Beispiel Seite 79).

Manche Staatsdiener zahlen nur geringe KV-Beiträge, etwa weil sie besonders günstige Tarife haben oder weil sie anstelle von Beihilfe die Heilfürsorge oder die Truppenärztliche Versorgung nutzten. Liegen ihre KV- und PV-Beiträge unter 1 900 Euro im Jahr, können sie mindestens die Differenz zwischen der Höhe ihrer KV- und PV-Beiträge und 1 900 Euro für weitere Versicherungsbeiträge geltend machen. Oftmals lohnt sich dann für verheiratete Staatsdiener die Einzelveranlagung.

→ Zum Beispiel das Ehepaar M.

Mirko M. ist Polizeimeister bei der Bundespolizei, Bruttomonatsgehalt 2 600 Euro. Er zahlt im Jahr 510 Euro KV und PV und 2 160 Euro für Anwartschaften und sonstige abzugsfähige Versicherungsbeiträge (Kfz-Haftpflicht, private Unfallversicherung, → Seite 83 bis 84). Ehefrau Martina ist gesetzlich versicherte Arbeitnehmerin, Bruttomonatsgehalt 3 200 Euro. Per Einzelveranlagung zahlen sie 480 Euro weniger Einkommensteuer und Solidaritätszuschlag, als mit einer gemeinsamen Steuererklärung. Das liegt daran, dass Mirko per getrennter Steuererklärung fast alle sonstigen abzugsfähigen VersicherungsbeitrÃ¤ge absetzen kann. Bei einer gemeinsamen SteuererklÃ¤rung wÃ¤re nichts davon absetzbar, weil die BeitrÃ¤ge beider Partner zu KV und PV das gemeinsame begÃ¼nstigte Abzugsvolumen Ã¼berschreiten.

	Mirko M.		Martina M.
Jahresbruttolohn	31 200		38 400
minus Werbungskosten	â1 000		â1 000
minus Sonderausgaben	â36		â36
minus abzugsfÃ¤hige BeitrÃ¤ge Mirko (510 plus 2 160 ist 2 670, abzugsfÃ¤hig nach GÃ¼nstigerprÃ¼fung 2001, â Seite 76)	â2 001		
minus abzugsfÃ¤hige gesetzliche BeitrÃ¤ge Martina (3 683 KV/PV plus 2 442 Rentenversicherung)			â 6 125
zu versteuern einzeln	28 163		31 239
Einkommensteuer plus Soli einzeln	5 120		6 130
zu versteuern gemeinsam		60 893	
Einkommensteuer gemeinsam		11 730	
Vorteil der Einzelveranlagung (11 730 minus 5 120minus 6 130, alle Angaben in Euro)		**480**	

Auf den ersten Blick ist fÃ¼r Beamte oft kaum erkennbar, was besser ist: einzeln oder gemeinsam abgeben. Hier kann ein Steuerprofi helfen oder ein PC-Steuerprogramm, mit dem sich die unterschiedlichen Varianten durchspielen lassen. Paare kÃ¶nnen auch versuchen, mithilfe dieser Beispielrechnung den ErlÃ¤uterungen zur Anlage Vorsorgeaufwand (â Seite 73) und der Ãbersicht zur Ermittlung der EinkÃ¼nfte (â Seite 242) die jeweils getrennten und das gemeinsam zu versteuernde Einkommen zu ermitteln. Unter www.bmf-steuerrechner.de kÃ¶nnen sie die so ermittelten Ergebnisse einmal unter âverheiratetâ und zweimal unter âalleinstehendâ eingeben und die errechnete Belastung vergleichen. Haben Paare zunÃ¤chst eine ungÃ¼nstige Wahl getroffen, lÃ¤sst sich das per Einspruch gegen den Steuerbescheid korrigieren (â Seite 223).

Ein ganz anderes Problem kÃ¶nnen Staatsdiener mit nur geringen KV-/PV-BeitrÃ¤gen bekommen. Der Arbeitgeber berÃ¼cksichtigt im Jahresverlauf in der Regel eine Vorsorgepauschale von bis zu 1900 Euro. Wenn Beamte tatsächlich weniger aufwenden als 1900 Euro (beziehungsweise 3000 Euro in Lohnsteuerklasse III), sind sie verpflichtet, eine Steuererklärung abzugeben und müssen Steuern nachzahlen.

→ Zum Beispiel Nico N.

Der alleinstehende Nico ist Unteroffizier bei der Bundeswehr (Monatsbruttogehalt 2 100 Euro). Er erhält Truppenärztliche Versorgung und hat deshalb kaum KV-/PV-Beiträge. Beim laufenden Lohnsteuerabzug in der Klasse I wurde automatisch eine jährliche Vorsorgepauschale von 1 900 Euro berücksichtigt. Auf dieser Grundlage zahlt Nico im Jahresverlauf rund 3 310 Euro Lohnsteuer und Solidaritätszuschlag. Nico kann aber tatsächlich nur 500 Euro abzugsfähige Versicherungsbeiträge geltend machen. Das bedeutet für ihn unter dem Strich eine Nachzahlung von rund 415 Euro Lohnsteuer und Solidaritätszuschlag sowie die Pflichtabgabe einer Steuererklärung.

→ **TIPP:** Staatsdiener mit Anspruch auf Heilfürsorge, Truppenärztliche Versorgung und Beihilfe schöpfen ihre Möglichkeiten, Versicherungsbeiträge als Sonderausgaben geltend zu machen, nicht immer aus. Das können sie ändern, wenn sie Haftpflicht-, Unfall-, Risikolebens- oder andere steuerlich begünstigte Versicherungen abschließen (→ ab Seite 81). Das gilt selbst dann, wenn sie damit andere Personen absichern, etwa Kinder oder Enkel. Ehe- und Lebenspartner können manchmal durch die Wahl der Einzelveranlagung mehr Versicherungsbeiträge absetzen und Steuern sparen (→ Beispiel Seite 213).

Hilfe vom Profi

Die große Mehrheit der Arbeitnehmer kommt ohne Steuerberatung aus. Wer nur Lohn und kaum andere Einkünfte hat, kann seine Probleme mit dem Finanzamt in der Regel selbst klären. Das spricht natürlich nicht dagegen, eine (erste) Steuererklärung vom Profi machen zu lassen. Dann weiß man noch besser, wie es geht und kann auf dieser Grundlage den Dialog mit dem Finanzamt allein weiterführen.

Es gibt aber Fälle, bei denen geht ohne den Fachmann nichts – oder alles schief. Dann kann aus der Einsparung des Beraterhonorars ein Verlustgeschäft werden, zum Beispiel bei Selbstanzeigen, Vermögensübertragungen innerhalb der Familie, bei Grundstücksverkäufen, Verlusten oder unübersichtlichen Nebeneinkünften. Manchmal ist ein Steuerprofi auch für eher alltägliche Sachen empfehlenswert, etwa im Bereich der Förderung von Kindern über 18, bei haushaltsnahen Dienstleistungen, Behinderung oder wenn Ehepaare/Lebenspartner getrennte Steuererklärungen abgeben. Dieser Ratgeber weist an den entsprechenden Stellen darauf hin, ob professionelle steuerliche Hilfe empfehlenswert, ratsam oder unbedingt geboten ist. Umfragen belegen, dass etwa die Hälfte der Befragten gelegentlich oder ständig Rat bei Steuerprofis sucht, sei es beim Steuerberater, beim Lohnsteuerhilfeverein oder sei es eine einfache Nachfrage beim Finanzamt.

Rundum-Service durch Steuerberater

Die rund 95 000 Steuerberater in Deutschland dürfen bei allen Steuerfragen helfen. Welcher Berater zum Ratsuchenden und zu dessen Problem passt, ist nur individuell zu klären, ein paar Tipps und Überlegungen können aber weiterhelfen. Die große Mehrheit der Beratungssuchenden vertraut den Empfehlungen von Verwandten, Bekannten und Kollegen. Dieser Weg führt zum Ziel, wenn sich der Berater mit den anstehenden Problemen auskennt und „die Chemie“ zwischen ihm und dem Ratsuchenden stimmt.

TIPP: Auch mithilfe des Telefonbuchs lassen sich erste Kontakte mit einem Berater in der näheren Umgebung herstellen. Inzwischen sind die Steuerberater mit ihrem Profil im Internet vertreten, zum Beispiel im Suchdienst der Bundessteuerberaterkammer unter www.bstbk.de und über den Deutschen Steuerberaterverband unter www.dstv.de. Dort gibt es auch Hinweise auf Fachgebiete und Spezialkenntnisse der Berater. Die aufgeführten Qualifikationen beruhen aber ausschließlich auf Selbsteinschätzungen der Berater.

Telefon-Hotlines zur Steuerberatung sind bequem und billig. Unabhängige Überprüfungen, auch durch die Stiftung Warentest, haben aber gezeigt, dass Anrufer oft nicht optimal beraten wurden. Dann war es am Ende doch kein Schnäppchen. Eine Beratung per Telefon ist auch deshalb nicht zu empfehlen, weil schon akustisch manches verloren gehen kann. Außerdem ermöglicht nur ein persönlicher Kontakt eine umfassende Kommunikation, und die ist notwendig, um ein paar wichtige Fragen zu beantworten (→ Seite 218).

TIPP: Bereiten Sie sich auf das erste Gespräch mit dem Steuerberater gut vor. Notieren Sie vorher Fragen und Probleme in Stichpunkten.

Seit 2006 dürfen „private Steuerberatungskosten“ nicht mehr als Sonderausgaben abgesetzt werden. „Privat“ bezieht sich auf alles, was im Mantelbogen steht, zum Beispiel Sonderausgaben, außergewöhnliche Belastungen, haushaltsnahe Dienstleistungen (→ ab Seite 43) oder auch auf die Anlage Kind (→ Seite 127). Steuerbescheide bleiben in dieser Sache nicht mehr automatisch offen, und es gab zu Redaktionsschluss auch kein neues Verfahren beim Bundesfinanzhof, an das sich Betroffene ohne Aufwand und Kosten „anhängen“ könnten. Achten Sie darauf, dass der Steuerberater sein Honorar entsprechend aufschlüsselt. Gemischte Beratungskosten, die die Einkünfte und den Privatbereich betreffen, etwa Ausgaben für diesen Ratgeber, für Steuerprogramme oder Mitgliedsbeiträge für Lohnsteuerhilfevereine, können Sie bis 100 Euro voll als Werbungskosten

Checkliste

Was macht einen guten Berater aus?

Ob Sie eine passende Beratung gefunden haben, wissen Sie, wenn Sie die folgenden Fragen ohne Wenn und Aber mit „Ja“ beantworten:

- ☐ Können Sie zum Berater ein uneingeschränktes Vertrauensverhältnis aufbauen?
- ☐ Versetzt sich der Berater in Ihre steuerliche Situation und sind seine Vorschläge für Sie akzeptabel?
- ☐ Kann er Steuerprobleme verständlich erklären und will er das auch, wenn Sie nachfragen?
- ☐ Ist der Berater für Sie leicht erreichbar und nimmt er sich genügend Zeit für das Gespräch?
- ☐ Sind die Beratungskosten angemessen und nachvollziehbar?

Ein erstes Beratungsgespräch darf maximal 190 Euro kosten. Einige Berater nehmen für den Erstkontakt gar kein Honorar. Das sollte aber vorab telefonisch geklärt werden. Ansonsten richten sich die Kosten nach der Höhe der Einkünfte und nach dem Aufwand des Beraters. Der hat im Rahmen seiner Gebührenordnung erheblichen Entscheidungsspielraum. Wer zum Beispiel seine Unterlagen und Belege nicht im Schuhkarton mitbringt, sondern thematisch und zeitlich geordnet übergibt, spart dem Steuerberater Aufwand und zahlt in der Regel weniger Honorar.

Seit 2016 müssen Steuerberater ihre Mandanten schriftlich darauf hinweisen, dass eine Vergütung vereinbart werden kann, die höher oder niedriger als die gesetzliche ist.

geltend machen, über 200 Euro zur Hälfte. Bei Mischkosten zwischen 100 und 200 Euro sind 100 Euro absetzbar.

Lohnsteuerhilfevereine

Arbeitnehmer und Beamte, Rentner und Pensionäre können sich auch von einem Lohnsteuerhilfeverein beraten lassen. Die Vereine kümmern sich aber nur um ihre Mitglieder. Der jährliche Mitgliedsbeitrag ist in der Regel nach der Einkommenshöhe gestaffelt. Im Schnitt sind das zwischen 50 und 300 Euro im Jahr. Das ist dann gewissermaßen der jährliche Gesamtpreis der Beratung. Die Vereine erledigen bei der Einkommensteuer für ihre Mitglieder alles, was auch ein Steuerberater macht.

Allerdings haben Lohnsteuerhilfevereine nur eine begrenzte Beratungsbefugnis. Freiberufler, Gewerbetreibende und Landwirte dürfen sie nicht beraten. Es gibt aber Ausnahmen von der Beschränkung: Wer freiberuflich in einem Ehrenamt nur steuerfreie Einnahmen erhält, kann trotzdem vom Lohnsteuerhilfeverein beraten werden (→ Seite 169). Auch wenn ein Arbeitnehmer eine Haushaltshilfe beschäftigt, darf er sich trotz seiner „Arbeitgeberfunktion" vom Lohnsteuerhilfeverein beraten lassen. Auf einigen Gebieten funktioniert die Begrenzung der Beratungsbefugnis der Vereine über die Höhe der Einnahmen. Wer Mieteinnahmen und private Veräußerungsgewinne bis insgesamt 13 000/26 000 Euro (Alleinstehende/Paare) kassiert hat, darf vom Lohnsteuerhilfeverein beraten werden. Wer mehr hat, muss bei einem Steuerberater Hilfe suchen. Bei Zinsen und anderen Kapitalerträgen dürfen Vereine auch oberhalb der genannten Höhe beraten, wenn die Kapitalerträge mit der Abgeltungsteuer besteuert werden.

→ **TIPP:** Beratungsstellen in der Nähe finden Sie im Telefonbuch unter dem Stichwort „Lohnsteuerhilfe" und im Internet zum Beispiel unter www.beratungsstellensuche.de.

Elektronische Erklärung

Ausgerechnet die angeblich „diebische Elster" setzt die Finanzverwaltung als Namenspatin für die elektronische Steuererklärung ein. Mag der Vogel manchem auch wie das „Wappentier" des Fiskus vorkommen: Es ist bequem, sich von Elster durch das Internet tragen zu lassen. Die Finanzverwaltung bietet dazu ein kostenloses Programm mit dem Namen „Elster-Formular". Es sind vor allem zwei Pluspunkte, die aus Sicht der Nutzer für die elektronische Steuererklärung sprechen. Zum einen geben die Programme Hilfestellung beim Ausfüllen der Formulare. Sie prüfen eingegebene Daten und weisen auf offensichtliche Eintragungsfehler hin.

Zum anderen rechnen sie die voraussichtliche Steuerzahlung beziehungsweise Steuererstattung aus. Damit wissen Sie im Voraus, woran Sie sind. Wenn Sie zahlen müssen, können Sie die Abgabe der Steuererklärung per Elster etwas verzögern und Ihr Geld noch eine Weile behalten. Wenn Sie vom Finanzamt eine Erstattung zu erwarten haben, geben Sie gleich ab. Verwaltung und Bürger profitieren außerdem davon, dass Elster Fehler vermeidet, die bei der manuellen Übertragung von Daten aus dem Steuerformular in das Bearbeitungssystem des Finanzamts entstehen können.

TIPP: Seit 2014 gibt es die „vorausgefüllte Steuererklärung". „Vorausgefüllt" ist dabei aber zunächst gar nichts. Es geht vor allem um die Möglichkeit, bei der Finanzverwaltung vorhandene Daten für die Steuererklärung einzusehen und elektronisch abzurufen. Es handelt sich dabei zum Beispiel um Daten von Banken, Versicherungen und Arbeitgebern. Damit das funktioniert, muss eine Anmeldung über „ElsterOnline-Portal" erfolgen und ein Antrag auf Belegabruf gestellt werden. Die Daten müssen trotzdem auf Richtigkeit und Vollständigkeit geprüft werden, weil nach bisheriger Erfahrung immer wieder Fehler auftreten.

Das Programm „ElsterFormular läuft unter allen gängigen Betriebssystemen von Microsoft. Mac-Nutzer müssen über das „Elster-Onlineportal“ gehen und brauchen dafür eine vorherige Registrierung. Auch Menschen, die im Umgang mit Computer und Internet wenig geübt sind, schaffen es in der Regel, ihre Steuererklärung so anzufertigen und abzugeben.

Unter www.elster.de/eportal/infoseite/elsterformular gibt es viele Erläuterungen. Von dort kann das Programm auch heruntergeladen werden. Man kann sich auch eine kostenlose Programm-CD beim Finanzamt besorgen. Die gibt es für die Steuererklärung 2017 voraussichtlich ab Ende Januar 2018. Die Aktualisierung per Internet funktioniert in der Regel zügig.

Mit persönlicher Unterschrift

Die Möglichkeit der elektronischen Steuererklärung gibt es schon seit 1999. Dabei wird die Steuererklärung am eigenen Computer ausgefüllt und anschließend mit einem Tastendruck übers Internet verschlüsselt an das Finanzamt geschickt. Danach wird nur noch eine Kurzversion der Steuererklärung ausgedruckt. Die muss mit der Hand unterschrieben, per Post verschickt oder persönlich beim Finanzamt abgegeben werden. Ihr sollten auch gleich die gesetzlich vorgeschriebenen Bescheinigungen beigelegt werden, wie das Finanzamt sie zum Beispiel für Gewinnermittlungen fordert. Der Steuererklärung 2017 müssen keine Steuerbescheinigungen für inländische Kapitalerträge oder Spendenbescheinigungen mehr beiliegen (→ Seite 50). Braucht das Amt Nachweise, wird es sich melden. Bewahren Sie alle Belege auf, um sie auf Verlangen vorlegen zu können.

Mit elektronischer Unterschrift

Computernutzer können die eigenhändig unterschriebene Kurzerklärung durch ein digitales Zertifikat ersetzen. Dafür müssen Sie sich im Internet über www.elster.de (dann weiter zu „Benutzerkonto erstellen") mit Ihren persönlichen Daten und der Steuernummer registrieren lassen. Über weitere Zwischenschritte erhalten Sie ein persönliches Zertifikat.

Die Registrierung ist freiwillig. Sie stellt aber etwas höhere Anforderungen an die Leistungsfähigkeit des Computers (ab Windows 7) und an die Geschwindigkeit des Internetzugangs (DSL- oder ISDN-Anschluss sind erforderlich). Gewerbliche oder freiberufliche Einkünfte erfordern, auch wenn sie nebenberuflich sind, in der Regel eine elektronische Unterschrift.

Es gibt drei verschiedene Arten der Registrierung, die sich vor allem in ihrem Sicherheitsgrad unterscheiden. Bei der „Zertifikatsdatei" erhält der Nutzer nach der Registrierung kostenlos ein Zertifikat in Form einer Datei. Die kann er auf Festplatte, CD-ROM oder Memory-Stick speichern. „Sicherheitsstick" und „Signaturkarte" erfordern zusätzliche Anschaffungskosten (rund 50 Euro für einen speziellen USB-Elster-Stick beziehungsweise 50 bis 150 Euro für eine Signaturkarte). Für die meisten Arbeitnehmer reicht die Zertifikatsdatei völlig aus. Sie sollten Ihr persönliches Zertifikat auf einer externen Festplatte speichern oder anderweitig extern ab legen, damit sie bei einem Computerproblem, etwa einem Festplattendefekt, nicht die ganze Prozedur wieder holen müssen. Obwohl jetzt auch die Unterschrift elektronisch funktioniert, will das Finanzamt einige Belege weiterhin in Papierform sehen, zum Beispiel bestimmte Steuerbescheinigungen. Die mitzuschickenden Belege werden aber zum Glück immer weniger (→ auch Seite 50).

→ **TIPP:** Ihr Zugang zum Steuerportal ist elektronisch verschlüsselt, damit kein Fremder darauf zugreifen kann. Achten Sie unbedingt darauf, dass auf Ihrem Computer ein Virenscanner und eine Firewall installiert sind.

Der Steuerbescheid

Die amtliche Antwort auf die Steuererklärung ist der Steuerbescheid. Wenn der im Briefkasten gelandet ist, läuft die Uhr. Arbeitnehmer haben einen Monat Zeit, um sich gegen falsche oder ungerechte Bescheide zu wehren. Das ist inzwischen eine ziemlich erfolgreiche „Massenveranstaltung" geworden: Jährlich bearbeitet die Finanzverwaltung mehrere Millionen Einsprüche, in der Regel gehen rund zwei Drittel davon zugunsten des Bürgers aus.

Entspricht der Bescheid nicht den vorausberechneten Erwartungen, ist das Amt in der Regel von den Angaben in der Steuererklärung abgewichen. Dann sollten die Einzelpositionen von Steuererklärung und Steuerbescheid verglichen werden, etwa mit Blick auf die steuerpflichtigen Einnahmen, die abzugsfähigen Ausgaben, die (Nicht-)Berücksichtigung zustehender Freibeträge oder anderer Vergünstigungen. Das Finanzamt muss Abweichungen darlegen und das geschieht im Bescheid unter der Überschrift „Erläuterungen". Findet sich dort nichts oder nichts Nachvollziehbares, ist allein das ein guter Grund, gegen den Steuerbescheid vorzugehen.

Einspruch einlegen

Der Einspruch ist das wichtigste Abwehrinstrument gegen falsche Bescheide, kostenlos und einfach zu handhaben. Er funktioniert per Brief, Fax, Postkarte, E-Mail (wenn das Finanzamt eine Adresse bekannt gegeben hat), elektronisch mit Signatur über das Elster-Onlineportal oder das eigene Steuerprogramm, oder mittels einer vom Finanzamt zu Protokoll genommenen mündlichen Erklärung.

Um die Einspruchsfrist von einem Monat zu wahren, kann ein Einspruch erst mal ohne Begründung bleiben, die sollte aber zügig nachgereicht werden. Die Einspruchsfrist kann nicht verlängert werden. Nur in Ausnahmefällen kann mit einem „Antrag auf Wiedereinsetzung in den vorigen Stand" ein Fristversäumnis abgeschmettert werden. Das Finanzamt spielt mit, wenn die Frist schuldlos versäumt wurde, doch das wird hart geprüft. Wer maximal sechs Wochen in Urlaub gefahren ist, kommt gerade noch davon. Ein längerer Urlaub erfordert, dass der Nachbar (oder wer auch immer) sich um die Amtspost kümmert. Plötzliche schwere Erkrankung wird als Begründung akzeptiert, chronische Erkrankung oder Schwangerschaft nicht und hohe Arbeitsbelastung gar nicht.

Mit dem Einspruch ist der gesamte Steuerfall wieder offen. Der Bürger kann jetzt noch neue Einwände vorbringen. Das Finanzamt kann das aber auch – und schlimmstenfalls mehr Steuern als vorher verlangen. Das heißt tatsächlich „Verböserung", wird im Duden als „Scherzwort" bezeichnet, ist hier aber ganz ernst gemeint. Zum Glück muss das Finanzamt seine „Verböserungsabsicht" ankündigen. Wird der Einspruch danach zurückgenommen, bleibt es beim alten Steuerbescheid.

Trotz Einspruch muss fällige Steuer fristgemäß gezahlt werden. Das lässt sich nur mithilfe eines „Antrags auf Aussetzung der Vollziehung" vermeiden und der sollte zweckmäßigerweise gleich mit im Einspruch stehen. Er kann aber auch getrennt nachgereicht werden. Für eine Entscheidung hat das Finanzamt einen relativ weiten Ermessensspielraum.

Einspruch unnötig

Das Finanzamt erteilt den Bescheid in wichtigen Streitpunkten von sich aus vorläufig. Das passiert meist, wenn Gerichte die Verfassungsmäßigkeit geltender Gesetze und Regeln noch prüfen müssen. Bei Redaktionsschluss betraf das zum Beispiel die Frage, ob die Anwendung der „zumutbaren Belastung" auf Krankheitskosten verfassungsgemäß ist. Das Bundesfinanzministerium (BMF) informiert in unregelmäßigen Abständen über die aktuelle Vorläufigkeitsliste (→ Infokasten Seite 227).

Einspruch einfach

Viele Einsprüche funktionieren mit besonders geringem Aufwand. Läuft in einer vergleichbaren Sache ein Verfahren beim Europäischen Gerichtshof (EuGH), beim Bundesverfassungsgericht (BVerfG), beim Bundesfinanzhof (BFH) oder bei einem anderen obersten Bundesgericht , muss das

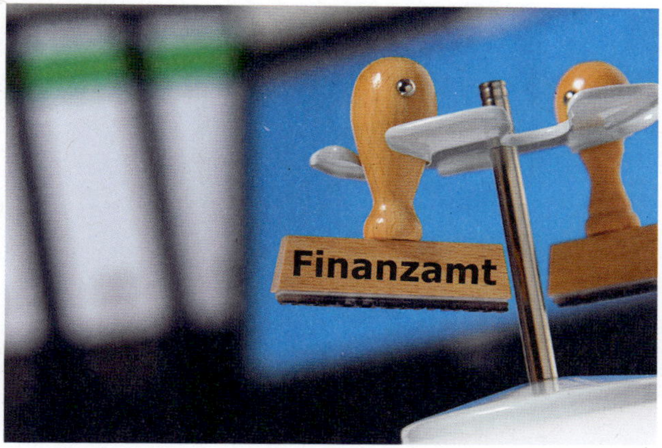

Finanzamt den Einspruch bis zu einer Gerichtsentscheidung akzeptieren und das Verfahren ruhen lassen. Der Bürger hängt sich also ohne eigenes Kostenrisiko und mit wenig Aufwand an ein laufendes Gerichtsverfahren (→ Infokasten Seite 228).

Entscheidet ein „einfaches" Landesfinanzgericht einen Fall, muss die Verwaltung darauf nicht reagieren. Dennoch sollten Arbeitnehmer im Einspruch auf solche Entscheidungen hinweisen (wie auch auf bei Landesfinanzgerichten anhängige Verfahren).

Änderungsanträge

Neben dem Einspruch gibt es weitere Instrumente, um sich gegen einen Steuerbescheid zu wehren. Ein „Antrag auf schlichte Änderung", der sich ausschließlich gegen einen oder mehrere bestimmte Punkte des Steuerbescheids richtet, muss auch innerhalb der Frist von einem Monat gestellt werden. Das Finanzamt darf nur in den genannten Punkten Änderungen vornehmen. Eine „Verböserung" ist weitgehend ausgeschlossen. Allerdings gibt es keine Aussetzung der Vollziehung, und nach einem Monat lässt sich auch nichts anderes mehr zum eigenen Vorteil ändern.

Ein „Änderungsantrag wegen offenbarer Unrichtigkeiten" dient dazu, Schreib-, Rechen- und Übertragungsfehler, Zahlendreher und ähnliche Fehler zu tilgen, die dem Amt unterlaufen sind. Das gilt jetzt auch für Schreib- oder Rechenfehler der Bürger. Dieser Antrag kann auch nach der Einspruchsfrist von einem Monat berücksichtigt werden, und zwar so lange, bis die Verjährungsfrist endet. Die Verjährungsfrist, auch „Festsetzungsfrist" genannt, beträgt vier Jahre. Sie beginnt in der Regel zum Ende des Jahres, in dem die Steuererklärung abgegeben wurde. Wurde zum Bei-

spiel 2017 die Steuererklärung des Jahres 2016 abgegeben, endet die Verjährungsfrist im Normalfall am 31. Dezember 2021 um Mitternacht.

Danach geht nichts mehr. Ein „Änderungsantrag wegen nachträglich bekanntgewordener Tatsachen" kann ebenfalls nur bis zum Ende der Festsetzungsfrist gestellt werden.

Finanzgericht

Hat das Finanzamt Einsprüche und Änderungsanträge abgelehnt, bleibt noch der Gang zum Finanzgericht. Spätestens jetzt ist aber Schluss mit gratis. Die Klage, die übrigens spätestens einen Monat nach amtlicher Ablehnung des Einspruchs beim zuständigen Finanzgericht eingehen muss, löst zunächst 284 Euro Vorauszahlung auf die Gerichtskosten aus. Das ist aber nicht das einzige Kostenrisiko.

Grundsätzlich kann jeder ohne einen Anwalt oder Steuerberater vor ein Finanzgericht ziehen. Es ist aber meist nicht ratsam, und so sollte auch das Honorar für die Helfer mitbedacht werden.

Natürlich geht es nicht nur um die Kosten, die Sache selbst sollte aussichtsreich und ertragreich sein. Das kann ein Steuerberater beziehungsweise Lohnsteuerhilfeverein in der Regel besser beurteilen als ein Laie.

Vor Gericht stehen die Chancen der Bürger nicht schlecht. Urteile der Landesfinanzgerichte gehen zu rund 20 Prozent zugunsten klagender Bürger aus. Die tatsächliche Erfolgsquote liegt deutlich höher, weil viele Finanzämter vor Gericht einknicken und den Steuerbescheid ändern. Rund 32 Prozent der Revisionsverfahren vor dem Bundesfinanzhof verliefen 2016 ganz oder teilweise pro Steuerzahler.

INFO: Vorläufig noch offen

In einigen Punkten bleiben Steuerbescheide vorläufig offen. Ein Einspruch ist nicht erforderlich. Die jeweils aktuelle Liste finden Sie unter www.bundefinanzministerium.de (Suchfeld: „Vorläufige Steuerfestsetzung")*. Die wichtigsten Punkte:

- Die Absetzbarkeit von Ausgaben für eine Erstausbildung oder ein Erststudium als Werbungskosten oder Betriebsausgaben ab 2004.
- Die beschränkte Abziehbarkeit von Beiträgen zur Renten-, Kranken- und Pflegeversicherung.
- Beschränkte Abziehbarkeit von Beiträgen zu sonstigen Versicherungen, etwa gegen Arbeitslosigkeit, Berufs- und Erwerbsunfähigkeit, zu Unfall- und Haftpflichtversicherungen (→ ab Seite 81).
- Die Absetzbarkeit von Beiträgen zur Arbeitslosenversicherung im Rahmen eines negativen Progressionsvorbehalts.
- Die Höhe des Kinder- und Betreuungsfreibetrags von 4 716 Euro beziehungsweise 2 640 Euro pro Kind 2017.
- Die Höhe des Grundfreibetrags (8 820 Euro im Jahr 2017).
- Berücksichtigung der „zumutbaren Belastung" bei den Ausgaben für Krankheit oder Pflege (→ Seite 56).
- Die Verfassungsmäßigkeit des Solidaritätszuschlags ab 2005.

* BMF-Schreiben vom 20. Januar 2017, Az. IV A 3 – S 0338/07/10010.

INFO: Anhängige Verfahren

Die volle Übersicht anhängiger Verfahren bietet der Bundesfinanzhof unter www.bundesfi nanzhof.de. Dort klicken sie in der linken Spalte „Anhängige Verfahren" an, danach „Anhängige Revisionsverfahren online", bei „mehr" öffnet sich eine Eingabemaske. Hier können Sie unter „Text" ein passendes Stichwort, zum Beispiel „Kinderbetreuung", eingeben. Ein Klick auf „suchen" öffnet die gewünschte Liste. Hier finden Sie auch die bereits beim Europäischen Gerichtshof und beim Bundesverfassungsgericht anhängigen Verfahren zum jeweiligen Sachgebiet.

- **Alleinerziehende**. Ist es verfassungsgemäß, dass Alleinerziehende wie Alleinstehende besteuert werden und nicht wie Ehepaare/eingetragene Lebenspartner? (Az. 2 BvR 221/17)
- **Behindertenpauschbetrag.** Kann der Behindertenpauschbetrag bei Einzelveranlagung von Ehegatten auf den anderen Partner übertragen werden? (Az. III R 2/17)
- **Doppelte Haushaltsführung I:** Welche Voraussetzungen gelten für eine doppelte Haushaltsführung, wenn eigener Hausstand und Betrieb in derselben politischen Gemeinde liegen? (Az. VIR 2/16)
- **Doppelte Haushaltsführung II:** Sind Einrichtungskosten zusätzlich zur 1 000-Euro-Monatsgrenze absetzbar? (Az. VI R 18/17, → Seite 124).
- **Erstattungszinsen:** Sind Erstattungszinsen, die das Finanzamt auf Steuerrückzahlungen zahlt, steuerpflichtig? (Az. 2 BvR 482/14)
- **Ferienhaus.** Ist der Verkauf einer selbstgenutzten Ferienimmobilie innerhalb der Zehnjahresfrist steuerpflichtig oder gelten die Steuervergünstigungen wie bei einem Eigenheimverkauf? (Az. IX R 37/16)

Handwerkerleistungen. Können nachträgliche Anschlusskosten eines Abwasserzweckverbandes als Handwerkerleistungen begünstigt sein? (VI R 18/16)

- **Haushaltsnahe Dienstleistungen I.** Sind Aufwendungen für die Inanspruchnahme eines „Hundegassiservices" begünstigt? (Az. VI B 25/17)
- **Haushaltsnahe Dienstleistungen II.** Ist ein eigener Haushalt einer pflegebedürftigen Person in einem Heim erforderlich, um Kosten für haushaltsnahe Dienstleistungen geltend machen zu können? (Az. VI R 19/17)
- **Heimunterbringung.** Ist die sogenannte Haushaltsersparnis, die die absetzbaren außergewöhnlichen Belastungen verringert, doppelt anzusetzen, wenn beide Ehegatten in ein Heim gezogen sind, oder nur einmal? (Az. VI R 22/16)
- **Lohnersatz.** Sind steuerfreier Lohnersatzleistungen bei Berechnung des Progressionsvorbehalts auch dann um den Arbeitnehmer-Pauschbetrag zu verringern, wenn weitere Werbungskosten vom Bruttolohn abgezogen wurden? (Az. 2 BvR 3057/14)
- **Studienkosten.** Sind Werbungskosten für ein Masterstudium in Höhe des dafür erhaltenen Stipendiums zu kürzen? (Az. VI R 29/16)
- **Unterhalt I:** Müssen bei der Berechnung der Einkünfte und Bezüge einer unterstützten Person auch deren Beiträge zur Rentenversicherung und zur Arbeitslosenversicherung berücksichtigt werden? (Az. 2 BvR 1853/15)
- **Unterhalt II.** Können Unterhaltszahlungen zum Jahresende, die für Monate des Folgejahres bestimmt sind, im Zahlungsjahr abgezogen werden? (Az. VI R 35/16)
- **Verluste.** Kann der Totalausfall einer privaten Darlehensforderung wegen Insolvenz des Darlehensnehmers als Verlust bei den Einkünften aus Kapitalvermögen berücksichtigt werden? (Az. VIII R 13/15)

Hilfe

Übersicht

Lohnsteuerklassen

Die insgesamt sechs Lohnsteuerklassen unterscheiden sich vor allem dadurch, welche Pauschalen und Freibeträge sie beim laufenden Lohnsteuerabzug berücksichtigen. So haben etwa alleinerziehende Arbeitnehmer Anspruch auf einen Entlastungsbetrag von mindestens 1908 Euro (→ Seite 136). Der ist in die Lohnsteuerklasse II eingearbeitet und Alleinerziehende zahlen dadurch im Jahresverlauf etwas weniger Lohnsteuer als Singles ohne Kinder mit Lohnsteuerklasse I. Der Arbeitgeber zieht außerdem in jeder Lohnsteuerklasse individuell unterschiedliche Beiträge zur Kranken-, Pflege- und Rentenversicherung ab (→ Seite 73). Klasse VI gilt für ein zweites und jedes weitere Arbeitsverhältnis und berücksichtigt nur eine Vorsorgepauschale.

Freibeträge, Pauschalen*	Euro in Lohnsteuerklassen				
	I	II	III	IV	V
Grundfreibetrag	8 820	8 820	17 640	8 820	0
Arbeitnehmerpauschbetrag	1 000	1 000	1 000	1 000	1 000
Sonderausgabenpauschbetrag	36	36	36	36	36
Entlastungsbetrag für Alleinerziehende für ein Kind	0	1 908	0	0	0
Vorsorgepauschale 2017	68 Prozent des Arbeitnehmeranteils zur gesetzlichen Rentenversicherung, plus Beiträge zur Kranken- und Pflegeversicherung in den Steuerklassen I bis VI.				

* Kinderfreibeträge spielen bei der Berechnung der laufenden Lohnsteuer keine Rolle, sie wirken sich nur auf die Berechnung von Solidaritätszuschlag und Kirchensteuer aus.

Nettolohnvergleich

Die Höhe des monatlichen Nettolohnes richtet sich bei versicherungspflichtigen Arbeitnehmern auch nach der Lohnsteuerklasse.

Bruttolohn im Monat in Euro	Nettolohn in Euro 2017*					
	Lohnsteuerklassen**					
	I	II	III	IV	V	VI
1 000	792	795	792	792	686	672
1 500	1 107	1 146	1 188	1 107	927	888
2 000	1 383	1 439	1 574	1 383	1 141	1 109
2 500	1 658	1 719	1 889	1 658	1 372	1 336
3 000	1 922	1 988	2 181	1 922	1 586	1 547
3 500	2 176	2 247	2 462	2 176	1 796	1 757
4 000	2 420	2 497	2 743	2 420	2 006	1 967
4 500	2 664	2 745	3 029	2 664	2 224	2 186
5 000	2 917	3 003	3 335	2 917	2 462	2 424
5 500	3 158	3 249	3 634	3 158	2 701	2 662
6 000	3 397	3 487	3 927	3 397	2 939	2 901
6 500	3 647	3 738	4 227	3 647	3 189	3 151
7 000	3 925	4 016	4 550	3 925	3 468	3 429
7 500	4 204	4 295	4 866	4 204	3 746	3 708
8 000	4 482	4 573	5 175	4 482	4 025	3 986

* Berechnung ohne Kirchensteuer und ohne Kinderfreibeträge (außer 1,0 in Klasse II). Berücksichtigt wurden die Beitragsbemessungsgrenzen für die alten Bundesländer und der erhöhte Pflegeversicherungssatz für Kinderlose (außer in Klasse II) sowie 1,1 Prozent Zusatzbeitrag der Krankenkassen.

** Der Nettolohn in der „Unterklasse" IV + Faktor ist von einem Faktor abhängig, den das Finanzamt individuell auf der Grundlage der Löhne beider Ehepartner/Lebenspartner ermittelt. Der Nettolohn ist deshalb nicht einheitlich darstellbar. Mithilfe von www.bmf-steuerrechner.de lässt er sich berechnen (→ Seite 206).

Behindertenpauschbetrag

Mit einem Behinderungsgrad von mindestens 50 besteht Anspruch auf den Behindertenpauschbetrag. Es gibt ihn ausnahmsweise auch für einen Behinderungsgrad ab 25 bis 45, wenn die Behinderung durch eine Berufskrankheit ausgelöst wurde, bei dauernder Einbuße der körperlichen Beweglichkeit oder wenn wegen Behinderung ein gesetzlicher Anspruch auf Rente besteht. Blinde und hilflose Menschen, die ständig fremde Hilfe brauchen, erhalten unabhängig vom Grad der Behinderung einen Pauschbetrag von 3700 Euro (→ Seite 52).

Grad der Behinderung	**Jährlicher Pauschbetrag** in Euro
von 25 und 30	310
von 35 und 40	430
von 45 und 50	570
von 55 und 60	720
von 65 und 70	890
von 75 und 80	1 060
von 85 und 90	1 230
von 95 und 100	1 420

Zumutbare Belastung

Die zumutbare Belastung (→ ab Seite 55) richtet sich nach Einkünften, Familienstand und Familiengröße. Berechnungsgrundlage ist der „Gesamtbetrag der Einkünfte" (→ Seite 12).

Beispiel: Hat eine Familie mit zwei Kindern 55 000 Euro Einkünfte, erfolgt die Berechnung ab sofort in folgenden Schritten.

- **1. Schritt:** 2 Prozent (1. Zeile, 4. Spalte von links) von 15 340 Euro (Spalte ganz links, 1. Zeile) ergibt 306,80 Euro.
- **2. Schritt:** 3 Prozent (2. Zeile, 4. Spalte von links) von 35 790 Euro (51.130 minus 15 340 Euro aus der Spalte ganz links, 2. Zeile) ergibt 1 073,70 Euro.
- **3. Schritt:** 4 Prozent (3. Zeile, 4. Spalte von links) von 3 870 Euro (55 000 Euro Einkünfte minus 51 130 Euro aus der Spalte ganz links, 3. Zeile) ergibt 154,80 Euro.

Aus den drei Schritten folgt eine zumutbare Belastung von rund 1 535 Euro (306,80 plus 1 073,70 plus 154,80). Die muss die Familie selbst tragen. Die alte Berechnungsmethode war zwar übersichtlicher, hätte die zumutbare Belastung aber um 665 Euro auf 2 200 Euro erhöht (4 Prozent von 55 000).

Einkünfte in Euro	**ohne Kinder**		**mit Kindern***	
	alleinstehend	**verheiratet/ verpartnert****	**1 bis 2**	**3 und mehr**
bis 15 340	5 %	4 %	2 %	1 %
15 341 bis 51 130	6 %	5 %	3 %	1 %
mehr als 51 130	7 %	6 %	4 %	2 %

* Gilt für Alleinstehende und Ehepaare oder eingetragene Lebenspartner. Hier zählen nur Kinder, für die den Eltern Kindergeld oder der Kinderfreibetrag zusteht (→ Seite 127).
** bei Abgabe einer gemeinsamen Steuererklärung

Altersvorsorgeaufwand

Zum Altersvorsorgeaufwand gehören Beiträge zur gesetzlichen Rentenversicherung, zu Versorgungswerken und zu Rürup-Renten (→ Seite 73). Sie sind 2017 bis 19 625/39 249 Euro (Alleinstehende/Ehepaare) als Sonderausgaben absetzbar (höchstens 84 Prozent von 23 362/46 724 Euro, → ab Seite 73).

Jahr	abzugsfähiger Altersvorsorgeaufwand		
	in Prozent	bis Euro	
		alleinstehend	verheiratet/ verpartnert
2014	78	15 600	31 200
2015	80	17 738	35 475
2016	82	18 669	37 338
2017	**84**	**19 625**	**39 249**

Beispiel: Ein lediger Arbeitnehmer, der 50 000 Euro brutto verdient hat, zahlt 4 675 Euro in seine gesetzliche Rentenversicherung (RV) und 2 400 Euro in eine Rürup-Versicherung ein. Er kann 2017 davon 5 195 Euro als Sonderausgaben geltend machen.

Arbeitnehmeranteil zur RV (9,35 Prozent von 50 000)	**4 675**
plus Arbeitgeberanteil zur RV (9,35 Prozent von 50 000)	+ 4 675
plus Rürup-Beiträge des Arbeitnehmers	+ 2 400
Summe	11 750
abzugsfähiger Betrag (84 Prozent von 11 750)	9 870
minus Arbeitgeberanteil zur RV	– 4 675
als Sonderausgaben des Arbeitnehmers abzugsfähig (9 870 minus 4 675, alle Angaben in Euro)	**5 195**

Midijobs

Wer zwischen 450 und 850 Euro im Monat verdient, hat einen sogenannten Midijob. Hier gelten spezielle Regeln für den Abzug von Lohnsteuer und Versicherungsbeiträgen (→ ab Seite 202). Der Arbeitgeber zahlt seinen Sozialversicherungsbeitrag in vollem Umfang. Die Abgabenbelastung des Arbeitnehmers schlägt nicht sofort voll zu, sondern steigt in Stufen.

Beispiel: Wenn ein Arbeitnehmer mit Lohnsteuerklasse I monatlich 600 Euro verdient (1. Spalte von links), zahlt er selbst insgesamt 96 Euro an Beiträgen zur Renten-, Kranken-, Pflege- und Arbeitslosenversicherung (2. Spalte von links). Von Steuer und Solidaritätszuschlag bleibt er verschont (3. Spalte). Als Nettolohn kommen 504 Euro bei ihm an (5. Spalte).

Bruttolohn im Monat in Euro	**Sozialversicherungsbeitrag des Arbeitnehmers** in Euro	**Lohnsteuer und Solizuschlag** in Euro		**Nettolohn** in Euro	
		Lohnsteuerklasse		**Lohnsteuerklasse**	
		I, II, III, IV	**V**	**I, II, III, IV**	**V**
450,01	48	0	39	402	363
480	58	0	43	422	379
500	64	0	45	436	391
550	80	0	51	470	419
600	**96**	**0**	56	**504**	448
650	112	0	62	538	476
700	128	0	68	572	504
750	144	0	74	606	532
800	161	0	79	639	560
850	177	0	86	673	587

Besteuerung gesetzlicher Renten

Die gesetzliche Rente ist für viele Arbeitnehmer das wichtigste Alterseinkommen. Allerdings müssen sie einen Teil davon versteuern, und der steigt schrittweise mit jedem neuen Rentner-Jahrgang. Arbeitnehmer, die 2017 in Rente gingen (linke Spalte), müssen 74 Prozent ihrer Rente mit dem Finanzamt teilen (2. Spalte von links). Wer 2040 in Rente geht, muss 100 Prozent versteuern. Der einmal ermittelte steuerfreie Eurobetrag der Rente bleibt als Freibetrag lebenslang erhalten (→ Seite 170).

Jahr des Rentenbeginns	Steuerpflichtiger Anteil in Prozent
2005	50
2006	52
2007	54
2008	56
2009	58
2010	60
2011	62
2012	64
2013	66
2014	68
2015	70
2016	72
2017	**74**
2018	76
2019	78
2020	80
2021	81
2022	82

Jahr des Rentenbeginns	Steuerpflichtiger Anteil in Prozent
2023	83
2024	84
2025	85
2026	86
2027	87
2028	88
2029	89
2030	90
2031	91
2032	92
2033	93
2034	94
2035	95
2036	96
2037	97
2038	98
2039	99
2040	100

Besteuerung privater Renten

Privatrenten sind teilweise steuerpflichtig. Der steuerpflichtige Teil, Ertragsanteil genannt, richtet sich nach dem Lebensjahr bei Rentenbeginn. Wer mit 60 Jahren (linke Spalte) erstmals Leistungen aus einer privaten Rentenversicherung erhält, muss 22 Prozent versteuern (2. Spalte von links), bei Rentenbeginn mit 65 sind es 18 (→ Seite 172). Das ist ein Tabellenauszug. Er betrifft weder die voll steuerpflichtigen Riester-Renten, noch die Rürup-Rente, die wie eine gesetzliche Rente besteuert wird.

Lebensalter bei Rentenbeginn	Steuerpflichtiger Rentenanteil in Prozent	Lebensalter bei Rentenbeginn	Steuerpflichtiger Rentenanteil in Prozent
51	29	**66**	18
52	29	**67**	17
53	28	**68**	16
54	27	**69**	15
55	26	**70**	15
56	26	**71**	14
57	25	**72**	13
58	24	**73**	13
59	23	**74**	12
60	**22**	**75**	11
61	22	**76**	10
62	21	**77**	10
63	20	**78**	9
64	19	**79**	9
65	**18**	**80**	8

Altersentlastungsbetrag

Der Altersentlastungsbetrag steht allen zu, die mindestens 65 Jahre alt sind. Wer diesen Freibetrag für das Jahr 2017 nutzen will, muss vor dem 2. Januar 1953 geboren sein. Jedoch schmilzt der Altersentlastungsbetrag von Jahr zu Jahr für jeden, der 65 wird. Die einmal mit dem 65. Geburtstag „erworbene" Höhe des Altersentlastungsbetrags bleibt lebenslang erhalten. Achtung: Den Altersentlastungsbetrag gibt es nicht für Einkünfte aus Renten und Pensionen, sondern für alle anderen Einkünfte, etwa Kapital-, Miet-, Lohneinkünfte oder gewerbliche Einkünfte (→ Seite 174).

Beispiel: Wer 2017 (Spalte links außen) seinen 65. Geburtstag feiert, erhält 20,8 Prozent (2. Spalte von links), maximal 988 Euro (3. Spalte von links).

Jahr	Prozent	bis Euro
2005	40,0	1 900
2006	38,4	1 824
2007	36,8	1 748
2008	35,2	1 672
2009	33,6	1 596
2010	32,0	1 520
2011	30,4	1 444
2012	28,8	1 368
2013	27,2	1 292
2014	25,6	1 216
2015	24,0	1 140
2016	22,4	1 064
2017	**20,8**	**988**
2018	19,2	912
2019	17,6	836

Jahr	Prozent	bis Euro
2020	16,0	760
2021	15,2	722
2022	14,4	684
2023	13,6	646
2024	12,8	608
2025	12,0	570
2026	11,2	532
2027	10,4	494
2028	9,6	456
2029	8,8	418
2030	8,0	380
2031	7,2	342
2032	6,4	304
2033	5,6	266
2040	0	0

Versorgungsfreibetrag mit Zuschlag

Beamten- und Werkspensionäre können von ihren Pensionen neben der Werbungskostenpauschale von 102 Euro einen Versorgungsfreibetrag und einen Zuschlag abziehen. Wie hoch Freibetrag und Zuschlag ausfallen, richtet sich danach, wann die Versorgungsbezüge zum ersten Mal ausgezahlt wurden (→ ab Seite 86).

Beispiel: Wer 2017 (Spalte links außen) erstmals eine Beamten- oder Betriebspension bezogen hat, erhält einen Versorgungsfreibetrag von 20,8 Prozent (2. Spalte von links), höchstens 1560 Euro (3. Spalte) und einen Zuschlag von 468 Euro (4. Spalte). Beide Abzugsbeträge bleiben unverändert, solange der Pensionär seine Pension erhält. Neupensionäre späterer Jahre müssen höhere Abschläge hinnehmen, weil die Freibeträge Jahr für Jahr sinken, bis sie bis 2040 ganz verschwinden.

Jahr	Versorgungsfreibetrag		Zuschlag zum Versorgungsfreibetrag in Euro
	in Prozent	bis Euro	
2005	40,0	3 000	900
2006	38,4	2 880	864
2007	36,8	2 760	828
2008	35,2	2 640	792
2009	33,6	2 520	756
2010	32,0	2 400	720
2011	30,4	2 280	684
2012	28,8	2 160	648
2013	27,2	2 040	612
2014	25,6	1 920	576
2015	24,0	1 800	540
2016	22,4	1 680	504

Jahr	Versorgungsfreibetrag		Zuschlag zum Versorgungsfreibetrag in Euro
	in Prozent	bis Euro	
2017	**20,8**	**1 560**	**468**
2018	19,2	1 440	432
2019	17,6	1 320	396
2020	16,0	1 200	360
2021	15,2	1 140	342
2022	14,4	1 080	324
2023	13,6	1 020	306
2024	12,8	960	288
2025	12,0	900	270
2026	11,2	840	252
2027	10,4	780	234
2028	9,6	720	216
2029	8,8	660	198
2030	8,0	600	180
2031	7,2	540	162
2032	6,4	480	144
2033	5,6	420	126
2034	4,8	360	108
2035	4,0	300	90
2036	3,2	240	72
2037	2,4	180	54
2038	1,6	120	36
2039	0,8	60	18
2040	0	0	0

Der Weg zum Einkommen

Arbeitnehmer können mithilfe dieser etwas vereinfachten Berechnung die Schritte zum zu versteuernden Einkommen und den Inhalt ihres Steuerbescheids besser nachvollziehen.

In Zeile 1 bis 7 werden die Einkünfte ermittelt. Das ist beim Lohn überschaubar (→ Seite 10). In Zeile 3 gehören alle weiteren steuerpflichtigen Einkünfte zusammengenommen, zum Beispiel aus einer selbstständigen Nebentätigkeit, Vermietung oder einer Rente. Tragen Sie hier bitte nur Werte ein, von denen Sie bereits Werbungskosten, Betriebsausgaben, Pauschalen und Freibeträge abgezogen haben. Zinsen und andere Kapitalerträge tauchen hier nur noch auf, wenn sie nicht der Abgeltungsteuer unterlegen haben, beziehungsweise wenn sie nicht der Abgeltungsteuer unterliegen sollen.

In einem zweiten Schritt (Zeile 8 bis 11) werden Aufwendungen und Kosten abgezogen, die Sie in Form von Sonderausgaben und außergewöhnlichen Belastungen hatten. So ermitteln Sie das Einkommen (Zeile 12). Davon ziehen Eltern die Kinderfreibeträge ab, wenn die für sie günstiger sind als das Kindergeld (→ Seite 127). Für alle andern entspricht das Einkommen auch ohne diesen Schritt dem zu versteuernden Einkommen (Zeile 14). Wie viel Einkommensteuer darauf fällig wird, finden Sie unter www.test.de/Steuerratgeber-Extra oder unter www.bmf-steuerrechner.de, dort „Berechnung und Information zur Einkommensteuer“ anklicken, danach „Berechnung der Einkommensteuer“.

Die so ermittelte Einkommensteuer ist aber häufig noch nicht das Ende der Rechnerei. Das Finanzamt zieht davon gegebenenfalls Steuerermäßigungen ab, die sich aus Parteispenden oder aus Dienstleistungen rund um den Haushalt ergeben (→ Mantelbogen Seite 51 und 61), ebenso bereits gezahlte Steuer, vor allem die laut Lohnsteuerbescheinigung vom Arbeitgeber abgeführte Lohnsteuer. Hinzugezählt werden eventuell erhaltenes Kindergeld und erhaltene Riester-Zulagen, wenn Kinderfreibeträge beziehungsweise der Sonderausgabenabzug für die Riesterrente mehr Steuerentlastung brachten (→ Seite 127 und 144). Auch der Solidaritätszuschlag (5,5 Prozent der Einkommensteuer) und gegebenenfalls 8 oder 9 Prozent Kirchensteuer kommen hinzu. Arbeitnehmerehepaare, die eine gemeinsame Steuererklärung abgeben, rechnen bis Zeile 7 jeder für sich und danach gemeinsam weiter.

Zeile	Ermittlung der Einkünfte	Euro
1	Jahresbruttolohn laut Lohnsteuerbescheinigung	
2	minus Werbungskosten (tatsächliche oder 1 000 Euro)	–
3	plus alle weiteren steuerpflichtigen Einkünfte (etwa aus gewerblicher und freiberuflicher Tätigkeit, Renten, Pensionen, Vermietung, Land- und Forstwirtschaft, → Seite 10)	+
4	**Summe der Einkünfte**	=
5	minus Altersentlastungsbetrag (bis 40 % der begünstigten Einkünfte, bis 1 900 Euro, → Seite 239)	–
6	minus Entlastungsbetrag für Alleinerziehende (bis 1908 Euro für das 1. Kind, → Seite 136)	–
7	**Gesamtbetrag der Einkünfte**	=
8	minus Verlustabzug (→ Seite 70)	–
9	minus Versicherungsbeiträge (→ Seite 73)	–
10	minus weitere Sonderausgaben (→ ab Seite 44, einschließlich Kinderbetreuungskosten → Seite 140, mindestens 36 Euro pro Person)	–
11	minus außergewöhnliche Belastungen (→ ab Seite 53)	
12	**Einkommen**	=
13	minus Kinderfreibeträge (sofern sie mehr Entlastung als Kindergeld bringen, → Seite 127)	–
14	**Zu versteuerndes Einkommen**	

Steuersätze

Der Durchschnittssteuersatz ist der Steuersatz, den der Fiskus im Schnitt vom ersten bis zum letzten Euro des zu versteuernden Einkommens nimmt. Der Grenzsteuersatz zeigt an, wie viel Steuer für den letzten Euro des zu versteuernden Einkommens fällig wird (→ auch Seite 203).

Beispiel: Ein alleinstehender kinderloser Arbeitnehmer mit einem zu versteuernden Einkommen von 20 000 Euro zahlt 2 520 Euro Einkommensteuer. Das sind im Durchschnitt für jeden Euro 12,6 Cent Steuer, für den letzten Euro 26,8 Cent.

Zu versteuerndes Einkommen in Euro	Grenzsteuersatz	Durchschnittssteuersatz	Grenzsteuersatz	Durchschnittssteuersatz
	alleinstehend		verheiratet/verpartnert	
8 820	0,0 %	0,0 %	0,0 %	0,0 %
9 000	14,4 %	0,3 %	0,0 %	0,0 %
10 000	16,4 %	1,8 %	0,0 %	0,0 %
12 000	20,4 %	4,6 %	0,0 %	0,0 %
14 000	24,1 %	7,1 %	0,0 %	0,0 %
16 000	25,0 %	9,3 %	0,0 %	0,0 %
18 000	25,9 %	11,1 %	14,4 %	0,3 %
20 000	**26,8 %**	**12,6 %**	16,4 %	1,8 %
30 000	31,2 %	18,1 %	24,5 %	8,3 %
40 000	35,7 %	21,9 %	26,8 %	12,6 %
50 000	40,2 %	25,1 %	29,0 %	15,7 %
60 000	42,0 %	27,9 %	31,2 %	18,1 %
70 000	42,0 %	29,9 %	33,5 %	20,1 %
80 000	42,0 %	31,4 %	35,7 %	21,9 %
90 000	42,0 %	32,6 %	37,9 %	23,6 %

Musterformulare

Hier finden Sie die für Arbeitnehmer wichtigsten Originalformulare 2017, die wir anhand von zwei Beispielfällen ausgefüllt haben.

Als Musterfall einer „Vereinfachten Steuererklärung für Arbeitnehmer" dient die alleinstehende und kinderlose Angestellte Sonja Schneller. Sie hat neben ihrem Gehalt (2 800 Euro Monatsbrutto) keine steuerpflichtigen Einnahmen. Ihr reicht die vereinfachte Steuererklärung und eine Anlage Vorsorgeaufwand. Die ist hier nicht abgebildet, als Orientierung kann aber die Anlage Vorsorgeaufwand von Familie Fleissberg dienen (→ Seite 254).

Bei der Familie Fleissberg handelt es sich um ein Ehepaar mit zwei Kindern. Die Eltern Franziska und Felix sind Arbeitnehmer und verdienen 2 500 Euro beziehungsweise 3 500 Euro brutto im Monat. Felix muss 400 Euro Zinsen aus einem Privatkredit nachträglich versteuern. Weil er nicht weiß, ob die Abgeltungsteuer oder der persönliche Steuersatz vorteilhafter ist, beantragt er eine Günstigerprüfung (→ Seite 153). Neben Lohn und Zinsen gibt es keine steuerpflichtigen Einnahmen.

Tochter Fiona ist 29 Jahre alt, studiert und wohnt noch zu Hause. Die Eltern bekommen für Fiona kein Kindergeld mehr, weil sie älter als 25 ist. Sie unterstützen sie aber mit 400 Euro Unterhalt im Monat und zahlen ihre Beiträge zur studentischen Kranken- und Pflegeversicherung. Fiona arbeitet nebenbei für 200 Euro im Monat als Kellnerin.

Die jüngere Tochter Fanny (21) lernt Bürokauffrau. Sie bekommt eine Ausbildungsvergütung von 450 Euro im Monat. Die Eltern erhalten für sie Kindergeld.

Familie Fleissberg braucht neben dem Mantelbogen eine Anlage Vorsorgeaufwand, zwei Anlagen N für beide Eltern, eine Anlage Kind für Tochter Fanny, eine Anlage Unterhalt für die Unterstützung von Tochter Fiona, zwei Anlagen KAP und eine Anlage AV für die Riester-Förderung. Die Anlagen sind ab Seite 248 abgebildet (mit Ausnahme der Anlagen N und KAP für Mutter Franziska).

Wichtige Formularänderungen 2017 im Überblick

Seite		Zeile
	Vereinfachte Steuererklärung	
33	In Zeile 24 wird die Arbeitnehmer-Sparzulage beantragt.	**24**
38	Eine Eintragung in der neuen Zeile 47 verhindert die vollautomatische Bearbeitung der Steuererklärung und führt zu einer personellen Bearbeitung.	**47**
	Hauptbogen	
40	Geben gleichgeschlechtliche Ehepartner und eingetragenen Lebenspartner eine gemeinsame Steuererklärung ab, tragen sie sich in den Zeile 7 bis 23 als „Person A" bzw. „Person B" ein.	**7–23**
42	Die neu gestalteten Zeilen 25 bis 27 unterscheiden nach inländischen und ausländischen Banken.	**25–27**
53	Das Ausstellungsdatum des Behindertenausweises und vergleichbarer Dokumente ist nicht mehr gefragt.	**61–63**
67	Die neuen Zeilen 76 bis 78 ermöglichen Alleinstehenden sowie Ehe- und Lebenspartnern, die keine gemeinsame Steuererklärung abgeben, die genaue Aufteilung der Höchstbeträge für haushaltsnahe Dienst- und Handwerkerleistungen.	**76–78**
70–72	Seite 4 wurde neu gestaltet. Viele Fragen mit Auslandsbezug wurden in die Anlage WA-ESt „ausgelagert" (→ Seite 247). Die Arbeitnehmer-Sparzulage wird in Zeile 91 beantragt. Fragen zur Erbschaftsteuer (Zeile 92), zu Kulturgütern (Zeile 93), zum Verlustabzug (Zeile 94 und 95), zu Ersatzleistungen (Zeile 96) und zur Aufteilung bei Einzelveranlagung (Zeile 97) „wanderten" von Seite 3 auf Seite 4.	**91–97**
72	In der Zeile 98 kann die Bearbeitung der Steuererklärung durch Finanzbeamte beantragt und so die automatisierte Bearbeitung verhindert werden. Das macht eine formlose Anlage mit der Überschrift „Ergänzende Angaben zur Steuererklärung" erforderlich.	**98**

Seite		Zeile
	Anlage N	
87	Die neue Zeile 18 betrifft Sonderzahlungen, die vom Arbeitgeber nicht ermäßigt besteuert wurden.	18
	Anlage Kind	
129	In der neuen Zeile 15 kann vermerkt werden, dass der Wohnsitz des anderen Elternteils nicht ermittelbar oder die Vaterschaft nicht feststellbar ist.	15
130–134	Die Abfrage zu volljährigen Kindern in Ausbildung wurde in Zeile 16 zusammengefasst, die Zeilen 16–20 wurden neu gestaltet.	16–20
139	Die neue Zeile 51 fragt im Zusammenhang mit dem Bedarfsfreibetrag nach einer Unterbringung im Ausland.	51
	Anlage KAP	
161	In die neuen Zeile 23 und 47 gehören Erträge aus steuerlich begünstigten Lebensversicherungen, die nach dem 31.12.2004 abgeschlossen wurden. Diese Versicherungen haben 2017 die erforderliche Mindestlaufzeit erreicht.	23 47
	Anlagen G und S	
166	Der Hinweis unter Zeile 3 der Anlagen G und S bedeutet, dass ab 2017 auch Kleinunternehmer grundsätzlich die amtliche Anlage EÜR elektronisch ausfüllen und übermitteln müssen.	3
	Anlage WA-ESt	
179	Diese neue Anlage ist aus der Umgestaltung der Seite 4 des Hauptbogens entstanden. Sie behandelt überwiegend Spezialprobleme mit Auslandsbezug. Wer hier etwas auszufüllen hat, braucht in der Regel professionell steuerliche Hilfe.	1–20

1 [x] **Vereinfachte Einkommensteuer-erklärung für Arbeitnehmer** [ ] **Antrag auf Festsetzung der Arbeitnehmer-Sparzulage**

Eingangsstempel

2 **Steuernummer** 81/216/20242

An das Finanzamt

3 BERLIN-NEUKÖLLN

Bei **Wohnsitzwechsel: bisheriges Finanzamt**

4

Allgemeine Angaben

5 *) Bitte Infoblatt beachten.

Telefonische Rückfragen tagsüber unter Nr. 030/47110815

Steuerpflichtige Person (**stpfl. Person**), nur bei Zusammenveranlagung: **Ehemann** oder **Person A** *) (Ehegatte A / Lebenspartner[in] A nach dem LPartG)

6 Identifikationsnummer (IdNr.) 51015202530 | Geburtsdatum 01041976

7 Name: SCHNELLER

8 Vorname: SONJA

9 Straße (derzeitige Adresse): KURZWEG

Religionsschlüssel:
Evangelisch = EV
Römisch-Katholisch = RK
nicht kirchensteuerpflichtig = VD
Weitere siehe Anleitung

Religion: EV

10 Hausnummer: 77 | Hausnummerzusatz | Adressergänzung

11 Postleitzahl: 12351 | Wohnort: BERLIN

12 Ausgeübter Beruf: ANGESTELLTE

13 Verheiratet / Lebenspartnerschaft begründet seit dem TTMMJJJJ | Verwitwet seit dem TTMMJJJJ | Geschieden / Lebenspartnerschaft aufgehoben seit dem TTMMJJJJ | Dauernd getrennt lebend seit dem TTMMJJJJ

Nur bei Zusammenveranlagung: **Ehefrau** oder **Person B** (Ehegatte B / Lebenspartner[in] B nach dem LPartG)

14 IdNr. | Geburtsdatum TTMMJJJJ

15 Name

Religionsschlüssel:
Evangelisch = EV
Römisch-Katholisch = RK
nicht kirchensteuerpflichtig = VD
Weitere siehe Anleitung

16 Vorname

17 Straße (falls von Zeile 9 abweichend)

Religion

18 Hausnummer | Hausnummerzusatz | Adressergänzung

19 Postleitzahl | Wohnort (falls von Zeile 11 abweichend)

20 Ausgeübter Beruf

Bankverbindung – Bitte stets angeben –

21 IBAN: DE35 1001 2333 1234 5678 91

22 BIC: SPRIDEBB

23 [x] **Kontoinhaber** lt. Zeile 7 und 8 [ ] lt. Zeile 15 und 16 oder: **Name** (im Fall der Abtretung bitte amtlichen Abtretungsvordruck einreichen)

Antrag auf Festsetzung der Arbeitnehmer-Sparzulage

15

24 Für alle vom Anbieter übermittelten elektronischen Vermögensbildungsbescheinigungen wird die Festsetzung der Arbeitnehmer-Sparzulage beantragt | stpfl. Person / Ehemann / Person A: 17 [ ] 1 = Ja | Ehefrau / Person B: 18 [ ] 1 = Ja

Einkünfte aus nichtselbständiger Arbeit

47 | 48

25 eTIN lt. Lohnsteuerbescheinigung (sofern vorhanden) **stpfl. Person / Ehemann / Person A**: YNLLSNJA76D01Y | eTIN lt. Lohnsteuerbescheinigung (sofern vorhanden) **Ehefrau / Person B**:

18

26 **Lohn- / Entgeltersatzleistungen** (z. B. Arbeitslosengeld, Elterngeld, Insolvenzgeld, Krankengeld und Mutterschaftsgeld) – ohne Beträge lt. Nr. 15 der Lohnsteuerbescheinigung – | stpfl. Person / Ehemann / Person A EUR: 120 ,– | Ehefrau / Person B EUR: 121 ,–

Angaben über Zeiten und Gründe der Nichtbeschäftigung

27

Werbungskosten stpfl. Person / Ehemann / Person A

87

Angaben zur Ermittlung der Entfernungspauschale:

	Erste Tätigkeitsstätte / Sammelpunkt / weiträumiges Tätigkeitsgebiet (PLZ, Ort und Straße)	Arbeitstage je Woche	Urlaubs- und Krankheitstage
31	EXPRESSLOGISTIK GMBH, TEMPORING 99 16540 H. NEUENDORF	5	25

	aufgesucht an	einfache Entfernung von der Wohnung (auf volle Kilometer abgerundet)	davon mit eigenem oder zur Nutzung überlassenem Pkw zurückgelegt	davon mit Sammelbeförderung des Arbeitgebers zurückgelegt	davon mit öffentl. Verkehrsmitteln, Motorrad, Fahrrad o. Ä., als Fußgänger, als Mitfahrer einer Fahrgemeinschaft zurückgelegt	Behinderungsgrad mind. 70 oder mind. 50 und Merkzeichen „G"
32	110 220 Tagen	111 35 km	112 35 km	113 km	km	115 1 = Ja

			EUR
33	Aufwendungen für Fahrten mit öffentlichen Verkehrsmitteln – ohne Flug- und Fährkosten – (Bitte stets die Zeile 32 ausfüllen.)	114	,–
34	Aufwendungen für Arbeitsmittel, Bewerbungskosten, Fortbildungskosten, Kontoführungsgebühren, Reisekosten bei Auswärtstätigkeiten, Flug- und Fährkosten, Beiträge zu Berufsverbänden – soweit nicht steuerfrei ersetzt –	380	750,–

Werbungskosten Ehefrau / Person B

88

Angaben zur Ermittlung der Entfernungspauschale:

	Erste Tätigkeitsstätte / Sammelpunkt / weiträumiges Tätigkeitsgebiet (PLZ, Ort und Straße)	Arbeitstage je Woche	Urlaubs- und Krankheitstage
35			

	aufgesucht an	einfache Entfernung von der Wohnung (auf volle Kilometer abgerundet)	davon mit eigenem oder zur Nutzung überlassenem Pkw zurückgelegt	davon mit Sammelbeförderung des Arbeitgebers zurückgelegt	davon mit öffentl. Verkehrsmitteln, Motorrad, Fahrrad o. Ä., als Fußgänger, als Mitfahrer einer Fahrgemeinschaft zurückgelegt	Behinderungsgrad mind. 70 oder mind. 50 und Merkzeichen „G"
36	110 Tagen	111 km	112 km	113 km	km	115 1 = Ja

			EUR
37	Aufwendungen für Fahrten mit öffentlichen Verkehrsmitteln – ohne Flug- und Fährkosten – (Bitte stets die Zeile 36 ausfüllen.)	114	,–
38	Aufwendungen für Arbeitsmittel, Bewerbungskosten, Fortbildungskosten, Kontoführungsgebühren, Reisekosten bei Auswärtstätigkeiten, Flug- und Fährkosten, Beiträge zu Berufsverbänden – soweit nicht steuerfrei ersetzt –	380	,–

Sonderausgaben

52

			EUR 2017 gezahlt		EUR 2017 erstattet
39	**Kirchensteuer** (soweit diese nicht als Zuschlag zur Abgeltungsteuer einbehalten oder gezahlt wurde)	103	437,–	104	,–
40	**Spenden und Mitgliedsbeiträge** zur Förderung steuerbegünstigter Zwecke (lt. Bestätigungen)	123	,–		

			stpfl. Person / Ehemann / Person A EUR		Ehefrau / Person B EUR
41	**Spenden und Mitgliedsbeiträge** zur Förderung steuerbegünstigter Zwecke, bei denen die Daten elektronisch an die Finanzverwaltung übermittelt wurden	202	150,–	203	,–

Außergewöhnliche Belastungen

53

		Grad der Behinderung	blind / ständig hilflos		Grad der Behinderung	blind / ständig hilflos
42	stpfl. Person / Ehemann / Person A	105	103 1 = Ja	Ehefrau / Person B	155	153 1 = Ja

Fahrtkosten behinderter Menschen, Krankheitskosten, Kurkosten, Pflegekosten

	Art der Belastung		Aufwendungen EUR		Erhaltene / Anspruch auf zu erwartende Versicherungsleistungen, Beihilfen, Unterstützungen usw. EUR
43	KRANKHEITSKOSTEN	300	540,–	301	0,–

Haushaltsnahe Dienstleistungen und Handwerkerleistungen

18

Steuerermäßigung bei Aufwendungen für

– sozialversicherungspflichtige Beschäftigung im Privathaushalt; haushaltsnahe Dienstleistungen, Hilfe im eigenen Haushalt; Pflege- und Betreuungsleistungen im Haushalt, in Heimunterbringungskosten enthaltene Aufwendungen für Dienstleistungen, die denen einer Haushaltshilfe vergleichbar sind (soweit nicht bereits in Zeile 43 berücksichtigt); das in Zeile 43 als Erstattung für häusliche Pflege- und Betreuungskosten berücksichtigte Pflegegeld (§ 37 SGB XI) / Pflegetagegeld

			Aufwendungen (abzüglich Erstattungen) EUR
44	HAUSWART, TREPPENREINIGUNG	212	210,–

– Handwerkerleistungen für Renovierungs-, Erhaltungs- und Modernisierungsmaßnahmen im eigenen Haushalt (ohne öffentlich geförderte Maßnahmen, für die zinsverbilligte Darlehen oder steuerfreie Zuschüsse in Anspruch genommen werden, z. B. KfW-Bank, landeseigener Förderbanken oder Gemeinden)

45	MALERARBEITEN	214	430,–

46 **Nur bei Alleinstehenden und Eintragungen in den Zeilen 44 und 45:** Es bestand ganzjährig ein gemeinsamer Haushalt mit einer oder mehreren anderen alleinstehenden Person(en) 223 Anzahl der weiteren Personen — Name, Vorname, Geburtsdatum

Ergänzende Angaben zur Steuererklärung:

47 Über die Angaben in der Steuererklärung hinaus sind weitere oder abweichende Angaben oder Sachverhalte zu berücksichtigen. Diese ergeben sich aus der beigefügten Anlage, welche mit der Überschrift **„Ergänzende Angaben zur Steuererklärung"** gekennzeichnet ist. 175 1 = Ja

Unterschrift

Die mit der Steuererklärung / dem Antrag angeforderten Daten werden aufgrund der §§ 149 und 150 der Abgabenordnung, der §§ 25 und 46 des Einkommensteuergesetzes sowie des § 14 Abs. 4 des Fünften Vermögensbildungsgesetzes erhoben. Ich versichere, **keine weiteren inländischen oder ausländischen Einkünfte** bezogen zu haben.

Bei der Anfertigung dieser Steuererklärung hat mitgewirkt:

X Empfangsvollmacht ist erteilt.

20.1.2018 S. Schneller

48 Datum, Unterschrift(en) Steuererklärungen sind eigenhändig – bei Ehegatten / Lebenspartnern von beiden – zu unterschreiben.

1 X Einkommensteuererklärung X Antrag auf Festsetzung der Arbeitnehmer-Sparzulage

2 Erklärung zur Festsetzung der Kirchensteuer auf Kapitalerträge Erklärung zur Feststellung des verbleibenden Verlustvortrags

Eingangsstempel

3 **Steuernummer** 12/345/678910

An das Finanzamt

4 BERLIN-MITTE/TIERGARTEN

Bei **Wohnsitzwechsel: bisheriges Finanzamt**

5

Allgemeine Angaben

6 Telefonische Rückfragen tagsüber unter Nr. 030/11223344

Steuerpflichtige Person (**stpfl. Person**), nur bei Zusammenveranlagung: **Ehemann** oder **Person A** *) (Ehegatte A / Lebenspartner[in] A nach dem LPartG)

Identifikationsnummer (IdNr.)

7 13 579 111 315 *) Bitte Anleitung beachten.

Name

8 FLEISSBERG Geburtsdatum 11111961

Vorname

9 FELIX

Religionsschlüssel:
Evangelisch = EV
Römisch-Katholisch = RK
nicht kirchensteuerpflichtig = VD
Weitere siehe Anleitung

Titel, akademischer Grad

10

Straße (derzeitige Adresse)

11 BRUNNENALLEE Religion VD

Hausnummer | Hausnummerzusatz | Adressergänzung

12 7 SEITENFLÜGEL

Postleitzahl | Wohnort

13 10117 BERLIN

Ausgeübter Beruf

14 ANGESTELLTER

Verheiratet / Lebenspartnerschaft begründet seit dem | Verwitwet seit dem | Geschieden / Lebenspartnerschaft aufgehoben seit dem | Dauernd getrennt lebend seit dem

15 01081981 | TTMMJJJJ | TTMMJJJJ | TTMMJJJJ

Nur bei Zusammenveranlagung: **Ehefrau** oder **Person B** (Ehegatte B / Lebenspartner[in] B nach dem LPartG)

IdNr.

16 24 681 012 141

Name

17 FLEISSBERG Geburtsdatum 30051963

Vorname

18 FRANZISKA

Religionsschlüssel:
Evangelisch = EV
Römisch-Katholisch = RK
nicht kirchensteuerpflichtig = VD
Weitere siehe Anleitung

Titel, akademischer Grad

19

Straße (falls von Zeile 11 abweichend)

20 Religion EV

Hausnummer | Hausnummerzusatz | Adressergänzung

21

Postleitzahl | Wohnort (falls von Zeile 13 abweichend)

22

Ausgeübter Beruf

23 ANGESTELLTE

Nur von Ehegatten / Lebenspartnern auszufüllen

24 X Zusammenveranlagung | Einzelveranlagung von Ehegatten / Lebenspartnern | Wir haben Gütergemeinschaft vereinbart

Bankverbindung – Bitte stets angeben –

IBAN (inländisches Geldinstitut)

25 DE30100123450808154711

IBAN (ausländisches Geldinstitut)

26

BIC zu Zeile 26

27

28 X **Kontoinhaber** lt. Zeile 8 und 9 | lt. Zeile 17 und 18 oder: **Name** (im Fall der Abtretung bitte amtlichen Abtretungsvordruck einreichen)

Der Steuerbescheid soll nicht mir / uns zugesandt werden, sondern:

31 Name

32 Vorname

33 Straße

34 Hausnummer | Hausnummerzusatz | Postfach

35 Postleitzahl | Wohnort

Sonderausgaben

52

Gezahlte Versorgungsleistungen

Zeile					tatsächlich gezahlt EUR
36	Renten	Rechtsgrund, Datum des Vertrags	102	abziehbar %	101 ,–
37	Dauernde Lasten	Rechtsgrund, Datum des Vertrags			100 ,–
38	**Ausgleichszahlungen** im Rahmen des schuldrechtlichen Versorgungsausgleichs	Rechtsgrund, Datum der erstmaligen Zahlung			121 ,–
39	**Ausgleichsleistungen** zur Vermeidung des Versorgungsausgleichs lt. **Anlage U**				131 ,–
40	**Unterhaltsleistungen** lt. **Anlage U** an den – geschiedenen Ehegatten, Lebenspartner einer aufgehobenen Lebenspartnerschaft – dauernd getrennt lebenden Ehegatten / Lebenspartner	IdNr. der unterstützten Person	117		116 ,–
41	In Zeile 40 enthaltene Beiträge (abzgl. Erstattungen und Zuschüsse) zur Basis-Kranken- und gesetzlichen Pflegeversicherung	118 EUR ,–		Davon entfallen auf Krankenversicherungsbeiträge mit Anspruch auf Krankengeld	119 ,–
42	**Kirchensteuer** (soweit diese nicht als Zuschlag zur Abgeltungsteuer einbehalten oder gezahlt wurde)	103	2017 gezahlt EUR 267,–	104	2017 erstattet EUR 12,–

Zeile			EUR
43	Aufwendungen für die eigene **Berufsausbildung: stpfl. Person / Ehemann / Person A**	Bezeichnung der Ausbildung, Art und Höhe der Aufwendungen	200 ,–
44	Aufwendungen für die eigene **Berufsausbildung: Ehefrau / Person B**	Bezeichnung der Ausbildung, Art und Höhe der Aufwendungen	201 ,–

Spenden und Mitgliedsbeiträge (ohne Beträge in den Zeilen 49 bis 56)

Zeile			lt. Bestätigungen EUR		lt. Betriebsfinanzamt EUR
45	– zur Förderung steuerbegünstigter Zwecke	123	150,–	124	,–
46	in Zeile 45 enthaltene Zuwendungen an Empfänger im EU- / EWR-Ausland	125	,–	126	,–
47	– an politische Parteien (§§ 34g, 10b EStG)	127	,–	128	,–
48	– an unabhängige Wählervereinigungen (§ 34g EStG)	129	,–	130	,–

Spenden und Mitgliedsbeiträge, bei denen die Daten elektronisch an die Finanzverwaltung übermittelt wurden (ohne Beträge in den Zeilen 45 bis 48 und 52 bis 56)

Zeile			stpfl. Person / Ehemann / Person A EUR		Ehefrau / Person B EUR
49	– zur Förderung steuerbegünstigter Zwecke	202	,–	203	,–
50	– an politische Parteien (§§ 34g, 10b EStG)	204	,–	205	,–
51	– an unabhängige Wählervereinigungen (§ 34g EStG)	206	,–	207	,–

Spenden in das zu erhaltende Vermögen (Vermögensstock) einer Stiftung

Zeile					
52	2017 geleistete Spenden (lt. Bestätigungen / lt. Betriebsfinanzamt)	208	,–	209	,–
53	2017 geleistete Spenden, bei denen die Daten elektronisch an die Finanzverwaltung übermittelt wurden (ohne Beträge in Zeile 52)	210	,–	211	,–
54	in Zeile 52 enthaltene Spenden an Empfänger im EU- / EWR-Ausland	218	,–	219	,–
55	Von den Spenden in Zeile 52 und 53 sollen 2017 berücksichtigt werden	212	,–	213	,–
56	2017 zu berücksichtigende Spenden aus Vorjahren in das zu erhaltende Vermögen (Vermögensstock) einer Stiftung, die bisher noch nicht berücksichtigt wurden	214	,–	215	,–

Außergewöhnliche Belastungen

53

Behinderte Menschen und Hinterbliebene

Zeile		Ausweis / Rentenbescheid / Bescheinigung gültig von	bis	unbefristet gültig	Grad der Behinderung	Erstmalige Beantragung / Änderung (Nachweis ist einzureichen)
61	stpfl. Person / Ehemann / Person A	100 M M J J	101 M M J J	102 1 = Ja	105	X
62	hinterblieben 380 1 = Ja		blind / ständig hilflos 103 1 = Ja		geh- und stehbehindert 104 1 = Ja	
63	Ehefrau / Person B	150 M M J J	151 M M J J	152 1 = Ja	155	X
64	hinterblieben 381 1 = Ja		blind / ständig hilflos 153 1 = Ja		geh- und stehbehindert 154 1 = Ja	

Pflege-Pauschbetrag – bei erstmaliger Beantragung / Änderung bitte Nachweis einreichen –

65 Die **unentgeltliche** persönliche Pflege einer ständig hilflosen Person in ihrer oder in meiner Wohnung erfolgte durch 200 — 1 = stpfl. Person / Ehemann / Person A; 2 = Ehefrau / Person B; 3 = beide Ehegatten / Lebenspartner

Name, Anschrift und Verwandtschaftsverhältnis der hilflosen Person(en)

66 Anzahl weiterer Pflegepersonen 201

Andere außergewöhnliche Belastungen
(z. B. Fahrtkosten behinderter Menschen, Krankheitskosten, Kurkosten, Pflegekosten)

Zeile	Art der Belastungen	Summe der Aufwendungen EUR	Erhaltene / Anspruch auf zu erwartende Versicherungsleistungen, Beihilfen, Unterstützungen; Wert des Nachlasses usw. EUR
67	KRANKHEITSKOSTEN	300 620,—	301 0,—

Für folgende Aufwendungen wird die Steuerermäßigung für haushaltsnahe Beschäftigungsverhältnisse / Dienstleistungen / Handwerkerleistungen beantragt, soweit sie wegen Abzugs der zumutbaren Belastung nicht als außergewöhnliche Belastungen berücksichtigt werden (die Beträge sind nicht zusätzlich in den Zeilen 71 bis 73 einzutragen):

Zeile		Aufwendungen (abzüglich Erstattungen) EUR
68	Die in Zeile 67 enthaltenen Pflegeleistungen im Rahmen eines geringfügigen Beschäftigungsverhältnisses im Privathaushalt – sog. Minijob – betragen	370 ,—
69	Die in Zeile 67 enthaltenen übrigen haushaltsnahen Pflegeleistungen (ohne Minijob) und in Heimunterbringungskosten enthaltenen Aufwendungen für Dienstleistungen, die denen einer Haushaltshilfe vergleichbar sind, betragen	371 ,—
70	Die in Zeile 67 enthaltenen Arbeitskosten für Handwerkerleistungen betragen	372 ,—

Haushaltsnahe Beschäftigungsverhältnisse, Dienstleistungen und Handwerkerleistungen

18

Steuerermäßigung bei Aufwendungen für

– geringfügige Beschäftigungen im Privathaushalt – sog. Minijobs –

Zeile	Art der Tätigkeit	Aufwendungen (abzüglich Erstattungen) EUR
71		202 ,—

– sozialversicherungspflichtige Beschäftigungen im Privathaushalt
– haushaltsnahe Dienstleistungen, Hilfe im eigenen Haushalt
– Pflege- und Betreuungsleistungen im Haushalt, in Heimunterbringungskosten enthaltene Aufwendungen für Dienstleistungen, die denen einer Haushaltshilfe vergleichbar sind; das in Zeile 67 als Erstattung für häusliche Pflege- und Betreuungskosten berücksichtigte Pflegegeld (§ 37 SGB XI) / Pflegetagegeld

Zeile	Art der Tätigkeit / Aufwendungen	
72	TREPPENREINIGUNG, GARTENPFLEGE	212 240,—

– Handwerkerleistungen für Renovierungs-, Erhaltungs- und Modernisierungsmaßnahmen im eigenen Haushalt (ohne öffentlich geförderte Maßnahmen, für die zinsverbilligte Darlehen oder steuerfreie Zuschüsse in Anspruch genommen werden, z. B. KfW-Bank, landeseigener Förderbanken oder Gemeinden)

Zeile	Art der Aufwendungen	
73	REPARATUR WASCHMASCHINE	214 320,—

Nur bei Alleinstehenden und Eintragungen in den Zeilen 68 bis 73:

74 Es bestand ganzjährig ein gemeinsamer Haushalt mit einer oder mehreren anderen alleinstehenden Person(en) — Anzahl der weiteren Personen 223

Name, Vorname, Geburtsdatum

75

Nur bei Alleinstehenden oder Einzelveranlagung von Ehegatten / Lebenspartnern und Eintragungen in den Zeilen 68 bis 73:

Laut einzureichendem gemeinsamen Antrag ist der Höchstbetrag für die Aufwendungen

Zeile		
76	– lt. den Zeilen 68 und 71 in einem anderen Verhältnis als je zur Hälfte aufzuteilen. Der bei mir zu berücksichtigende Anteil beträgt	224 %
77	– lt. den Zeilen 69 und 72 in einem anderen Verhältnis als je zur Hälfte aufzuteilen. Der bei mir zu berücksichtigende Anteil beträgt	225 %
78	– lt. den Zeilen 70 und 73 in einem anderen Verhältnis als je zur Hälfte aufzuteilen. Der bei mir zu berücksichtigende Anteil beträgt	226 %

Nur in Fällen der Zusammenveranlagung oder Einzelveranlagung von Ehegatten / Lebenspartnern und Eintragungen in den Zeilen 68 bis 73:

Zeile		stpfl. Person / Ehemann / Person A	Ehefrau / Person B
79	Es wurde 2017 ein gemeinsamer Haushalt begründet oder aufgelöst und für einen Teil des Kalenderjahres ein Einzelhaushalt geführt	219 1 = Ja	220 1 = Ja

Antrag auf Festsetzung der Arbeitnehmer-Sparzulage

15

		stpfl. Person / Ehemann / Person A	Ehefrau / Person B
91	Für alle vom Anbieter übermittelten elektronischen Vermögensbildungsbescheinigungen wird die Festsetzung der Arbeitnehmer-Sparzulage beantragt	17 [1] 1 = Ja	18 [1] 1 = Ja

Steuerermäßigung bei Belastung mit Erbschaftsteuer

18

92 Ich beantrage eine Steuerermäßigung, weil in dieser Steuererklärung Einkünfte erklärt worden sind, die als Erwerb von Todes wegen ab 2013 der Erbschaftsteuer unterlegen haben (lt. gesonderter Aufstellung). 185 [ ] 1 = Ja

Steuerbegünstigung für schutzwürdige Kulturgüter

93 Steuerbegünstigung nach § 10g EStG für schutzwürdige Kulturgüter, die weder zur Einkunftserzielung noch zu eigenen Wohnzwecken genutzt werden — 151 Abzugsbetrag EUR ,–

Verlustabzug / Spendenvortrag

94 Es wurde ein verbleibender Verlustvortrag nach § 10d EStG / Spendenvortrag nach § 10b EStG zum 31.12.2016 festgestellt für [X] stpfl. Person / Ehemann / Person A [X] Ehefrau / Person B

95 **Antrag auf Beschränkung des Verlustrücktrags nach 2016**
Von den nicht ausgeglichenen negativen Einkünften 2017 soll folgender Gesamtbetrag nach 2016 zurückgetragen werden — EUR ,– EUR ,–

Sonstige Angaben und Anträge

96 **Einkommensersatzleistungen,** die dem Progressionsvorbehalt unterliegen, z. B. Arbeitslosengeld, Elterngeld, Insolvenzgeld, Krankengeld, Mutterschaftsgeld und vergleichbare Leistungen aus einem EU- / EWR-Staat oder der Schweiz (ohne Beträge lt. Zeile 28 der Anlage N) — 120 stpfl. Person / Ehemann / Person A EUR ,– 121 Ehefrau / Person B EUR ,–

97 **Nur bei Einzelveranlagung von Ehegatten / Lebenspartnern:**
Laut übereinstimmendem Antrag sind die Sonderausgaben, außergewöhnlichen Belastungen sowie die Steuerermäßigung für haushaltsnahe Beschäftigungsverhältnisse, Dienstleistungen und Handwerkerleistungen je zur Hälfte aufzuteilen. 222 [ ] 1 = Ja
(Der Antrag auf Aufteilung
– des Freibetrages zur Abgeltung eines Sonderbedarfs bei Berufsausbildung eines volljährigen Kindes ist in Zeile 53 der Anlage Kind,
– bei Übertragung des Behinderten- oder Hinterbliebenen-Pauschbetrags in Zeile 66 der Anlage Kind
zu stellen.)

98 **Ergänzende Angaben zur Steuererklärung:**
Über die Angaben in der Steuererklärung hinaus sind weitere oder abweichende Angaben oder Sachverhalte zu berücksichtigen. Diese ergeben sich aus der beigefügten Anlage, welche mit der Überschrift **„Ergänzende Angaben zur Steuererklärung"** gekennzeichnet ist. 175 [ ] 1 = Ja

Hinweis: Wenn über die Angaben in der Steuererklärung hinaus weitere oder abweichende Angaben oder Sachverhalte berücksichtigt werden sollen, tragen Sie bitte eine „1" ein. Gleiches gilt, wenn bei den in der Steuererklärung erfassten Angaben bewusst eine von der Verwaltungsauffassung abweichende Rechtsauffassung zugrunde gelegt wurde. Falls Sie mit Abgabe der Steuererklärung lediglich Belege und Aufstellungen einreichen, ist keine Eintragung vorzunehmen.

99 Unterhalten Sie auf Dauer angelegte Geschäftsbeziehungen zu Finanzinstituten im Ausland? 116 stpfl. Person / Ehemann / Person A [2] 1 = Ja 2 = Nein 117 Ehefrau / Person B [2] 1 = Ja 2 = Nein

Unterschrift

Die mit der Steuererklärung / dem Antrag angeforderten Daten werden aufgrund der §§ 149, 150 und 181 Abs. 2 der Abgabenordnung, der §§ 25, 46 und 51a Abs. 2d des Einkommensteuergesetzes sowie des § 14 Abs. 4 des Fünften Vermögensbildungsgesetzes erhoben.

100 Die Steuererklärung wurde unter Mitwirkung eines Angehörigen der steuerberatenden Berufe i. S. d. §§ 3 und 4 des Steuerberatungsgesetzes erstellt: [ ] 1 = Ja

Bei der Anfertigung dieser Steuererklärung hat mitgewirkt:

101 20.1.2018 Felix Fleissberg Franziska Fleissberg

Datum, Unterschrift(en) Steuererklärungen sind eigenhändig – bei Ehegatten / Lebenspartnern von beiden – zu unterschreiben

Zeile		
1	Name	FLEISSBERG
2	Vorname	FELIX
3	Steuernummer	12/345/678910

Anlage Vorsorgeaufwand

Angaben zu Vorsorgeaufwendungen

52

Beiträge zur Altersvorsorge

Zeile			stpfl. Person / Ehemann / Person A EUR		Ehefrau / Person B EUR
	Beiträge				
4	– lt. Nr. 23 a/b der Lohnsteuerbescheinigung (Arbeitnehmeranteil)	300	3927,–	400	2805,–
5	– zu landwirtschaftlichen Alterskassen; zu berufsständischen Versorgungseinrichtungen, die den gesetzlichen Rentenversicherungen vergleichbare Leistungen erbringen (abzüglich steuerfreier Zuschüsse lt. Nr. 22b der Lohnsteuerbescheinigung) – ohne Beiträge, die in Zeile 4 geltend gemacht werden –	301	,–	401	,–
6	– zu gesetzlichen Rentenversicherungen – ohne Beiträge, die in Zeile 4 geltend gemacht werden –	302	,–	402	,–
7	Erstattete Beiträge und / oder steuerfreie Zuschüsse zu den Zeilen 4 bis 6 (ohne Zuschüsse, die von den Beiträgen lt. Zeile 8 abzuziehen sind und ohne Zuschüsse lt. Zeile 9 und 10)	309	,–	409	,–
8	Beiträge zu zertifizierten Basisrentenverträgen (sog. Rürup-Verträge) mit Laufzeitbeginn nach dem 31.12.2004 (abzgl. steuerfreier Zuschüsse) – ohne Altersvorsorgebeiträge, die in der Anlage AV geltend gemacht werden –	303	,–	403	,–
9	Arbeitgeberanteil / -zuschuss lt. Nr. 22 a/b der Lohnsteuerbescheinigung	304	3927,–	404	2805,–
10	Arbeitgeberanteil zu gesetzlichen Rentenversicherungen im Rahmen einer pauschal besteuerten geringfügigen Beschäftigung (bitte Anleitung beachten)	306	,–	406	,–

Eine Eintragung ist stets vorzunehmen; bei Zusammenveranlagung von jedem Ehegatten / Lebenspartner:

Haben Sie zu Ihrer Krankenversicherung oder Ihren Krankheitskosten Anspruch auf
- steuerfreie Zuschüsse (z. B. Rentner aus der gesetzlichen Rentenversicherung) oder
- steuerfreie Arbeitgeberbeiträge (z. B. sozialversicherungspfl. Arbeitnehmer und deren mitversicherter Ehegatte / Lebenspartner) oder
- steuerfreie Beihilfen (z. B. Beamte oder Versorgungsempfänger und deren Ehegatten / Lebenspartner)?

Zeile			stpfl. Person / Ehemann / Person A		Ehefrau / Person B
11	1 = Ja, 2 = Nein	307	1	407	1

Beiträge zur inländischen gesetzlichen Kranken- und Pflegeversicherung

Zeile			stpfl. Person / Ehemann / Person A EUR		Ehefrau / Person B EUR
12	Arbeitnehmerbeiträge zu Krankenversicherungen lt. Nr. 25 der Lohnsteuerbescheinigung	320	3528,–	420	2520,–
13	In Zeile 12 enthaltene Beiträge, aus denen sich kein Anspruch auf Krankengeld ergibt	322	,–	422	,–
14	Arbeitnehmerbeiträge zu sozialen Pflegeversicherungen lt. Nr. 26 der Lohnsteuerbescheinigung	323	536,–	423	383,–
	Zu den Zeilen 12 bis 14:				
15	Von der Kranken- und / oder sozialen Pflegeversicherung erstattete Beiträge	324	,–	424	,–
16	In Zeile 15 enthaltene Beiträge zur Krankenversicherung, aus denen sich kein Anspruch auf Krankengeld ergibt, und zur sozialen Pflegeversicherung	325	,–	425	,–
17	Beiträge zu Krankenversicherungen – ohne Beiträge, die in Zeile 12 geltend gemacht werden – (z. B. bei Rentnern; bei freiwillig gesetzlich versicherten Selbstzahlern, wenn in die Datenübermittlung eingewilligt oder dieser nicht widersprochen wurde)	326	,–	426	,–
18	In Zeile 17 enthaltene Beiträge zur Krankenversicherung, aus denen sich ein Anspruch auf Krankengeld ergibt	328	,–	428	,–
19	Beiträge zu sozialen Pflegeversicherungen – ohne Beiträge, die in Zeile 14 geltend gemacht werden – (z. B. bei Rentnern; bei freiwillig gesetzlich versicherten Selbstzahlern, wenn in die Datenübermittlung eingewilligt oder dieser nicht widersprochen wurde)	329	,–	429	,–
	Zu den Zeilen 17 bis 19:				
20	Von der Kranken- und / oder sozialen Pflegeversicherung erstattete Beiträge	330	,–	430	,–
21	In Zeile 20 enthaltene Beiträge zur Krankenversicherung, aus denen sich ein Anspruch auf Krankengeld ergibt	331	,–	431	,–
22	Zuschuss zu den Beiträgen lt. Zeile 17 und / oder 19 – ohne Beträge lt. Zeile 37 und 39 – (z. B. von der Deutschen Rentenversicherung)	332	,–	432	,–
23	Über die Basisabsicherung hinausgehende Beiträge zu Krankenversicherungen (z. B. für Wahlleistungen, Zusatzversicherung) abzüglich erstatteter Beiträge	338	,–	438	,–

Beiträge zur inländischen privaten Kranken- und Pflegeversicherung

– Füllen Sie die Zeilen 24 bis 28 und 42 bis 45 nur aus, wenn Sie in die Datenübermittlung eingewilligt oder dieser nicht widersprochen haben. –

Zeile			stpfl. Person / Ehemann / Person A EUR		Ehefrau / Person B EUR
24	Beiträge zu Krankenversicherungen (nur Basisabsicherung, keine Wahlleistungen)	350	,–	450	,–
25	Beiträge zu Pflege-Pflichtversicherungen	351	,–	451	,–
	Zu den Zeilen 24 und 25:				
26	Von der privaten Kranken- und / oder Pflege-Pflichtversicherung erstattete Beiträge	352	,–	452	,–
27	Zuschuss von dritter Seite zu den Beiträgen lt. Zeile 24 und / oder 25 (z. B. von der Deutschen Rentenversicherung)	353	,–	453	,–
28	Über die Basisabsicherung hinausgehende Beiträge zu Krankenversicherungen (z. B. für Wahlleistungen, Zusatzversicherung) abzüglich erstatteter Beiträge	354	,–	454	,–
29	Beiträge (abzüglich erstatteter Beiträge) zu zusätzlichen Pflegeversicherungen (ohne Pflege-Pflichtversicherung)	355	,–	455	,–

Beiträge zur ausländischen gesetzlichen oder privaten Kranken- und Pflegeversicherung

Zeile			stpfl. Person / Ehemann / Person A EUR		Ehefrau / Person B EUR
31	Beiträge (abzüglich steuerfreier Zuschüsse – ohne Beträge lt. Zeile 37 –) zur Krankenversicherung, die mit einer inländischen Krankenversicherung vergleichbar ist (nur Basisabsicherung, keine Wahlleistungen)	333	,–	433	,–
32	In Zeile 31 enthaltene Beiträge zur Krankenversicherung, aus denen sich kein Anspruch auf Krankengeld ergibt	334	,–	434	,–
33	Beiträge (abzüglich steuerfreier Zuschüsse – ohne Beträge lt. Zeile 39 –) zur sozialen Pflegeversicherung / Pflege-Pflichtversicherung, die mit einer inländischen Pflegeversicherung vergleichbar ist	335	,–	435	,–
	Zu den Zeilen 31 bis 33:				
34	Von der Kranken- und / oder sozialen Pflegeversicherung / Pflege-Pflichtversicherung erstattete Beiträge	336	,–	436	,–
35	In Zeile 34 enthaltene Beiträge zur Krankenversicherung, aus denen sich kein Anspruch auf Krankengeld ergibt, und zur sozialen Pflegeversicherung	337	,–	437	,–
36	Über die Basisabsicherung hinausgehende Beiträge (abzüglich erstatteter Beiträge) zu Krankenversicherungen und zusätzlichen Pflegeversicherungen (z. B. für Wahlleistungen, Zusatzversicherung)	339	,–	439	,–

Steuerfreie Arbeitgeberzuschüsse

Steuerfreie Arbeitgeberzuschüsse zur

Zeile					
37	– gesetzlichen Krankenversicherung lt. Nr. 24 a der Lohnsteuerbescheinigung	360	,–	460	,–
38	– privaten Krankenversicherung lt. Nr. 24 b der Lohnsteuerbescheinigung	361	,–	461	,–
39	– gesetzlichen Pflegeversicherung lt. Nr. 24 c der Lohnsteuerbescheinigung	362	,–	462	,–

Als Versicherungsnehmer für andere Personen übernommene Kranken- und Pflegeversicherungsbeiträge

40 IdNr. der mitversicherten Person: 600

„Andere Personen" sind z. B. Kinder, für die **kein** Anspruch auf Kindergeld / Kinderfreibetrag besteht (bei Anspruch auf Kindergeld / Kinderfreibetrag sind die Eintragungen in den Zeilen 31 bis 37 der Anlage Kind vorzunehmen).

41 Name, Vorname, Geburtsdatum der mitversicherten Person

Zeile			stpfl. Person / Ehegatten / Lebenspartner EUR
42	Beiträge (abzüglich steuerfreier Zuschüsse) zu privaten Krankenversicherungen (nur Basisabsicherung, keine Wahlleistungen)	601	,–
43	Beiträge (abzüglich steuerfreier Zuschüsse) zu Pflege-Pflichtversicherungen	602	,–
	Zu den Zeilen 42 bis 43:		
44	Von der privaten Kranken- und / oder Pflege-Pflichtversicherung erstattete Beiträge	603	,–
45	Beiträge (abzüglich erstatteter Beiträge) zu privaten Kranken- und / oder Pflegeversicherungen (ohne Basisabsicherung, z. B. für Wahlleistungen, Zusatzversicherung)	604	,–

Weitere sonstige Vorsorgeaufwendungen

Zeile			stpfl. Person / Ehemann / Person A EUR		Ehefrau / Person B EUR
46	Arbeitnehmerbeiträge zur Arbeitslosenversicherung lt. Nr. 27 der Lohnsteuerbescheinigung	370	630,–	470	450,–
	Beiträge (abzüglich steuerfreier Zuschüsse und erstatteter Beiträge) zu				
47	– Kranken- und Pflegeversicherungen **(Gesamtbetrag)** (nur einzutragen, wenn Sie nicht in die Datenübermittlung eingewilligt oder dieser widersprochen haben; Einträge zu zusätzlichen Pflegeversicherungen sind nur in Zeile 29 vorzunehmen)	371	,–	471	,–

Zeile			stpfl. Person / Ehegatten / Lebenspartner EUR
48	– Versicherungen gegen Arbeitslosigkeit – ohne Beiträge, die in Zeile 46 geltend gemacht werden –	500	,–
49	– freiwilligen eigenständigen Erwerbs- und Berufsunfähigkeitsversicherungen	501	,–
50	– Unfall- und Haftpflichtversicherungen sowie Risikoversicherungen, die nur für den Todesfall eine Leistung vorsehen	502	520,–
51	– Rentenversicherungen mit Kapitalwahlrecht und / oder Kapitallebensversicherungen mit einer Laufzeit von mindestens 12 Jahren sowie einem Laufzeitbeginn und der ersten Beitragszahlung vor dem 1.1.2005	503	,–
52	– Rentenversicherungen ohne Kapitalwahlrecht mit Laufzeitbeginn und erster Beitragszahlung vor dem 1.1.2005 (auch steuerpflichtige Beiträge zu Versorgungs- und Pensionskassen) – ohne Altersvorsorgebeiträge, die in der Anlage AV geltend gemacht werden –	504	,–

Ergänzende Angaben zu Vorsorgeaufwendungen

Zeile			stpfl. Person / Ehemann / Person A		Ehefrau / Person B
	Es bestand 2017 keine gesetzliche Rentenversicherungspflicht aus dem **aktiven** Dienstverhältnis / aus der Tätigkeit				
53	– als Beamter / Beamtin	380	1 = Ja	480	1 = Ja
54	– als Vorstandsmitglied / GmbH-Gesellschafter-Geschäftsführer/in	381	1 = Ja	481	1 = Ja
	– als (z. B. Praktikant/in, Student/in im Praktikum)				
55	Bezeichnung	382	1 = Ja	482	1 = Ja
56	Aufgrund des genannten Dienstverhältnisses / der Tätigkeit bestand hingegen eine Anwartschaft auf Altersversorgung	383	1 = Ja 2 = Nein	483	1 = Ja 2 = Nein
57	Die Anwartschaft auf Altersversorgung wurde ganz oder teilweise ohne eigene Beitragsleistungen erworben	384	1 = Ja 2 = Nein	484	1 = Ja 2 = Nein
58	Es wurde Arbeitslohn aus einem **nicht aktiven** Dienstverhältnis – insbesondere Betriebsrente / Werkspension – bezogen, bei dem es sich nicht um steuerbegünstigte Versorgungsbezüge (Zeilen 11 bis 16 der Anlage N) handelt. Bei Altersteilzeit ist hier keine Eintragung vorzunehmen.	385	1 = Ja	485	1 = Ja

Anlage N

Jeder Ehegatte / Lebenspartner mit Einkünften aus nichtselbständiger Arbeit hat eine eigene Anlage N abzugeben.

Zeile		
1	Name	FLEISSBERG
2	Vorname	FELIX
3	**Steuernummer**	12/345/678910
4	eTIN lt. Lohnsteuerbescheinigung(en), sofern vorhanden	FLSSFLX/61K11Y
	eTIN lt. weiterer Lohnsteuerbescheinigung(en), sofern vorhanden	

X stpfl. Person / Ehemann / Person A

Ehefrau / Person B

Einkünfte aus nichtselbständiger Arbeit

4

Angaben zum Arbeitslohn

Zeile		Kz	Lohnsteuerbescheinigung(en) Steuerklasse 1 – 5 (EUR, Ct)	Kz	Lohnsteuerbescheinigung(en) Steuerklasse 6 oder einer Urlaubskasse (EUR, Ct)
5	**Steuerklasse**	168	4		
6	Bruttoarbeitslohn	110	42000,—	111	,—
7	Lohnsteuer	140	6822,00	141	,
8	Solidaritätszuschlag	150	309,76	151	,
9	Kirchensteuer des Arbeitnehmers	142	,	143	,
10	**Nur bei Konfessionsverschiedenheit:** Kirchensteuer für den Ehegatten / Lebenspartner	144	,	145	,

Zeile		Kz	1. Versorgungsbezug	Kz	2. Versorgungsbezug
11	**Steuerbegünstigte Versorgungsbezüge** (in Zeile 6 enthalten)	200	,—	210	,—
12	Bemessungsgrundlage für den Versorgungsfreibetrag lt. Nr. 29 der Lohnsteuerbescheinigung	201	,—	211	,—
13	Maßgebendes Kalenderjahr des Versorgungsbeginns lt. Nr. 30 der Lohnsteuerbescheinigung	206	JJJJ	216	JJJJ
14	Bei unterjähriger Zahlung: Erster und letzter Monat, für den Versorgungsbezüge gezahlt wurden, lt. Nr. 31 der Lohnsteuerbescheinigung	202 / 203	Monat MM – Monat MM	212 / 213	Monat MM – Monat MM
15	Sterbegeld, Kapitalauszahlungen / Abfindungen und Nachzahlungen von Versorgungsbezügen lt. Nr. 32 der Lohnsteuerbescheinigung (in den Zeilen 6 und 11 enthalten)	204	,—	214	,—
16	Ermäßigt zu besteuernde Versorgungsbezüge für mehrere Jahre lt. Nr. 9 der Lohnsteuerbescheinigung	205	,—	215	,—
17	**Ermäßigt besteuerte Entschädigungen / Arbeitslohn für mehrere Jahre** lt. Nr. 10 der Lohnsteuerbescheinigung			166	,—
18	**Entschädigungen / Arbeitslohn für mehrere Jahre** – ggf. lt. Nr. 19 der Lohnsteuerbescheinigung – vom Arbeitgeber nicht ermäßigt besteuert			165	,—
19	Steuerabzugsbeträge zu den Zeilen 16 und 17 – Lohnsteuer	146	,	152 (Solidaritätszuschlag)	,
20	Kirchensteuer Arbeitnehmer	148	,	149 (Kirchensteuer Ehegatte / Lebenspartner)	,
21	Steuerpflichtiger Arbeitslohn, von dem kein Steuerabzug vorgenommen worden ist (soweit nicht in der Lohnsteuerbescheinigung enthalten)			115	,—
22	Steuerfreier Arbeitslohn nach Doppelbesteuerungsabkommen / Auslandstätigkeitserlass / sonstigen zwischenstaatlichen Übereinkommen (Übertrag aus den Zeilen 52, 70 und / oder 81 der ersten **Anlage N-AUS**)			139	,—
23	Steuerfreier Arbeitslohn nach Auslandstätigkeitserlass (Übertrag aus Zeile 66 der ersten **Anlage N-AUS**)			136	,—
24	Steuerfreie Einkünfte (Besondere Lohnbestandteile) nach Doppelbesteuerungsabkommen / sonstigen zwischenstaatlichen Übereinkommen / Auslandstätigkeitserlass (Übertrag aus Zeile 80 der ersten **Anlage N-AUS**)			178	,—
25	Beigefügte **Anlage(n) N-AUS**				Anzahl
26	Grenzgänger nach (2 = Frankreich, 3 = Schweiz, 4 = Österreich)	117 / 116	Arbeitslohn in EUR / CHF ,—	135	Schweizerische Abzugsteuer in CHF ,
27	Steuerfrei erhaltene Aufwandsentschädigungen / Einnahmen – aus der Tätigkeit als			118	EUR ,—
28	**Kurzarbeitergeld, Zuschuss zum Mutterschaftsgeld, Verdienstausfallentschädigung nach dem Infektionsschutzgesetz, Aufstockungsbeträge nach dem Altersteilzeitgesetz, Altersteilzeitzuschläge nach Besoldungsgesetzen (lt. Nr. 15 der Lohnsteuerbescheinigung)**			119	,—
29	Angaben über Zeiten und Gründe der Nichtbeschäftigung				

Werbungskosten – ohne Beträge lt. Zeile 91 bis 94 –

8

Wege zwischen Wohnung und erster Tätigkeitsstätte / Sammelpunkt / weiträumigem Tätigkeitsgebiet (Entfernungspauschale)

	Erste Tätigkeitsstätte in (PLZ, Ort und Straße)	vom	bis	Arbeitstage je Woche	Urlaubs- und Krankheitstage
31	MEDTECH GMBH, EINSTEINWEG 13, 15827 DAHLEWITZ	0101	3112	5	30
32		TTMM	TTMM		

	Sammelpunkt / nächstgelegener Zugang zum weiträumigen Tätigkeitsgebiet (PLZ, Ort und Straße)	vom	bis	Arbeitstage je Woche	Urlaubs- und Krankheitstage
33		TTMM	TTMM		
34		TTMM	TTMM		

	Ort lt. Zeile	aufgesucht an Tagen	einfache Entfernung (auf volle Kilometer abgerundet)	davon mit eigenem oder zur Nutzung überlassenem Pkw zurückgelegt	davon mit Sammelbeförderung des Arbeitgebers zurückgelegt	davon mit öffentl. Verkehrsmitteln, Motorrad, Fahrrad o. Ä., als Fußgänger, als Mitfahrer einer Fahrgemeinschaft zurückgelegt	Aufwendungen für Fahrten mit öffentlichen Verkehrsmitteln (ohne Flug- und Fährkosten) EUR	Behinderungsgrad mind. 70 oder mind. 50 und Merkzeichen „G"
35	31	110 220	111 32 km	112 32 km	113 km	km 114	,— 115	1 = Ja
36		130	131 km	132 km	133 km	km 134	,— 135	1 = Ja
37		150	151 km	152 km	153 km	km 154	,— 155	1 = Ja
38		170	171 km	172 km	173 km	km 174	,— 175	1 = Ja

39 Arbeitgeberleistungen lt. Nr. 17 und 18 der Lohnsteuerbescheinigung und von der Agentur für Arbeit gezahlte Fahrtkostenzuschüsse — steuerfrei ersetzt 290 EUR ,— — pauschal besteuert 295 EUR ,—

Beiträge zu Berufsverbänden (Bezeichnung der Verbände)

40 GEWERKSCHAFTSBEITRAG — 310 400,—

Aufwendungen für Arbeitsmittel – soweit nicht steuerfrei ersetzt – (Art der Arbeitsmittel bitte einzeln angeben.)

		EUR	
41	FACHBÜCHER	185,—	
42		+ ,—	▶ 320 185,—

Aufwendungen für ein häusliches Arbeitszimmer

43 — 325 ,—

Fortbildungskosten – soweit nicht steuerfrei ersetzt –

44 KURS FACHENGLISCH — 330 450,—

Weitere Werbungskosten – soweit nicht steuerfrei ersetzt –

Flug- und Fährkosten bei Wegen zwischen Wohnung und erster Tätigkeitsstätte / Sammelpunkt / weiträumigem Tätigkeitsgebiet

45 ,—

Sonstiges (z. B. Bewerbungskosten, Kontoführungsgebühren)

46	KONTOFÜHRUNG	+ 16,—	
47		+ ,—	
48		+ ,—	▶ 380 16,—

Reisekosten bei beruflich veranlassten Auswärtstätigkeiten

49 Die Fahrten wurden ganz oder teilweise mit einem Firmenwagen oder im Rahmen einer unentgeltlichen Sammelbeförderung des Arbeitgebers durchgeführt — 401 2 (1 = Ja, 2 = Nein)

– Falls „Ja": Für die Fahrten mit Firmenwagen oder Sammelbeförderung dürfen mangels Aufwands keine Eintragungen zu Fahrtkosten in Zeile 50 vorgenommen werden. –

Fahrt- und Übernachtungskosten, Reisenebenkosten

50 MESSEBESUCHE — 410 1650,—

51 **Vom Arbeitgeber steuerfrei ersetzt** 420 0,—

Pauschbeträge für Mehraufwendungen für Verpflegung

Bei einer Auswärtstätigkeit im Inland:

52 Abwesenheit von mehr als 8 Stunden (bei Auswärtstätigkeit ohne Übernachtung) — 470 4 Anzahl der Tage

53 An- und Abreisetage (bei einer mehrtägigen Auswärtstätigkeit mit Übernachtung) — 471 2 Anzahl der Tage

54 Abwesenheit von 24 Stunden — 472 4 Anzahl der Tage

55 Kürzungsbeträge wegen Mahlzeitengestellung (eigene Zuzahlungen sind ggf. gegenzurechnen) — 473 ,—

56 Bei einer Auswärtstätigkeit im Ausland (Berechnung bitte in einer gesonderten Aufstellung): — 474 168,—

57 **Vom Arbeitgeber steuerfrei ersetzt** 490 0,—

Mehraufwendungen für doppelte Haushaltsführung

Allgemeine Angaben

61 Der doppelte Haushalt wurde aus beruflichem Anlass begründet — 501 am T T M M J J J J

Grund

62

63 Der doppelte Haushalt hat seitdem ununterbrochen bestanden — 502 bis T T M M 2017

Beschäftigungsort (PLZ, Ort, Staat – falls im Ausland und abweichend vom Staat, in dem der doppelte Haushalt liegt –)

64

65 Der doppelte Haushalt liegt im Ausland — 507 — 1 = Ja — Staat

66 Es liegt ein **eigener Hausstand** am Lebensmittelpunkt vor — 503 — 1 = Ja, 2 = Nein

– Wird die Zeile 66 mit „Nein“ beantwortet, sind Eintragungen in den Zeilen 67 bis 85 nicht vorzunehmen. –

PLZ, Ort des eigenen Hausstandes

67 — 504 seit T T M M J J J J

68 Der Begründung des doppelten Haushalts ist eine Auswärtstätigkeit am selben Beschäftigungsort unmittelbar vorausgegangen — 505 — 1 = Ja

69 Anstelle der Mehraufwendungen für doppelte Haushaltsführung werden in den Zeilen 31 bis 39 Fahrtkosten für **mehr** als eine Heimfahrt wöchentlich geltend gemacht — 506 — 1 = Ja

– Wird die Zeile 69 mit „Ja“ beantwortet, sind Eintragungen in den Zeilen 70 bis 85 nicht vorzunehmen. –

Fahrtkosten

70 Die Fahrten wurden mit einem **Firmenwagen** oder im Rahmen einer unentgeltlichen **Sammelbeförderung** des Arbeitgebers durchgeführt — 510 — 1 = Ja, insgesamt; 2 = Nein; 3 = Ja, teilweise

– Soweit die Zeile 70 mit „Ja, insgesamt“ beantwortet wird, sind Eintragungen in den Zeilen 71, 72, 74 und 76 nicht vorzunehmen. Bei „Ja, teilweise“ sind Eintragungen in diesen Zeilen nur für die mit dem eigenen oder zur Nutzung überlassenen privaten Fahrzeug durchgeführten Fahrten vorzunehmen. –

Erste Fahrt zum Ort der ersten Tätigkeitsstätte und letzte Fahrt zum eigenen Hausstand

71 mit privatem Kfz — 511 gefahrene km — Kilometersatz bei Einzelnachweis (Berechnung bitte in einer gesonderten Aufstellung) — 512 EUR , Ct

72 mit privatem Motorrad / Motorroller — 522 gefahrene km — Kilometersatz bei Einzelnachweis (Berechnung bitte in einer gesonderten Aufstellung) — 523 EUR , Ct

73 mit öffentlichen Verkehrsmitteln oder entgeltlicher Sammelbeförderung — 513 EUR ,—

Wöchentliche Heimfahrten

74 einfache Entfernung (ohne Flugstrecken) — 514 km — 515 Anzahl

75 Kosten für öffentliche Verkehrsmittel (ohne Flug- und Fährkosten) — 516 EUR ,—

Nur bei Behinderungsgrad von mindestens 70 oder mindestens 50 und Merkzeichen „G“

76 einfache Entfernung (ohne Flugstrecken) — 524 km — davon mit privatem Kfz zurückgelegt — 517 km — 518 Anzahl — Kilometersatz bei Einzelnachweis (Berechnung bitte in einer gesonderten Aufstellung) — 519 EUR , Ct

77 Kosten für öffentliche Verkehrsmittel (ohne Flug- und Fährkosten) — 520 EUR ,—

78 Flug- und Fährkosten (zu den Zeilen 74 bis 77) oder Kosten für entgeltliche Sammelbeförderung für Heimfahrten — 521 ,—

Kosten der Unterkunft am Ort der ersten Tätigkeitsstätte

79 Aufwendungen (z. B. Miete einschließlich Stellplatz- / Garagenkosten, Nebenkosten, Abschreibungen und Ausstattungskosten) — 530 ,—

80 Größe der Zweitwohnung des doppelten Haushalts im Ausland — 531 m^2

Pauschbeträge für Mehraufwendungen für Verpflegung

Die Verpflegungsmehraufwendungen lt. Zeilen 81 bis 84 können nur für einen Zeitraum von 3 Monaten nach Bezug der Unterkunft am Ort der ersten Tätigkeitsstätte geltend gemacht werden; geht der doppelten Haushaltsführung eine Auswärtstätigkeit voraus, ist dieser Zeitraum auf den Dreimonatszeitraum anzurechnen.

Bei einer doppelten Haushaltsführung im Inland:

81 An- und Abreisetage — 541 Anzahl der Tage

82 Abwesenheit von 24 Stunden — 542 Anzahl der Tage

83 Kürzungsbetrag wegen Mahlzeitengestellung (eigene Zuzahlungen sind ggf. gegenzurechnen) — 544 EUR ,—

84 Bei einer doppelten Haushaltsführung im Ausland (Berechnung bitte in einer gesonderten Aufstellung) — 543 ,—

Sonstige Aufwendungen (z. B. Kosten für den Umzug, jedoch ohne Kosten der Unterkunft)

85 — 550 ,—

86 Summe der Mehraufwendungen für **weitere** doppelte Haushaltsführungen (Berechnung bitte in einer gesonderten Aufstellung) — 551 ,—

87 **Vom Arbeitgeber / von der Agentur für Arbeit insgesamt steuerfrei ersetzt** — 590 —

Werbungskosten in Sonderfällen

– Die in den Zeilen 91 bis 94 erklärten Werbungskosten dürfen nicht in den Zeilen 31 bis 87 enthalten sein –

Zeile		Kz	EUR
	Werbungskosten zu steuerbegünstigten Versorgungsbezügen lt. Zeile 11		
91	Art der Aufwendungen	682	,—
	Werbungskosten zu steuerbegünstigten Versorgungsbezügen für mehrere Jahre lt. Zeile 16		
92	Art der Aufwendungen	659	,—
	Werbungskosten zu Entschädigungen / Arbeitslohn für mehrere Jahre lt. Zeile 17 und / oder 18		
93	Art der Aufwendungen	660	,—
94	Werbungskosten zu steuerfreiem Arbeitslohn lt. Zeile 22 und 23 (**Übertrag** aus den Zeilen 75 und 82 der ersten Anlage N-AUS)	657	,—
	Werbungskosten zu steuerpflichtigem Arbeitslohn, von dem kein Steuerabzug vorgenommen worden ist lt. Zeile 21 – in den Zeilen 31 bis 87 enthalten –		
95	Art der Aufwendungen	656	,—
96	Werbungskosten zu Arbeitslohn für eine Tätigkeit im Inland, wenn ein weiterer Wohnsitz in Belgien vorhanden ist – in den Zeilen 31 bis 87 enthalten –	675	,—

Anlage Kind

Für jedes Kind bitte eine eigene Anlage Kind abgeben.

1 Name: FLEISSBERG

2 Vorname: FELIX

3 **Steuernummer** 12/345/678910 — lfd. Nr. der Anlage 01

Angaben zum Kind

3

4 **Identifikationsnummer** 01 08 154 711 851

5 Vorname: FANNY — ggf. abweichender Familienname

6 Geburtsdatum 16 01061995 — Anspruch auf Kindergeld oder vergleichbare Leistungen für 2017 15 EUR 2304,–

7 Für die Kindergeldfestsetzung zuständige Familienkasse: BERLIN-NEUKÖLLN

8 Wohnsitz im Inland 00 vom 0101 bis 3112 — Wohnsitz im Ausland 07 vom TTMM bis TTMM

9 ggf. abweichende Adresse (bei Wohnsitz im Ausland bitte auch den Staat angeben) (Kz 14)

Kindschaftsverhältnis zur stpfl. Person / Ehemann / Person A

Kindschaftsverhältnis zur Ehefrau / Person B

10 02 1 — 1 = leibliches Kind / Adoptivkind — 2 = Pflegekind — 3 = Enkelkind / Stiefkind — 03 1 — 1 = leibliches Kind / Adoptivkind — 2 = Pflegekind — 3 = Enkelkind / Stiefkind

Kindschaftsverhältnis zu einer anderen Person

11 Name, Vorname — Geburtsdatum dieser Person TTMMJJJJ — Dauer des Kindschaftsverhältnisses 04 vom TTMM bis TTMM

12 Letzte bekannte Adresse — Art des Kindschaftsverhältnisses: 1 = leibliches Kind / Adoptivkind, 2 = Pflegekind

13 Der andere Elternteil lebte im Ausland 37 TTMM TTMM

14 Das Kindschaftsverhältnis zum anderen Elternteil ist durch dessen Tod erloschen am 06 TTMMJJJJ

15 Der Wohnsitz oder gewöhnliche Aufenthalt des anderen Elternteiles ist nicht zu ermitteln oder der Vater des Kindes ist amtlich nicht feststellbar 05 1 = Ja

Angaben für ein volljähriges Kind

Das Kind

- befand sich in einer Schul-, Hochschul- oder Berufsausbildung,
- befand sich in einer Übergangszeit von höchstens vier Monaten (z. B. zwischen zwei Ausbildungsabschnitten),
- konnte eine Berufsausbildung mangels Ausbildungsplatzes nicht beginnen oder fortsetzen und / oder
- hat ein freiwilliges soziales oder ökologisches Jahr (Jugendfreiwilligendienstegesetz), einen europäischen / entwicklungspolitischen Freiwilligendienst, einen Freiwilligendienst aller Generationen (§ 2 Abs. 1a SGB VII), einen Internationalen Jugendfreiwilligendienst, Bundesfreiwilligendienst oder einen Anderen Dienst im Ausland (§ 5 Bundesfreiwilligendienstgesetz) geleistet.

(Folgen diese Abschnitte unmittelbar aufeinander, sind sie zu einem Zeitraum zusammenzufassen.)

16 1. Zeitraum: 80 vom 01012017 bis 31122017 — 2. Zeitraum: 81 vom TTMMJJJJ bis TTMMJJJJ

17 Bezeichnung der Schul-, Hochschul- oder Berufsausbildung: AUSBILDUNG ZUR BÜROKAUFFRAU

18 Das Kind war ohne Beschäftigung und bei einer Agentur für Arbeit als arbeitsuchend gemeldet 82 TTMMJJJJ TTMMJJJJ

19 Das Kind war wegen einer vor Vollendung des 25. Lebensjahres eingetretenen Behinderung außerstande, sich selbst finanziell zu unterhalten (Bitte Anleitung beachten.) 83 TTMMJJJJ TTMMJJJJ

20 Das Kind hat den gesetzlichen Grundwehr- / Zivildienst oder einen davon befreienden Dienst geleistet, der vor dem 1.7.2011 begonnen hat TTMMJJJJ TTMMJJJJ

Angaben zur Erwerbstätigkeit eines volljährigen Kindes (nur bei Eintragungen in Zeile 16)

21 Das Kind hat bereits eine erstmalige Berufsausbildung oder ein Erststudium abgeschlossen 84 2 — 1 = Ja, 2 = Nein

Falls Zeile 21 mit „Ja" beantwortet wurde:

22 Das Kind war erwerbstätig (kein Ausbildungsdienstverhältnis) — 1 = Ja, 2 = Nein

Falls Zeile 22 mit „Ja" beantwortet wurde:

23 Das Kind übte eine / mehrere geringfügige Beschäftigung(en) im Sinne der §§ 8, 8a SGB IV (sog. Minijob) aus — 1 = Ja, 2 = Nein — Beschäftigungszeitraum vom TTMM bis TTMM

24 Das Kind übte andere Erwerbstätigkeiten aus (bei mehreren Erwerbstätigkeiten bitte Angaben lt. gesonderter Aufstellung) — 1 = Ja, 2 = Nein — Erwerbszeitraum TTMM TTMM

25 (Vereinbarte) regelmäßige wöchentliche Arbeitszeit der Tätigkeit(en) lt. Zeile 23 Stunden — lt. Zeile 24 Stunden

Kranken- und Pflegeversicherung

(Nicht in der Anlage Vorsorgeaufwand enthalten)

– Füllen Sie die Zeilen 31 bis 37 nur aus, wenn Sie in die Datenübermittlung eingewilligt oder dieser nicht widersprochen haben. –

Zeile			Aufwendungen von mir / uns als Versicherungsnehmer geschuldet EUR		Aufwendungen vom Kind als Versicherungsnehmer geschuldet EUR
31	Von mir / uns getragene Beiträge zu Krankenversicherungen (einschließlich Zusatzbeiträge) des Kindes (nur Basisabsicherung, keine Wahlleistungen)	66	,–	70	443,–
32	In Zeile 31 enthaltene Beiträge, aus denen sich ein Anspruch auf Krankengeld ergibt			71	443,–
33	Von mir / uns getragene Beiträge zur sozialen Pflegeversicherung und / oder zur privaten Pflege-Pflichtversicherung	67	,–	72	68,–
34	Von den Versicherungen lt. den Zeilen 31 bis 33 erstattete Beträge	68	,–	73	,–
35	In Zeile 34 enthaltene Beiträge, aus denen sich ein Anspruch auf Krankengeld ergibt			74	,–
36	Zuschuss von dritter Seite zu den Beiträgen lt. den Zeilen 31 bis 33 (z. B. nach § 13a BAföG)			75	,–
37	Von mir / uns getragene Beiträge zu Kranken- und Pflegeversicherungen des Kindes (ohne Basisabsicherung, z. B. für Wahlleistungen, Zusatzversicherung)	69	,–		

Übertragung des Kinderfreibetrags / des Freibetrags für den Betreuungs- und Erziehungs- oder Ausbildungsbedarf

Ich beantrage den vollen Kinderfreibetrag und den vollen Freibetrag für den Betreuungs- und Erziehungs- oder Ausbildungsbedarf, weil der andere Elternteil

38 – seiner Unterhaltsverpflichtung nicht zu mindestens 75% nachkommt oder
– mangels Leistungsfähigkeit nicht unterhaltspflichtig ist — 36 [ ] 1 = Ja

39 Falls die Frage in Zeile 38 mit Ja beantwortet wurde: Es wurden Unterhaltsleistungen nach dem Unterhaltsvorschussgesetz gezahlt für den Zeitraum — 38 vom T T M M bis T T M M

40 Ich beantrage den vollen Freibetrag für den Betreuungs- und Erziehungs- oder Ausbildungsbedarf, weil das minderjährige Kind bei dem anderen Elternteil nicht gemeldet war. — 39 [ ] 1 = Ja — 43 T T M M bis T T M M

41 Der Übertragung des Kinderfreibetrags und des Freibetrags für den Betreuungs- und Erziehungs- oder Ausbildungsbedarf auf den Stief- / Großelternteil wurde lt. **Anlage K** zugestimmt. — 40 [ ] 1 = Ja

42 Nur beim Stief- / Großelternteil: Der Kinderfreibetrag und der Freibetrag für den Betreuungs- und Erziehungs- oder Ausbildungsbedarf sind lt. **Anlage K** zu übertragen. — 41 [ ] 1 = Ja

43 Nur beim Stief- / Großelternteil: Ich / wir beantrage(n) die Übertragung des Kinderfreibetrags und des Freibetrags für den Betreuungs- und Erziehungs- oder Ausbildungsbedarf, weil ich / wir das Kind in meinem / unserem Haushalt aufgenommen habe(n) oder ich / wir als Großelternteil gegenüber dem Kind unterhaltspflichtig bin / sind. — 76 [ ] 1 = Ja — 77 Zeitraum der Haushaltszugehörigkeit / Unterhaltsverpflichtung vom T T M M bis T T M M

Entlastungsbetrag für Alleinerziehende

44 Das Kind war mit mir in der gemeinsamen Wohnung gemeldet — 42 vom T T M M bis T T M M

45 Für das Kind wurde mir Kindergeld ausgezahlt — 44 T T M M bis T T M M

46 Außer mir war(en) in der gemeinsamen Wohnung eine / mehrere volljährige Person(en) gemeldet, für die (zeitweise) kein Anspruch auf Kindergeld oder Freibeträge für Kinder bestand. — 46 [ ] 1 = Ja 2 = Nein — Falls ja 47 T T M M bis T T M M

47 Es bestand eine Haushaltsgemeinschaft mit mindestens einer weiteren volljährigen Person, für die (zeitweise) kein Anspruch auf Kindergeld oder Freibeträge für Kinder bestand. — 49 [ ] 1 = Ja 2 = Nein — Falls ja 50 T T M M bis T T M M

Name, Vorname (weitere Personen bitte in einer gesonderten Aufstellung angeben)

48

Verwandtschaftsverhältnis — Beschäftigung / Tätigkeit

49

Freibetrag zur Abgeltung eines Sonderbedarfs bei Berufsausbildung eines volljährigen Kindes

50 Das Kind war auswärtig untergebracht — 1. Zeitraum: 85 vom T T M M bis T T M M — 2. Zeitraum: 86 vom T T M M bis T T M M

51 Es handelte sich zumindest zeitweise um eine auswärtige Unterbringung im Ausland — 87 [ ] 1 = Ja

Anschrift(en), Staat(en) – falls im Ausland

52

Nur bei nicht zusammen veranlagten Eltern:

53 Laut gesondertem gemeinsamen Antrag ist der Freibetrag zur Abgeltung eines Sonderbedarfs bei Berufsausbildung in einem anderen Verhältnis als je zur Hälfte aufzuteilen. Der bei mir zu berücksichtigende Anteil beträgt — 88 [ ] %

Schulgeld

für den Besuch einer Privatschule (Bezeichnung der Schule oder deren Träger) — Gesamtaufwendungen der Eltern EUR

61 24 ,—

Nur bei nicht zusammen veranlagten Eltern:

62 Das von mir übernommene Schulgeld beträgt 56 ,—

63 Laut gesondertem gemeinsamen Antrag ist für das Kind der Höchstbetrag für das Schulgeld in einem anderen Verhältnis als je zur Hälfte aufzuteilen. Der bei mir zu berücksichtigende Anteil beträgt 57 %

Übertragung des Behinderten- oder Hinterbliebenen-Pauschbetrags

Die Übertragung des Behinderten- / Hinterbliebenen-Pauschbetrags wird beantragt:

Das Kind ist

64 hinter-blieben 26 1 = Ja | behindert 1 = Ja | blind / ständig hilflos 55 1 = Ja | geh- und stehbehindert 1 = Ja | Grad der Behinderung 25

65 Ausweis / Rentenbescheid / Bescheinigung gültig von M M J J bis M M J J | unbefristet gültig X | Erstmalige Beantragung / Änderung (Nachweis ist einzureichen) X

Nur bei nicht zusammen veranlagten Eltern:

66 Laut gesondertem gemeinsamen Antrag sind die für das Kind zu gewährenden Pauschbeträge für Behinderte / Hinterbliebene in einem anderen Verhältnis als je zur Hälfte aufzuteilen. Der bei mir zu berücksichtigende Anteil beträgt 28 %

Kinderbetreuungskosten

Art der Dienstleistung, Name und Anschrift des Dienstleisters — vom — bis — Gesamtaufwendungen der Eltern EUR

67 T T M M | T T M M | 51 ,—

68 Steuerfreier Ersatz (z. B. vom Arbeitgeber), Erstattungen T T M M | T T M M | 79 ,—

Nur bei nicht zusammen veranlagten Eltern: — Aufwendungen

69 Ich habe Kinderbetreuungskosten in folgender Höhe getragen T T M M | T T M M | ,—

	vom	bis		vom	bis
70 Es bestand ein **gemeinsamer** Haushalt der Elternteile	T T M M	T T M M	Das Kind gehörte zu unserem Haushalt	T T M M	T T M M
71 Es bestand **kein gemeinsamer** Haushalt der Elternteile	T T M M	T T M M	Das Kind gehörte zu meinem Haushalt	T T M M	T T M M
72			Das Kind gehörte zum Haushalt des anderen Elternteils	T T M M	T T M M

Nur bei nicht zusammen veranlagten Eltern:

73 Laut übereinstimmendem Antrag ist für das Kind der Höchstbetrag für die Kinderbetreuung in einem anderen Verhältnis als je zur Hälfte aufzuteilen. Der bei mir zu berücksichtigende Anteil beträgt %

Zeile		
1	Name	FLEISSBERG
2	Vorname	FELIX
3	Steuernummer	12/345/678910

Anlage AV

Angaben zu Altersvorsorgebeiträgen (sog. Riester-Verträge)

Altersvorsorgebeiträge

39

Zeile			stpfl. Person / Ehemann / Person A		Ehefrau / Person B
4	Sozialversicherungsnummer / Zulagenummer	107	65111161050 0	307	65300563F005
5	Mitgliedsnummer der landwirtschaftlichen Alterskasse	112		312	

Für alle vom Anbieter übermittelten Altersvorsorgebeiträge wird ein zusätzlicher Sonderausgabenabzug geltend gemacht.

Zeile			stpfl. Person / Ehemann / Person A		Ehefrau / Person B
6	Anzahl der Riester-Verträge, für die vom Anbieter Altersvorsorgebeiträge übermittelt werden	201	01	401	01
7	Zu den in Zeile 6 angegebenen Verträgen geleistete Altersvorsorgebeiträge (Beiträge und Tilgungsleistungen ohne Nachzahlungen für Vorjahre)	202	EUR 1526,–	402	EUR 861,–
8	Haben sich die Vertragsdaten (Vertrags-, Zertifizierungs- oder Anbieternummer) eines in Zeile 6 angegebenen Vertrages gegenüber der Einkommensteuererklärung 2016 geändert?	203	2 (1 = Ja, 2 = Nein)	403	2 (1 = Ja, 2 = Nein)

– **Bei Zusammenveranlagung: Bitte die Art der Begünstigung (unmittelbar / mittelbar) beider Ehegatten / Lebenspartner angeben.** –

Zeile					
9	**Ich bin für das Jahr 2017 unmittelbar begünstigt.** **(Bitte die Zeilen 10 bis 18 ausfüllen.)**	106	1 (1 = Ja)	306	1 (1 = Ja)
10	Beitragspflichtige Einnahmen i. S. d. inländischen gesetzlichen Rentenversicherung **2016**	100	EUR 42000,–	300	EUR 30000,–
11	Inländische Besoldung, Amtsbezüge und Einnahmen beurlaubter Beamter **2016** **(Ein Eintrag ist nur erforderlich, wenn Sie eine Einwilligung gegenüber der zuständigen Stelle abgegeben haben.)**	101	,–	301	,–
12	Entgeltersatzleistungen **2016**	104	,–	304	,–
13	Tatsächliches Entgelt **2016**	102	,–	302	,–
14	Jahres(brutto)betrag der Rente wegen voller Erwerbsminderung oder Erwerbsunfähigkeit in der inländischen gesetzlichen Rentenversicherung **2016**	109	,–	309	,–
15	Inländische Versorgungsbezüge wegen Dienstunfähigkeit **2016** **(Ein Eintrag ist nur erforderlich, wenn Sie eine Einwilligung gegenüber der zuständigen Stelle abgegeben haben.)**	113	,–	313	,–
16	Einkünfte aus Land- und Forstwirtschaft **2015**	103	,–	303	,–
17	Jahres(brutto)betrag der Rente wegen voller Erwerbsminderung oder Erwerbsunfähigkeit nach dem Gesetz über die Alterssicherung der Landwirte **2016**	111	,–	311	,–
18	Einnahmen aus einer Beschäftigung, die einer ausländischen gesetzlichen Rentenversicherungspflicht unterlag und / oder Jahres(brutto)betrag der Rente wegen voller Erwerbsminderung oder Erwerbsunfähigkeit aus einer ausländischen gesetzlichen Rentenversicherung **2016**	114	,–	314	,–
19	**Ich bin für das Jahr 2017 mittelbar begünstigt.** (Bei Einzelveranlagung von Ehegatten / Lebenspartnern: Die Angaben zu den Altersvorsorgebeiträgen werden bei der Einkommensteuerveranlagung des anderen Ehegatten / Lebenspartners berücksichtigt.)	106	2 = Ja	306	2 = Ja

Angaben zu Kindern

Nur bei Eltern, die miteinander verheiratet sind oder miteinander eine Lebenspartnerschaft führen und 2017 nicht dauernd getrennt gelebt haben:

Anzahl der Kinder, für die uns für **2017** Kindergeld ausgezahlt worden ist und

Zeile			Geboren vor dem 1.1.2008 – Anzahl der Kinder		Geboren nach dem 31.12.2007 – Anzahl der Kinder
20	– die der Mutter / Person B zugeordnet werden oder von Person A auf Person B übertragen wurden	305	01	315	
21	– für die die Kinderzulage von der Mutter auf den Vater / von Person B auf Person A übertragen wurde oder Person A zugeordnet werden	105		115	

Bei allen anderen Kindergeldberechtigten:

Anzahl der Kinder, für die für den ersten Anspruchszeitraum **2017** Kindergeld ausgezahlt worden ist (Diese Kinder dürfen nicht in den Zeilen 20 und 21 enthalten sein.)

Zeile					
22	– an stpfl. Person / Ehemann / Person A	205		215	
23	– an Ehefrau / Person B	405		415	

Anlage Unterhalt

Für jeden unterstützten Haushalt bitte eine eigene Anlage Unterhalt abgeben.

1 Name: FLEISSBERG

2 Vorname: FELIX

3 Steuernummer: 12/345/678910 — lfd. Nr. der Anlage: 01

Angaben zu Unterhaltsleistungen an bedürftige Personen

Haushalt, in dem die unterstützte(n) Person(en) lebte(n) — 53

Anschrift dieses Haushaltes

4 10177 BERLIN, BRUNNENALLEE 7

Wohnsitzstaat, wenn Ausland

5

Die Eintragungen in den Zeilen 6 bis 10 und 17 bis 26 sind nur in der ersten Anlage Unterhalt je Haushalt erforderlich.

6 Anzahl der Personen, die in dem Haushalt lt. Zeile 4 lebten — Anzahl: 04

Aufwendungen für den Unterhalt

Zeile		vom	bis	Gesamtaufwendungen EUR
7	Erster Unterstützungszeitraum, für den Unterhalt geleistet wurde, und Höhe der Aufwendungen (einschließlich von mir getragener Beträge lt. den Zeilen 11 bis 25)	0101	3112	8820,–
8	Zeitpunkt der ersten Unterhaltsleistung für den ersten Unterstützungszeitraum im Kalenderjahr	01012017		
9	Zweiter Unterstützungszeitraum, für den Unterhalt geleistet wurde, und Höhe der Aufwendungen (einschließlich von mir getragener Beträge lt. den Zeilen 11 bis 25)	TTMM	TTMM	,–
10	Zeitpunkt der ersten Unterhaltsleistung für den zweiten Unterstützungszeitraum im Kalenderjahr	TTMMJJJJ		

Beiträge zu Basis-Kranken- und gesetzlichen Pflegeversicherungen, die von der / den unterstützten Person(en) als Versicherungsnehmer geschuldet wurden.

Zeile		Auf den ersten Unterstützungszeitraum entfallen EUR	Auf den zweiten Unterstützungszeitraum entfallen EUR
11	Basis-Kranken- und gesetzliche Pflegeversicherungsbeiträge (abzüglich steuerfreier Zuschüsse und erstatteter Beiträge) für die unterstützte Person lt. Zeile 32	935,–	,–
12	in Zeile 11 enthaltene Beiträge, aus denen sich ein Anspruch auf Krankengeld ergibt	,–	,–
13	Basis-Kranken- und gesetzliche Pflegeversicherungsbeiträge (abzüglich steuerfreier Zuschüsse und erstatteter Beiträge) für die unterstützte Person lt. Zeile 62	,–	,–
14	In Zeile 13 enthaltene Beiträge, aus denen sich ein Anspruch auf Krankengeld ergibt	,–	,–
15	Basis-Kranken- und gesetzliche Pflegeversicherungsbeiträge (abzüglich steuerfreier Zuschüsse und erstatteter Beiträge) für die unterstützte Person lt. Zeile 92	,–	,–
16	In Zeile 15 enthaltene Beiträge, aus denen sich ein Anspruch auf Krankengeld ergibt	,–	,–

Unterhaltsleistungen an im Ausland lebende Personen

Zeile		Einreisedatum	Übergabedatum	EUR
17	X Unterhaltszahlungen durch Bank- oder Postüberweisung (Bitte Nachweise einreichen.)			,–
18	X Unterhaltszahlungen durch Übergabe von Bargeld (Bitte Abhebungsnachweise der Bank, Nachweise über die Durchführung der Reise und detaillierte Empfängerbestätigung der unterstützten Person einreichen.)			
19	Mitgenommene Beträge	TTMMJJJJ	TTMMJJJJ	,–
20		TTMMJJJJ	TTMMJJJJ	,–
21	X Unterhaltszahlungen im Rahmen von Familienheimfahrten zum Ehegatten / Lebenspartner (Die Durchführung der Reise ist nachzuweisen.)			
22		TTMMJJJJ	TTMMJJJJ	,–
23		TTMMJJJJ	TTMMJJJJ	,–
24		TTMMJJJJ	TTMMJJJJ	,–
25		TTMMJJJJ	TTMMJJJJ	,–
26	Nettomonatslohn der unterstützenden stpfl. Person			,–

Allgemeine Angaben zur unterstützten Person

31 Identifikationsnummer: 4 7 1 1 0 8 1 5 8 1 5 — lfd. Nr. 0 1

32 Name, Vorname: FLEISSBERG, FIONA — Geburtsdatum: 0 1 0 4 1 9 8 7 — Sterbedatum (wenn 2017 verstorben): T T M M J J J J

33 Beruf, Familienstand: STUDENTIN, LEDIG — Verwandtschaftsverhältnis zur unterstützenden Person: LEIBLICHES KIND

Bei Unterhaltsempfängern im Ausland:

34 Von der Heimatbehörde und der unterstützten Person bestätigte Unterhaltserklärung über die Bedürftigkeit ist beigefügt. (1 = Ja, 2 = Nein)

35 Name, Vorname des im selben Haushalt lebenden Ehegatten / Lebenspartners — Name, Vorname:

Zeile	Frage	Antwort (1 = Ja, 2 = Nein)	Falls ja (wenn nicht ganzjährig) vom	bis
36	Die unterstützte Person lebte in meinem inländischen Haushalt.	1	T T M M	T T M M
37	Hatte jemand für diese Person Anspruch auf Kindergeld oder Freibeträge für Kinder?	2	T T M M	T T M M
38	Die unterstützte Person ist mein – geschiedener Ehegatte – Lebenspartner einer aufgehobenen Lebenspartnerschaft – dauernd getrennt lebender Ehegatte / Lebenspartner (kein Abzug von Sonderausgaben nach § 10 Abs. 1a Nr. 1 EStG, keine Zusammenveranlagung).	2		
39	Die unterstützte Person ist mein nicht dauernd getrennt lebender und nicht unbeschränkt einkommensteuerpflichtiger Ehegatte / Lebenspartner	2		
40	Die unterstützte Person ist als Kindesmutter / Kindesvater gesetzlich unterhaltsberechtigt.	2	T T M M	T T M M
41	Die unterstützte Person ist nicht unterhaltsberechtigt, jedoch wurden oder würden bei ihr wegen der Unterhaltszahlungen öffentliche Mittel gekürzt oder nicht gewährt. (Bitte Nachweis der Sozialbehörden, der Agentur für Arbeit oder schriftliche Versicherung der unterstützten Person einreichen.)	2	T T M M	T T M M

42 Gesamtwert des Vermögens der unterstützten Person — EUR 2 5 0 0,–

Zum Unterhalt der bedürftigen Person haben auch beigetragen (Name, Anschrift)

43

44 vom T T M M bis T T M M — Betrag EUR ,–

Einkünfte und Bezüge der unterstützten Person

Zeile	Diese Person hatte vom	bis	Bruttoarbeitslohn EUR	darauf entfallende Werbungskosten (ohne Werbungskosten zu Versorgungsbezügen) EUR	Versorgungsbezüge – im Arbeitslohn enthalten – EUR	Bemessungsgrundlage für den Versorgungsfreibetrag EUR	Werbungskosten zu Versorgungsbezügen EUR
45	0 1 0 1	3 1 1 2	2 4 0 0				
46	T T M M	T T M M					

Zeile	maßgebendes Kalenderjahr des Versorgungsbeginns Jahr	vom	bis	Renten EUR	steuerpflichtiger Teil der Rente EUR	Werbungskosten zu Renten EUR
47		T T M M	T T M M			
48		T T M M	T T M M			

Zeile	vom	bis	Einkünfte aus Kapitalvermögen (tarifliche Einkommensteuer) EUR	vom	bis	Übrige Einkünfte EUR
49	T T M M	T T M M		T T M M	T T M M	
50	T T M M	T T M M		T T M M	T T M M	

Zeile	vom	bis	Erträge aus Kapitalvermögen (Abgeltungsteuer) EUR	vom	bis	Sozialleistungen / übrige Bezüge (z. B. aus Minijobs) EUR
51	0 1 0 1	3 1 1 2	1 0 0	T T M M	T T M M	
52	T T M M	T T M M		T T M M	T T M M	

Zeile	vom	bis	Kosten zu allen Bezügen EUR	vom	bis	Öffentliche Ausbildungshilfen EUR
53	T T M M	T T M M		T T M M	T T M M	
54	T T M M	T T M M		T T M M	T T M M	

1	Name	FLEISSBERG
2	Vorname	FELIX
3	**Steuernummer**	12/345/678910

Anlage KAP

- [x] zur Einkommensteuererklärung
- [ ] zur Erklärung zur Festsetzung der Kirchensteuer auf Kapitalerträge
- [x] stpfl. Person / Ehemann / Person A
- [ ] Ehefrau / Person B

Einkünfte aus Kapitalvermögen, Anrechnung von Steuern

54

Anträge

Zeile		Kz		
4	Ich beantrage die Günstigerprüfung für sämtliche Kapitalerträge. **(Bei Zusammenveranlagung: Die Anlage KAP meines Ehegatten / Lebenspartners ist beigefügt.)**	01	1	1 = Ja
5	Ich beantrage eine Überprüfung des Steuereinbehalts für bestimmte Kapitalerträge.	02		1 = Ja

Erklärung zur Kirchensteuerpflicht

Zeile		Kz		
6	Ich bin kirchensteuerpflichtig und habe Kapitalerträge erzielt, von denen Kapitalertragsteuer, aber keine Kirchensteuer einbehalten wurde.	03		1 = Ja

Kapitalerträge, die dem inländischen Steuerabzug unterlegen haben

Zeile		Kz	Beträge lt. Steuerbescheinigung(en) EUR	Kz	korrigierte Beträge (lt. gesonderter Aufstellung) EUR
7	Kapitalerträge	10	1952,–	20	,–
8	In Zeile 7 enthaltene Gewinne aus Aktienveräußerungen i. S. d. § 20 Abs. 2 Satz 1 Nr. 1 EStG	12	,–	22	,–
9	Ersatzbemessungsgrundlage i. S. d. § 43a Abs. 2 Satz 7, 10, 13 und 14 EStG (enthalten in Zeile 7)	14	,–	24	,–
10	Nicht ausgeglichene Verluste **ohne** Verluste aus der Veräußerung von Aktien	15	,–	25	,–
11	Nicht ausgeglichene Verluste aus der Veräußerung von Aktien i. S. d. § 20 Abs. 2 Satz 1 Nr. 1 EStG	16	,–	26	,–

Sparer-Pauschbetrag

Zeile		Kz	EUR
12	In Anspruch genommener Sparer-Pauschbetrag, der auf die in den Zeilen 7 bis 11 und 23 erklärten Kapitalerträge entfällt (ggf. „0")	17	,–
	Bei Eintragungen in den Zeilen 7 bis 11, 14 bis 20, 23, 33 bis 44, 47, 58 und 60:		
13	In Anspruch genommener Sparer-Pauschbetrag, der auf die in der Anlage KAP **nicht** erklärten Kapitalerträge entfällt (ggf. „0")	18	1602,–

Kapitalerträge, die nicht dem inländischen Steuerabzug unterlegen haben

Zeile		Kz	EUR
14	Inländische Kapitalerträge (ohne Betrag lt. Zeile 19)	30	,–
15	Ausländische Kapitalerträge (ohne Betrag lt. Zeile 58)	34	400,–
16	In den Zeilen 14 und 15 enthaltene Gewinne aus Aktienveräußerungen i. S. d. § 20 Abs. 2 Satz 1 Nr. 1 EStG	32	,–
17	In den Zeilen 14 und 15 enthaltene Verluste **ohne** Verluste aus der Veräußerung von Aktien	35	,–
18	In den Zeilen 14 und 15 enthaltene Verluste aus der Veräußerung von Aktien i. S. d. § 20 Abs. 2 Satz 1 Nr. 1 EStG	36	,–
19	Zinsen, die vom Finanzamt für Steuererstattungen gezahlt wurden	60	,–

Kapitalerträge, die der tariflichen Einkommensteuer unterliegen

(nicht in den Zeilen 7, 14, 15, 33 und 38 enthalten)

Zeile		Kz	EUR
20	Hinzurechnungsbetrag nach § 10 AStG	75	,–
21	Laufende Einkünfte aus sonstigen Kapitalforderungen jeder Art, aus stiller Gesellschaft und partiarischen Darlehen (ohne Betrag lt. Zeile 60)	70	,–
22	Gewinn aus der Veräußerung oder Einlösung von Kapitalanlagen lt. Zeile 21	71	,–
23	Kapitalerträge aus Lebensversicherungen i. S. d. § 20 Abs. 1 Nr. 6 Satz 2 EStG	68	,–
24	Ich beantrage für die Einkünfte lt. Zeile 25 die Anwendung der tariflichen Einkommensteuer – *bitte Anleitung beachten* –		1 = Ja
	Laufende Einkünfte aus einer unternehmerischen Beteiligung an einer Kapitalgesellschaft		
25	Gesellschaft, Finanzamt und Steuernummer	72	,–

Steuerstundungsmodelle

Zeile		EUR
	Einkünfte aus Gesellschaften / Gemeinschaften / ähnlichen Modellen i. S. d. § 15b EStG (lt. gesonderter Aufstellung)	
26		,–

Erträge aus Beteiligungen (lt. gesonderter und einheitlicher Feststellung)

1. Beteiligung
Gemeinschaft, Finanzamt und Steuernummer

31

2. Beteiligung
Gemeinschaft, Finanzamt und Steuernummer

32

Zeile		Kz	EUR
	– mit inländischem Steuerabzug		
33	Kapitalerträge	40	,—
34	In Zeile 33 enthaltene Gewinne aus Aktienveräußerungen i. S. d. § 20 Abs. 2 Satz 1 Nr. 1 EStG	42	,—
35	Ersatzbemessungsgrundlage i. S. d. § 43a Abs. 2 Satz 7, 10, 13 und 14 EStG (enthalten in Zeile 33)	44	,—
36	Nicht ausgeglichene Verluste **ohne** Verluste aus der Veräußerung von Aktien	45	,—
37	Nicht ausgeglichene Verluste aus der Veräußerung von Aktien i. S. d. § 20 Abs. 2 Satz 1 Nr. 1 EStG	46	,—
	– ohne inländischen Steuerabzug		
38	Kapitalerträge (ohne Beträge lt. Zeile 42 und 58)	50	,—
39	In Zeile 38 enthaltene Gewinne aus Aktienveräußerungen i. S. d. § 20 Abs. 2 Satz 1 Nr. 1 EStG	52	,—
40	In Zeile 38 enthaltene Verluste **ohne** Verluste aus der Veräußerung von Aktien	55	,—
41	In Zeile 38 enthaltene Verluste aus der Veräußerung von Aktien i. S. d. § 20 Abs. 2 Satz 1 Nr. 1 EStG	56	,—
42	Gewinn aus der Veräußerung anteiliger Wirtschaftsgüter bei Veräußerung einer unmittelbaren oder mittelbaren Beteiligung an einer Personengesellschaft	61	,—
43	In Zeile 42 enthaltene Gewinne / Verluste aus Aktienveräußerungen	62	,—
	– die der tariflichen Einkommensteuer unterliegen		
44	Hinzurechnungsbetrag nach § 10 AStG	76	,—
45	Laufende Einkünfte aus sonstigen Kapitalforderungen jeder Art, aus stiller Gesellschaft und partiarischen Darlehen (ohne Betrag lt. Zeile 60)	73	,—
46	Gewinn aus der Veräußerung oder Einlösung von Kapitalanlagen lt. Zeile 45	74	,—
47	Kapitalerträge aus Lebensversicherungen i. S. d. § 20 Abs. 1 Nr. 6 Satz 2 EStG	69	,—

Steuerabzugsbeträge zu Erträgen in den Zeilen 7 bis 18 und zu Beteiligungen in den Zeilen 31 bis 43

Zeile		Kz	lt. Bescheinigung(en) EUR, Ct	Kz	aus Beteiligungen EUR, Ct
48	Kapitalertragsteuer	80	87,50	90	
49	Solidaritätszuschlag	81	4,81	91	
50	Kirchensteuer zur Kapitalertragsteuer	82		92	
51	Angerechnete ausländische Steuern	83		93	
52	Anrechenbare noch nicht angerechnete ausländische Steuern	84		94	
53	Fiktive ausländische Quellensteuern (nicht in den Zeilen 51 und 52 enthalten)	85		95	

Anzurechnende Steuern zu Erträgen in den Zeilen 21 bis 25, 45 bis 47 und aus anderen Einkunftsarten

Zeile		Kz	EUR, Ct	Kz	EUR, Ct
54	Kapitalertragsteuer	86		96	
55	Solidaritätszuschlag	87		97	
56	Kirchensteuer zur Kapitalertragsteuer	88		98	

Beschränkung der Anrechenbarkeit der Kapitalertragsteuer nach § 36a EStG

Zeile		Kz	
57	Ich habe Kapitalerträge erzielt, bei denen die Voraussetzungen für eine volle Anrechnung der Kapitalertragsteuer nach § 36a EStG nicht erfüllt sind.	06	1 = Ja

Familienstiftungen nach § 15 AStG (lt. Feststellung)

Einkünfte einer ausländischen Familienstiftung, die **nicht** der tariflichen Einkommensteuer unterliegen

Zeile		Kz	EUR, Ct
58	Bezeichnung, Finanzamt und Steuernummer	38	,—
59	Anzurechnende ausländische Steuern (zu Zeile 58)	08	,
60	Einkünfte einer ausländischen Familienstiftung, die der tariflichen Einkommensteuer unterliegen (siehe Zeile 18 der Anlage AUS)	78	,—

Stichwortverzeichnis

A

B

C, D

E

F, G

H, I, J

K

T, U

V, W, Z

7., aktualisierte Auflage

Stiftung Warentest
Lützowplatz 11–13
10785 Berlin
Telefon 0 30/26 31–0
Fax 0 30/26 31–25 25
www.test.de
email@stiftung-warentest.de

USt-IdNr.: DE136725570

Vorstand: Hubertus Primus
Weitere Mitglieder der Geschäftsleitung:
Dr. Holger Brackemann, Daniel Gläser

Programmleitung: Niclas Dewitz

Autor: Hans W. Fröhlich
Projektleitung: Ursula Rieth
Lektorat: Heike Plank
Mitarbeit: Ute Brandt
Korrektorat: Hartmut Schönfuß
Fachliche Unterstützung: Uwe Rauhöft
Layout: Büro Brendel, Berlin
Grafik, Satz: Ulrike Hahn, Anne-Katrin Körbi

Bildredaktion: Anne-Katrin Körbi
Bildnachweis: Titel: Thinkstockphoto
Innen: Thinkstockphoto: m-imagephotography (S. 8), BartekSzewczyk (S. 11), Jupiterimages (S. 17), Wavebreakmedia (S. 18), Sage78 (S. 21), seewhatmitchsee (S. 22), Martin Poole (S. 28), Prepann (S. 33), Gary Houlder (S. 44), JPWALLET (S. 47), Jupiterimages (S. 49), KatarzynaBialasiewicz (S. 55), Creatas Images (S. 57), BernardaSv (S. 60), Evgen_Prozhyrko (S. 63), Natikka (S. 71), milosducati (S. 75), ajr_images (S. 77), Jacob Ammentorp Lund (S. 85), anyaberkut (S. 93), XiXinXing (S. 94), ViktorCap (S. 105), FurmanAnna (S. 108), moodboard (S. 111), Jupiterimages (S. 116), Mike Powell (S. 121), dima_sidelnikov (S. 125), Liderina (S. 127), Image Source White (S. 131), Jupiterimages (S. 134), Valbar (S. 137), dolgachov (S. 140), Wavebreakmedia (S. 147), Tzido (S. 153), BrianAJackson (S. 163), Marko Skrbic (S. 166), picalotta (S. 181), mars58 (S. 183), shironosov (S. 185), kasto80 (S. 194), George Doyle (S. 205), Tomboy2290 (S. 208), LuminaStock (S. 221), Filmfoto (S. 225), belchonock (S. 226)

Produktion: Vera Göring
Verlagsherstellung: Rita Brosius (Ltg.), Susanne Beeh, Romy Alig
Litho: tiff.any, Berlin
Druck: Rasch Druckerei und Verlag GmbH & Co. KG, Bramsche

ISBN: 978-3-86851-298-4

Wir haben für dieses Buch 100 % Recyclingpapier und mineralölfreie Druckfarben verwendet. Stiftung Warentest druckt ausschließlich in Deutschland, weil hier hohe Umweltstandards gelten und kurze Transportwege für geringe CO_2-Emissionen sorgen. Auch die Weiterverarbeitung erfolgt ausschließlich in Deutschland.